粉飾&黒字倒産を読む

Accounting Scandals

「あぶない決算書」を見抜く技術

矢部謙介
Yabe Kensuke

日本実業出版社

はじめに

■「不適切会計」と「粉飾決算」の違いとは？

近年、企業による「不適切会計」が後を絶ちません。例えば、２０１７年以降に限ってみても、**富士フイルムホールディングス**、**船井電機**、**くろがね工作所**、**ＭＴＧ**、**ナイガイ**といった企業が、不適切な会計処理を理由として日本証券取引所グループに対して改善報告書を提出しています。また、**東芝**や**オリンパス**、**カネボウ**といった大企業で、大規模な「**粉飾決算**」が行なわれたことが社会問題ともなりました。

次ページのグラフは、２００８年から２０１９年にかけて不適切な会計処理を開示した上場企業数を表しています。これによると、不適切会計を開示する企業数は増加傾向にあり、２０１９年には過去最多だった２０１６年を超え、73件もの不適切会計が開示されています。２０１５年に発覚した東芝の粉飾決算事件以降、不適切会計に対する監視の目は厳しさを増していますが、それにもかかわらず、不適切会計の件数は減少する兆しを見せていません。

しかも、これらはすべて上場企業であり、監査法人による監査を受けています。こうした大企業でさえ不適切な会計処理が行なわれているわけですから、監査法人による会計監

◉上場企業における不適切会計の開示件数の推移

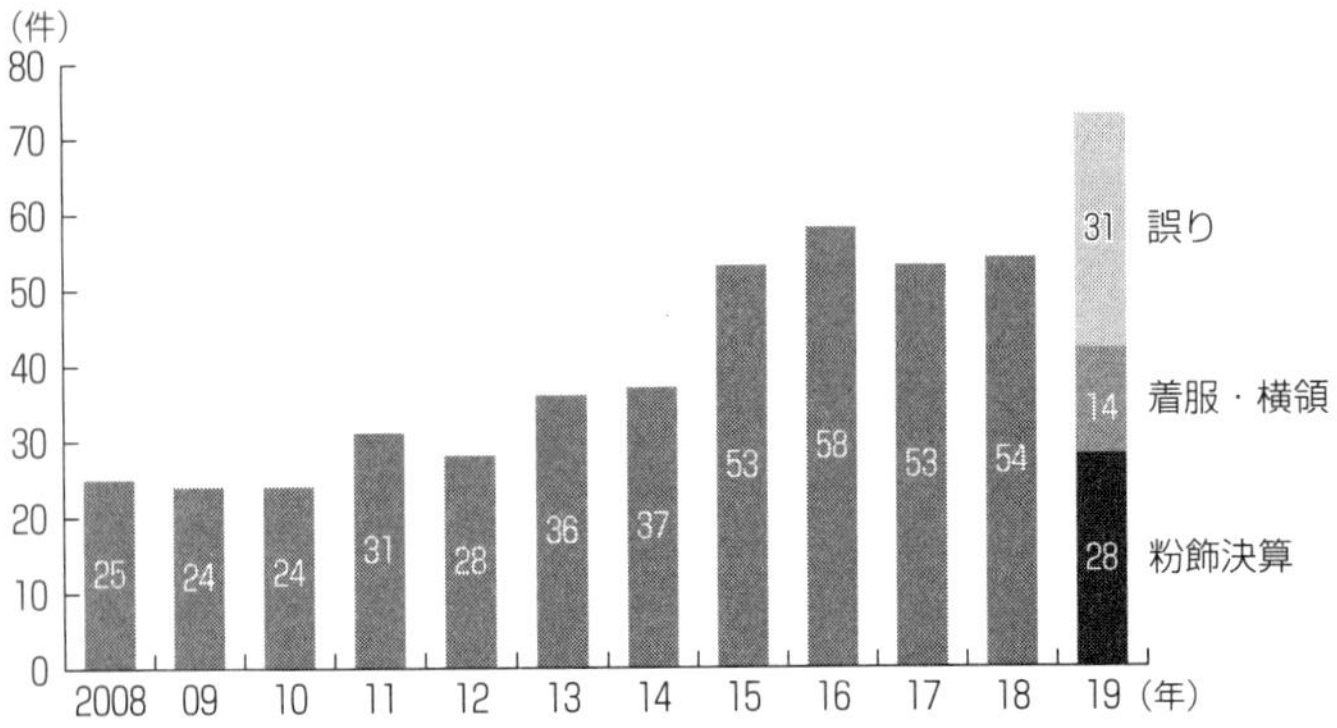

出所：東京商工リサーチ「2019年全上場企業『不適切な会計・経理の開示企業』調査」より筆者作成

査を受けていない中小企業における不適切会計の数は、はるかに多いと考えたほうがよいでしょう。

ところで、「不適切会計」とは何でしょうか。不適切会計は大きく分けると、「**過失**」によるものと「**意図的**」なものの2つがあります。

前者の過失によるものは、会計処理上のミス・誤りに起因するものです。一方、後者の意図的なものは、「**会計スキャンダル**」とも呼ぶことができます。この会計スキャンダルは、売上や利益のかさ上げを目的に行なわれる、いわゆる「粉飾決算」と、着服や横領を目的に行なわれるものに分けられます。

上のグラフを見ると、2019年に開示された不適切会計のうち、会計処理上の誤りによるものは31件（42・5％）、着服・横領は14件（19・2％）、粉飾決算は28件（38・3％）となっています。これらのデータからも、不適切会計のうち、かなりの割合が粉飾決算によるものであることがわかります。

粉飾決算を行なった企業のなかには、その後、**経営破綻**へと至るケースもあります。監査法人のみならず、株式投資や、与信など取引先の調査をする場合においても、粉飾決算を見抜くことができなければ、それが命取りになることがあるのです。

■「黒字倒産」とは何か？

企業が倒産するときの1つのパターンとして、「**黒字倒産**」があります。これは、損益計算書（P／L）上では黒字決算であるにもかかわらず、倒産してしまうケースを指します。企業を存続させていくうえで、**資金繰り**は極めて重要です。たとえ損益計算書上の損益が黒字であっても、資金不足の状態に陥って支払うべきおカネを支払うことができなければ（このような状態を「**資金ショート**」とも呼びます）、企業は倒産してしまいます。東京商工リサーチの調査結果によれば、２０１８年に**倒産した企業のうち、半数近くが最終決算で黒字を計上した黒字倒産**でした。

このようなケースの場合、損益計算書だけをいくら見ていても倒産の前兆をつかむことはできません。もし、取引先や投資先の倒産の前兆を把握することに失敗すれば、ビジネスや投資において大きな損失を出すことになってしまいます。ですから、黒字倒産を見抜くことは、非常に重要なのです。

■粉飾決算や黒字倒産をどう見抜くか？

どのようにすれば、こうした粉飾決算や黒字倒産のシグナルを見抜くことができるのか。これが本書の大きなテーマの1つです。粉飾決算や黒字倒産を見抜くためのより所となるのは、会社の**財務諸表**ということになります。

多くの粉飾決算の目的は、損益計算書をお化粧し、売上や利益を過大に計上することで、株式市場や金融機関の目を欺《あざむ》くことにあります。また、黒字倒産は、損益計算書上の業績が好調に見えるにもかかわらず、倒産してしまうケースです。したがって、損益計算書だけを見ていても、こうした粉飾決算や黒字倒産を見抜くことはできません。

粉飾決算や黒字倒産を見抜くためには、損益計算書だけではなく、貸借対照表（B／S）やキャッシュ・フロー計算書もフル活用する必要があります。場合によっては、従業員数の推移など、財務諸表に付随して開示されているデータも使うことが必要です。

こうした財務諸表のデータを使って**粉飾決算や黒字倒産を見抜くための手法は、会社の外部からその会社の状況を読み解く必要のある投資家や金融機関、取引先にとっては必須であると**言えます。投資家や金融機関、取引先が粉飾決算や黒字倒産のシグナルを見逃すと、大きな損失をこうむることになるからです。本書では、こうしたシグナルを見逃さないようにするための手法について詳しく解説していきます。

◉粉飾決算＆黒字倒産の2つのとらえ方

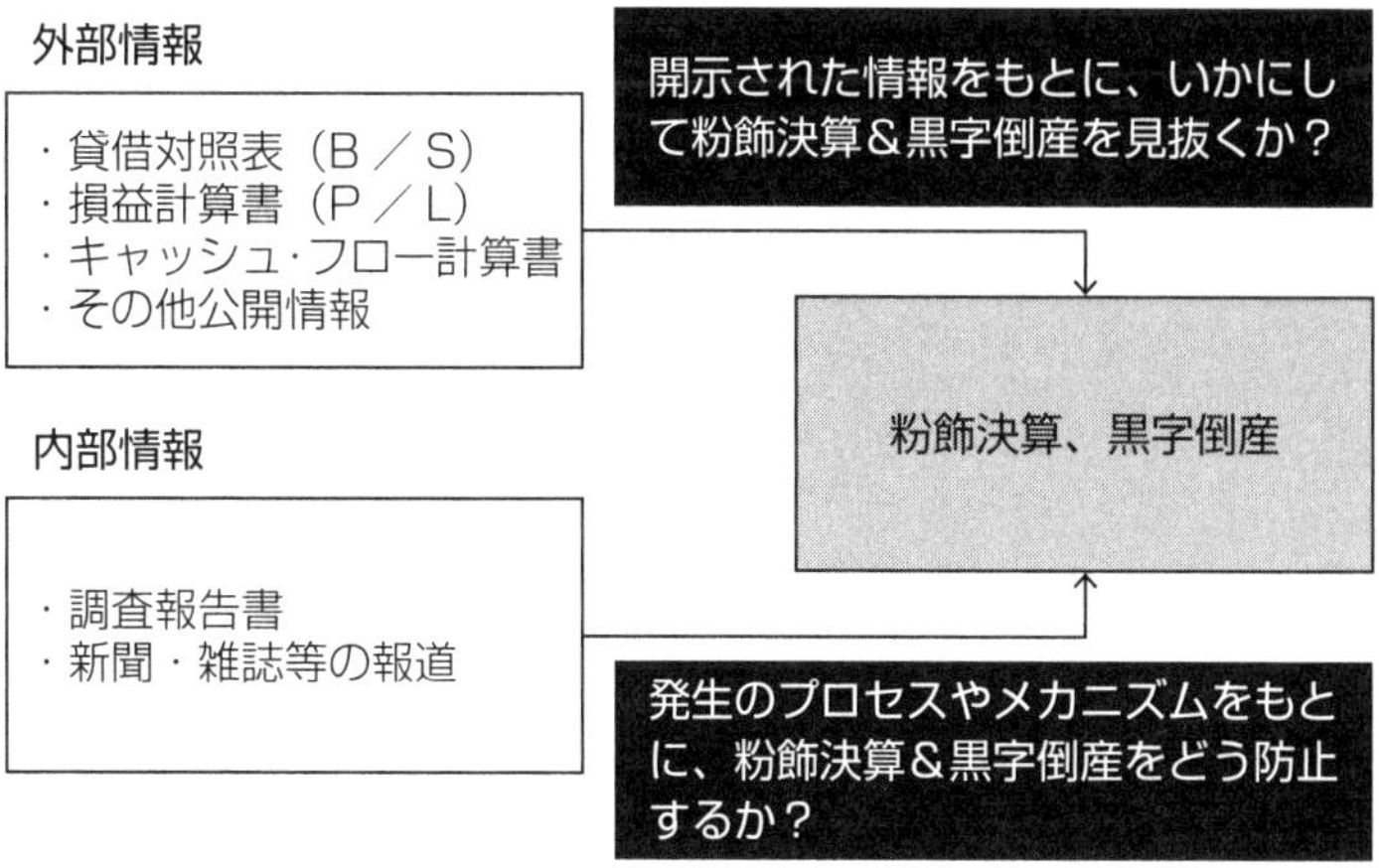
外部情報
・貸借対照表（B／S）
・損益計算書（P／L）
・キャッシュ・フロー計算書
・その他公開情報
内部情報
・調査報告書
・新聞・雑誌等の報道
開示された情報をもとに、いかにして粉飾決算＆黒字倒産を見抜くか？
粉飾決算、黒字倒産
発生のプロセスやメカニズムをもとに、粉飾決算＆黒字倒産をどう防止するか？

■そのとき、社内では何が起きているのか？

基本的に、私たちが粉飾決算や黒字倒産を見抜くために使えるデータは、外部に開示された情報です。一方で、「なぜ粉飾決算が行なわれたのか？」「黒字倒産に至ったプロセスはどのようなものだったのか？」といった会社の内部の事情を明らかにすることもとても重要です。

なぜなら、こうしたプロセスを明らかにすることで、粉飾決算や黒字倒産を防ぐための打ち手を考えるうえでの知見を得ることができるからです。

こうした知見は、会社経営に携わるマネジャーや経営者、それらをめざす人たちにとって絶対に必要なものです。

ただし、粉飾決算や黒字倒産に至るプロセスに関する情報は内部情報となるため、通常は表には出てきません。そこで本書では、第三者委員会などによる調査報告書の情報や新聞等で報道された情報をもとに、できる限りこれらについても明らかにしていきます。

本書では、前ページの図に示すように、「外部の情報から粉飾決算や黒字倒産のシグナルをいかにしてつかむか？」ということと、内部の情報を用いて「粉飾決算や黒字倒産に至るメカニズム」を明らかにし、「こうしたことを未然に防ぐためにはどうすべきか？」、さらに「起こってしまったときにどう対処すべきか？」ということについて解説します。

■経営改革の成果はどのように読み解けるのか？

一方で、経営危機に陥った企業がすべて粉飾決算に走ってしまうわけではありません。経営が危機的な状況に陥ったとしても、粉飾決算や倒産に至ることなく、その後の経営改革により見事な復活を遂げるケースも決して少なくありません。

会社の業績が不振に陥り、経営危機に直面したときに求められることは、粉飾決算に貴重な経営リソースを費やすことではなく、本質的な経営改革に注力することです。

そこで本書では、こうした経営改革に成功した会社にもスポットライトを当てることで、粉飾決算に手を染めることなく、会社の業績を復活させるためのヒントを探っていきます。

■本書の構成

本書は、粉飾決算、黒字倒産のシグナルの見抜き方、粉飾決算に至る経緯や防止策、そして粉飾決算に手を染めずに経営改革により業績を回復させるためのヒントを探ることができるように、全6章で構成されています。

第1章では、粉飾決算や黒字倒産のケースにおいて、**「財務諸表がどのように『歪む』のか？」**について説明します。優れた経営者やマネジャーに共通した資質の1つに、財務諸表を見たときに**「何かがおかしい」**と感じる直観力がありますが、こうした直観を働かせるためにはコツ（勘所）があります。ここでは、その勘所についても解説します。

第2章では、粉飾決算や黒字倒産のシグナルを見抜くうえで最も重要な**キャッシュ・フロー計算書の読み方**と、**回転期間分析を用いて異常を発見する手法**について説明します。粉飾決算や黒字倒産の企業の多くでは、キャッシュ・フローにある特有のパターンが見られます。また、こうした企業では回転期間指標にも特徴的なパターンが見られることが多いのです。ここでは、これらのパターンについて解説するとともに、実際の粉飾決算や黒字倒産の事例を通じて、キャッシュ・フロー計算書と回転期間分析を用いる手法の切れ味を試してみることにします。

第3章で取り上げるのは、黒字倒産です。黒字倒産に至るパターンは、大きく分けて3つの道筋があるのですが、その道筋ごとに実際の企業の事例を取り上げ、**「どうして黒字倒産に至ってしまったのか？」**、そして**「どうすれば黒字倒産せずに踏みとどまることができるのか？」**といった点について説明します。

第4章では、**粉飾決算の見抜き方**を解説します。粉飾決算にもいくつかのパターンがあるので、それぞれのパターンごとに実際のケースを取り上げながら、どのようなデータから粉飾決算のシグナルを見抜くことができるのかを説明します。

第5章では、粉飾決算を行なってしまった様々な企業の調査報告書や各種報道による情報などを活用しながら、「**企業内部で何が起こっていたのか？**」を明らかにし、「**その後、どのような末路をたどったのか？**」を見ていきます。そのうえで、「**粉飾決算を未然に防ぐためにはどうすべきか？**」、そして「**粉飾が起きてしまったときの対応策をどう考えておくべきか？**」についても解説します。

第6章では、経営不振に陥った企業が経営改革を行なった結果、業績回復に成功した事例を取り上げ、「**なぜ、復活を遂げることができたのか？**」を解説します。

なお、本書の各章の最後には、「会計思考ノート」としてコラムを掲載しています。そこでは、各章のテーマに関連したトピックを考えるうえで気をつけておくべき視点について記述しています。

それでは、粉飾決算や黒字倒産のシグナルを見抜くための財務諸表の読み解き方から始めていきましょう。

粉飾＆黒字倒産を読む「あぶない決算書」を見抜く技術◉目次

第2章 キャッシュは嘘をつかない
—キャッシュ・フローと回転期間から読み解く真実

第5章

粉飾決算の末路
―事例から見る粉飾決算の恐ろしさと防止策

第6章 経営改革を読み解く
―業績を回復・成長させるための勘所

※本書の内容は基本的に2020年６月現在の法令や情勢などに基づいています。
※本書に記載されている社名、ブランド名、商品名、サービス名などは各社の商標または登録商標です。本文中に©、®、TMは明記していません。
※本書に記載されている社名は基本的に当時のものを使用しています。

カバーデザイン　竹内雄二　　　本文DTP　一企画

第1章

財務諸表の異変を見抜く

—B/Sとキャッシュ・フロー計算書に現れる歪み

どうすれば粉飾決算や黒字倒産を見抜けるのか？

粉飾決算や黒字倒産を見抜くために必要なこと

粉飾決算や黒字倒産を見抜くためには、どのような力が必要なのでしょうか。「大手の監査法人でも粉飾決算を見抜くことができなかった」といった新聞報道もあることから、粉飾決算や黒字倒産を見抜くためには、会計や財務諸表に関する非常に高度な専門知識が必要とされるのではないかと考える方も多いと思います。

確かに、粉飾決算や黒字倒産を見抜くためには、ある程度の会計や財務諸表に関する知識は必要です。そして、そうした知識を身につけたうえで粉飾決算や黒字倒産のケースを分析してみると、**粉飾決算を行なった会社や黒字倒産した会社の財務諸表は明らかに不自然な動きをしている**ことに気がつきます。加えて、その不自然な動きにはパターンがあります。そのパターンを読み解くことで、粉飾決算や黒字倒産の前兆を見抜くことができるのです。

もちろん、粉飾決算のなかには非常に巧妙に仕組まれたものもあり、そうした粉飾決算のカラクリのすべてを明らかにすることは大変な作業になります。しかし実際には、そこまで複雑な粉飾決算ばかりではありません。構造は単純でありながらも、それがつい見過ごされてしまうことも決して珍しくないのです。

また、黒字倒産についても同様です。財務諸表をフル活用して分析すれば、多くの場合、黒字倒産の危険性に気づくことができます。

本書では、多くの粉飾決算や黒字倒産のケースを分析し、その数字を読み解くための勘所（コツ）についても説明します。

直観的に「ここの数字は何かがおかしい」と感じ取る力

粉飾決算や黒字倒産の財務諸表を読み解くうえで、会計や財務諸表の知識に加えて非常に重要なのは、直観的に「**ここの数字は何かがおかしい**」と気づく力です。こうした力が備わっていれば、会計や財務諸表の専門家でなくても怪しい財務諸表のカラクリを見抜くことができます。

筆者がコンサルタントとして出会った優れた経営者やマネジャーの多くは、こうした直観的に数字を読みこなす力を備えていました。なぜ、こうした経営者やマネジャーは数字を直観的に読むことができるのでしょうか。

彼らは、必ずしも経理や財務の専門家というわけではありません。その多くは営業畑の出身であったり、技術畑の出身だったりします。しかしながら、彼らは経営の実地において、会計の数字とビジネスの現場を突き合わせて格闘する経験を数多く積み重ねています。こうした積み重ねにより、会社の数字を見たときに、直観的に「何かがおかしい」と感じ取る力を身につけているのです。

数字から現場で起きていることを想像する

例えば、次のようなケースを考えてみましょう。

あなたは、親会社でグループ子会社の管理を担当しています。あるとき、グループ内子会社のA社から融資の依頼がありました。業容が急速に拡大しており、積極的な事業投資を行なうために、まとまった資金が必要だというのです。

この子会社の損益計算書（P／L）を見てみたところ、売上高も利益も順調に成長しており、その点において業績に問題はなさそうです。

しかしながら、現金の収支を記録したキャッシュ・フロー計算書を見てみると、事業活動から得られた現金の収支を示す営業キャッシュ・フロー（営業CF）は、ここ

数年マイナスが続き、マイナス幅が年々増加しています。また、貸借対照表（B／S）上では、売掛金や棚卸資産が、売上高の伸び以上に大幅に増加していました。

このケースには、いくつかの「何かがおかしい」というポイントがあります。まず、売上高や利益が順調に成長しているにもかかわらず、営業CFのマイナス幅が増加し続けている点です。短期的に営業CFがマイナスになることはあっても、業績が順調な会社であれば、営業CFもどこかでプラスに転換するはずです。

さらに、B／S上の売掛金や棚卸資産が売上高の伸び以上に大幅に増加しているのも気になります。きちんと在庫が売れ、販売代金が回収できていれば、このような状況にはならないでしょう。

こうした点を踏まえれば、「この子会社はひょっとすると、**架空売上**を立てて、粉飾決算に手を染めているのかもしれない」という疑問がわいてきます。

このケースはあくまでフィクションですが、実際に子会社がこのような粉飾決算を行なっている事例は決して珍しくありません。

近年発生した例に絞ってみても、MTGやホシザキ、富士フイルムホールディングスなどにおいて、子会社の不適切な会計処理が明らかになっています。いつ何時、あなたが働く会社で、このようなことが起きないとも限らないのです。

こうした粉飾決算や黒字倒産の兆候を財務諸表から見抜くうえで重要なのは、データを鵜呑《うの》みにするのではなく、会社の数字から現場で起きていることを想像することです。

先ほどのケースで言えば、売上も利益も順調に伸びているのに、営業ＣＦのマイナス幅がどんどん大きくなり、売掛金や棚卸資産が大幅に積み上がっている現場を想像してみれば、やはり「何かがおかしい」と気づくはずです。

このように、**会社の数字から現場を想像する力が、粉飾決算や黒字倒産の会社の財務諸表を読み解くうえで極めて重要なのです。**

粉飾決算を行なった会社の財務諸表

FOIのケース

それでは、実際に粉飾決算を行なった会社の財務諸表は、どのようなものになるのでしょうか（特に断わりのない限り、本書における財務データは当時の有価証券報告書等で開示されていたものです）。

ここでケースとして取り上げるのは、半導体製造装置メーカーの**エフオーアイ**（以下、ＦＯＩ）です。ＦＯＩは、２００９年11月に東証マザーズに上場する際、**架空の売上**を計上したことにより、上場から半年後の２０１０年５月に証券取引等監視委員会から強制調査を受けました。その後同社は破産し、社長と専務は金融商品取引法違反で逮捕され、有罪判決を受けています。

ここでは、ＦＯＩの財務諸表から「粉飾決算をどう見抜くのか？」「社内では、どのようなことが行なわれていたのか？」を見ていきましょう。

◉図表1-1　FOIの主要業績データ　（単位：百万円）

（3月期）	2005年	2006年	2007年	2008年	2009年
売上高	3,139	4,825	7,054	9,497	11,856
経常利益	83	776	1,129	1,297	2,016
当期純利益（当期純損失）	−2	519	697	807	530
営業CF				−3,996	−3,551
投資CF				−59	−92
財務CF				1,631	4,869
FCF（＝営業CF＋投資CF）				−4,054	−3,642

注：2007年3月期までは単体決算、2008年3月期以降は連結決算

FOIの主要業績データ

図表1－1は、2005年3月期から2009年3月期の5期分にわたるFOIの主要な業績データをまとめたものです（FOIの財務データについては、上場に際して提出された、新株式発行並びに株式売出届出目論見書において開示されていたものを使用しています）。

この図表からわかるように、2005年3月期の売上高は31億3900万円であったのに対して、2009年3月期には118億5600万円にまで急増しています。

また、同期間における経常利益は8300万円から20億1600万円に、当期純利益（当期純損失）はマイナス200万円から5億3000万円に増加しています。

これらの**損益計算書**（以下、**P／L**）上のデータによれば、FOIの売上高および利益は順調に伸びており、業績には問題がないように見受けられます。

一方、キャッシュ・フローのデータについてはどうでしょ

うか。
事業運営により獲得したキャッシュ・フローを表す「**営業活動によるキャッシュ・フロー**」（以下、**営業CF**）は、２００８年３月期にマイナス39億９６００万円、２００９年３月期にはマイナス35億５１００万円と、２期連続で赤字になっています。

「**投資活動によるキャッシュ・フロー**」（以下、**投資CF**）も２期連続で赤字のため、営業CFと投資CFの合計である「**フリー・キャッシュ・フロー**」（以下、**FCF**）も赤字となっています。

その結果、ＦＯＩではキャッシュが不足している状況が続いており、その穴埋めを**財務活動によるキャッシュ・フロー**（以下、**財務CF**）によって行なっています。本書では詳細を記載していませんが、連結キャッシュ・フロー計算書によれば、ＦＯＩは２００８年３月期および２００９年３月期に長期借入金や株式の発行などにより資金調達を行なっています。このキャッシュの不足をＩＰＯ（株式の新規上場）により解消したいというのが、ＦＯＩを上場へと駆り立てた要因の１つだったと言えそうです。

以上の主要な業績データによれば、Ｐ／Ｌ上のＦＯＩの業績は好調で、優良な成長企業と言えそうですが、キャッシュ・フロー計算書のデータからは、かなり苦しい**資金繰り**の実態が浮かび上がってきます。この**P／L上の業績（損益）とキャッシュ・フローのギャップこそが、粉飾決算を見抜くうえで「何かがおかしい」と感じるべきポイント**なのです。

粉飾決算によってP／Lはお化粧されているので、損益の数字をきれいに見せることができていますが、キャッシュ・フローにはFOIの真実の姿が映し出されています。

第2章で詳しく説明しますが、損益に比べてキャッシュ・フローは粉飾しにくいという特徴があります。そのため、FOIのように粉飾決算を行なっている場合、P／L上の損益から見える企業の姿とキャッシュ・フローから見える企業の姿の間に差が生じてくるのです。この点を見逃さないようにすることが重要です。

FOIのキャッシュ・フロー計算書

FOIのキャッシュ・フローについて、営業CFに着目してもう少し詳しく解説します。

FOIの連結キャッシュ・フロー計算書から営業CFの部分を抜粋した図表1－2を見ると、FOIの置かれた状況がさらにはっきりとわかります。なお、本書に掲載された財務諸表において金額を太字で示しているのは、各科目（キャッシュ・フロー、資産、負債、費用など）の合計金額です。

FOIの営業CFは間接法（間接法については、第2章で詳しく説明します）で作成されているため、営業CFはP／Lの税金等調整前当期純利益から出発して、様々な項目を調整することによって計算されています。

◉図表1-2　FOIの要約連結キャッシュ・フロー計算書（営業CF）

（単位：百万円）

科目	2008年3月期	2009年3月期
営業活動によるキャッシュ・フロー		
税金等調整前当期純利益	1,323	1,437
減価償却費	167	112
…	…	…
売上債権の増減（マイナスは増加）	−4,783	−4,686
棚卸資産の増減（マイナスは増加）	−795	−745
仕入債務の増減（マイナスは減少）	108	−61
その他	715	236
小計	**−2,951**	**−2,768**
利息及び配当金の受取額	4	3
利息の支払額	−221	−329
法人税等の支払額	−828	−457
営業活動によるキャッシュ・フロー	**−3,996**	**−3,551**

ＦＯＩの調整項目のなかで特に目立つのは、**売上債権**や**棚卸資産**の大幅な増加です（同図表では太枠で囲った部分の「売上債権の増減」および「棚卸資産の増減」として大きなマイナスの金額が表示されています）。

ＦＯＩで行なわれていた粉飾は、架空売上の計上でした。売上が架空である以上、その売上代金は決済されませんから、結果として売上債権が滞留し、積み上がります。

また、**売上債権の一部を棚卸資産につけ替えたり、棚卸資産を過大計上したりして売上原価を過小に見せたりする**こともよく行なわれるため、粉飾決算企業の棚卸資産も過大になっているケースが多いのです（このあたりのカラクリは、第４章で詳しく解説します）。

◉図表1-3　FOIの要約連結B／S（資産の部）

（単位：百万円）

科目	2008年3月期	2009年3月期
（資産の部）		
流動資産	**22,438**	**28,833**
現預金	1,360	2,662
売掛金	18,212	22,896
仕掛品	2,581	3,326
その他	285	−51
固定資産	**458**	**345**
有形固定資産	**308**	**221**
建物及び構築物	55	50
機械装置・運搬具	230	146
その他	22	25
無形固定資産	17	13
投資その他の資産	133	111
資産合計	**22,896**	**29,178**

ＦＯＩも、架空売上を計上してＰ／Ｌを粉飾していますが、その**売上代金は回収できておらず、営業CFが大幅な赤字になってしま**ったのです。

FOIの貸借対照表（B／S）

次に、ＦＯＩの**貸借対照表**（以下、**B／S**）を見てみましょう。ＦＯＩの連結Ｂ／Ｓの資産の部を抜粋し、要約したものが図表１－３です。

キャッシュ・フロー計算書のところでも説明しましたが、ＦＯＩでは架空売上の計上に伴って売上債権や棚卸資産が積み上がっているはずです。

実際に図表１－３を見てみると、２００９年３月期のＢ／Ｓにおいて、売掛金が２２８億９６００万円、仕掛品が33億２６００万円計上されています（同図表の太枠で囲った部分を参照）。

この売掛金は、同期の売上高のじつに2倍近くの金額に相当します。詳しくは第2章で説明しますが、この数字は売掛金の回収までに2年近くかかることを意味しています。通常、**ＢｔｏＢ企業の売上債権の回収までにかかる期間は２～３ヶ月**と言われているので、ＦＯＩの売掛金は異常な水準であると判断することができます。

■ＦＯＩでは何が起こっていたのか？

では、この間においてＦＯＩでは何が行なわれていたのでしょうか。２０１０年6月10日付の日本経済新聞朝刊によれば、複数の役員らは「本当は、２００９年3月期の売上は3億円しかなかった」と供述しています。

先に述べたように、２００９年3月期のＰ／Ｌ上の売上高は１１８億５６００万円ですから、この供述が正しいとするならば、そのうちの約１１５億円は売上の水増し分であったことになります。これは、売上高全体の約97％が架空売上による水増しであったことを意味します。

また、同記事では、2009年3月期に実際に販売した半導体製造装置はわずか数台で、残りの三十数台（架空売上計上分）は、東京都内の倉庫へ秘密裏に「納品」されていたことも明らかにされています。

さらに、架空売上を計上した分の売掛金の相手先を、取引の確認がしにくい海外の実在の半導体メーカーとすることで、発覚しないようにした形跡もあったようです。同社の破産管財人は、「ベンチャーキャピタルに業績を説明するために、数字を偽装し始めたのではないか」と指摘しています。

ＦＯＩの粉飾決算の目的は、ベンチャーキャピタルや株式投資家の目を欺き、資金調達を続けるためであったのではないかと推察されます。この粉飾の結果、**Ｐ／Ｌはきれいに偽装されていましたが、その歪みはキャッシュ・フロー計算書やＢ／Ｓにはっきりと現れてしまっていたのです。**

黒字倒産した会社の財務諸表

モリモトのケース

ここでは、黒字倒産の事例として、不動産会社の**モリモト**を取り上げます。

モリモトは、2008年2月に株式を東証二部に上場したものの、その後資金繰りに行き詰まり、上場からわずか9ヶ月後の2008年11月28日に民事再生法の適用を申請しました。2009年3月期の第2四半期報告書に対する監査法人の監査意見が不表明となったこと（財務諸表が会社の財務状況を適正に表示しているかどうかについて監査法人が意見を表明しないこと）がその原因です（2008年11月29日付日本経済新聞朝刊）。

なお、民事再生法の適用申請後のモリモト側の説明では、資金繰りに行き詰まった原因として、2008年に入ってからの不動産市場の冷え込みから販売用在庫が膨らんだことが挙げられています。

では、モリモトの財務諸表から、黒字倒産の前兆の読み解き方を説明していきます。

◉図表1-4　モリモト の主要業績データ（連結）

（単位：百万円）

（3月期）	2006年	2007年	2008年
売上高	77,959	95,607	117,637
経常利益	7,458	10,921	18,337
当期純利益	3,940	6,077	9,852
営業CF	−29,632	−36,875	−16,118
投資CF	−3,822	−351	191
財務CF	36,969	33,538	19,285
FCF（＝営業CF＋投資CF）	−33,454	−37,226	−15,927

モリモトの主要業績データ

図表1－4は、モリモトについて、2006年3月期から、民事再生法の適用を申請した2008年11月の直前の決算期である2008年3月期までの3期分の損益とキャッシュ・フローのデータをまとめたものです。

まず、損益データから見ていきます。売上高は、2006年3月期の779億5900万円から、2008年3月期には1176億3700万円にまで膨らんでいます。

また、同期間では経常利益が74億5800万円から183億3700万円に、当期純利益が39億4000万円から98億5200万円へと、大きく増加していることがわかります。

モリモトの損益データを見る限り、売上高、利益ともに大きく成長しており、問題があるようには見えません。

続いて、キャッシュ・フローのデータについても確認してみましょう。

営業CFについては、2006年3月期がマイナス296

億３２００万円、２００７年3月期がマイナス３６８億７５００万円、２００８年3月期がマイナス１６１億１８００万円と、いずれも大きな赤字になっています。営業ＣＦと投資ＣＦの合計であるＦＣＦも同様で、３期連続の赤字です。

これらのキャッシュ・フローの赤字を埋めるために、財務ＣＦは大きなプラスとなっています。事業活動によって不足した資金を、借入れ等によってカバーしている、という構図です。

モリモトの主要業績データを見ても、やはり**損益とキャッシュ・フローの間には大きなギャップがあります**。損益のデータからは増収増益で業績好調な成長企業の姿に見えますが、キャッシュ・フローのデータからは、**資金繰りに苦しむ企業の典型的な姿**が浮かび上がります。ここが、「何かがおかしい」と感じるポイントです。

では、モリモトの経営のどこに問題があったのでしょうか。キャッシュ・フロー計算書やＢ／Ｓ（貸借対照表）のデータから探っていくことにしましょう。

モリモトのキャッシュ・フロー計算書

次ページの図表1－5は、モリモトの連結キャッシュ・フロー計算書の営業ＣＦの部分を抜粋し、要約したものです。

◉図表1-5　モリモトの要約連結キャッシュ・フロー計算書（営業CF）

（単位：百万円）

科目	2007年3月期	2008年3月期
営業活動によるキャッシュ・フロー		
税金等調整前当期純利益	11,070	18,069
減価償却費	155	148
…	…	…
売上債権の増減（マイナスは増加）	140	－12
前受金の増減額（マイナスは減少）	－226	2,072
棚卸資産の増減（マイナスは増加）	－49,494	－29,671
仕入債務の増減（マイナスは減少）	4,710	－75
前渡金の増減額（マイナスは増加）	－1,317	1,227
…	…	…
その他	－	－388
小計	**－31,685**	**－8,750**
利息及び配当金の受取額	205	160
…	…	…
利息の支払額	－2,312	－3,641
法人税等の支払額	－3,629	－7,618
営業活動によるキャッシュ・フロー	**－36,875**	**－16,118**

営業ＣＦの出発点である税金等調整前当期純利益は黒字で、これは先ほどの損益データと整合しています。

注目したいのは、同図表中の太枠で囲った部分です。損益とキャッシュ・フローの間のギャップを調整する項目のなかで、ひと際大きな金額となっているのは、**「棚卸資産の増減」**です。

ここを見ると、２００７年３月期には４９４億９４００万円、２００８年３月期には２９６億７１００万円もの棚卸資産の増加が確認できます。なお、同図表では棚卸資産の増加がキャッシュの減少として（キャッシュ・フローとしてはマイナスの金額として）表示されています。なぜなら、棚卸資産（モリモトの場合は販売用の不動産）を仕入れるためには現金が必要なためです。これは、不動産市場の冷え込みにより販売用不動産の在庫が膨らんだため、資金繰りに行き詰まったとする同社側の説明と符合しています。

ただし、34ページの図表１－４に示された営業ＣＦの推移を見る限り、販売用不動産や仕掛不動産（棚卸資産）の大幅な増加は２００６年３月期からすでに始まっており、２００８年に入ってからの不動産市場の冷え込みだけが黒字倒産の原因であるという同社の説明には少々無理がありそうです。

モリモトのＢ／Ｓ

モリモトのＢ／Ｓについても見てみましょう。次ページの図表１－６は、モリモトの連結Ｂ／Ｓの資産の部を抜粋し、要約したものです。

これを見ると、**流動資産の「販売用不動産」と「仕掛不動産」の金額の大きさが目につきます**（同図表中の太枠で囲った部分）。これらは、通常の会社であれば棚卸資産（在庫）に相当する科目です。

販売用不動産と仕掛不動産の合計金額は、２００８年３月期時点で１９３９億８００万円に達しています。同時期のモリモトの売上高が１１７６億３７００万円ですから、棚卸

◉図表1-6　モリモトの要約連結Ｂ／Ｓ（資産の部）

（単位：百万円）

科目	2007年3月期	2008年3月期
（資産の部）		
流動資産	**184,899**	**217,455**
現預金	15,575	18,782
営業未収入金	163	175
販売用不動産	15,505	42,033
仕掛不動産	148,733	151,875
前渡金	2,346	1,119
その他	2,577	3,470
固定資産	**12,296**	**11,180**
有形固定資産	**5,179**	**5,110**
建物及び構築物	1,546	1,510
機械装置及び運搬具	14	12
土地	3,522	3,500
建設仮勘定	−	26
その他	97	63
無形固定資産	107	401
投資その他の資産	7,011	5,669
資産合計	**197,195**	**228,635**

資産の金額は売上高の約１・６５倍にまで膨らんでいることがわかります。不動産業では、棚卸資産が土地や建物ですから、どうしてもその金額が大きくなりがちです。

しかしながら、ここまで多くの販売用不動産および仕掛不動産を抱えているというのは、異常な水準だと言えるでしょう。

モリモトでは何が起きていたのか？

モリモトは、民事再生法の適用申請に至った経緯として、２００８年11月までの資金繰りの目処はついていたものの、監査法人から２００９年第２四半期報告書に適正意見を出す（監査意見が意見不表明とならない）ために、「２００８年10月から２００９年9月までの資金繰りが狂った場合は（計画との差異を）すべて銀行が支援するとの内容の頭取名の文書を出すことを求められた」と説明していました。しかし、本節冒頭で述べたとおり、監査法人の監査意見が意見不表明となり、民事再生法の適用申請に至りました。

また、破綻後の記者会見で、モリモトの森本浩義《もりもとひろよし》社長は「本年（２００８年）に入ってから、購入者の買い控えから在庫が増加し資金が固定化するなど、資金繰りは大変厳しい状況だった」と述べています（２００８年11月30日付日経ヴェリタス）。

こうしたモリモト側の主張からは、２００８年に入ってからの不動産不況により経営破綻に追い込まれた、という印象を受けます。

しかし、キャッシュ・フローの状況を見る限り、モリモトの資金繰りは２００８年に入ってから悪化したというより、長期的に抱えていた問題だったと言えそうです。

すでに述べたように、モリモトは資金不足を借入金などによってカバーしてきましたが、２００８年3月期の時点で有利子負債の総額は１５００億円弱にまで達していました（本書には未掲載のＢ／Ｓを参照）。そして、借入れなどによって調達した資金は、棚卸資産（販売用不動産および仕掛不動産）に投下されていました。

慢性的な資金不足を引き起こす事業構造を変えない限り、モリモトの黒字倒産は避けられない状況だったと言えるのではないでしょうか。

「キャッシュ・フロー計算書やB／Sに「歪み」が現れる」

粉飾決算は財務諸表をどう歪ませるのか？

粉飾決算を行なう目的とは何でしょうか。FOIの場合、粉飾決算の目的はP／Lをきれいにお化粧してみせることで、ベンチャーキャピタルや株式投資家の目を欺き、資金調達を行なうことにありました。こうした会社の多くでは、P／Lについてはきれいに体裁を整えていますが、キャッシュ・フロー計算書やB／Sまでは手が回っていません。

FOIでもそうであったように、架空の売上を計上してP／L上の売上や利益を見かけ上整えたとしても、架空の取引でキャッシュを生み出すことはできませんから、キャッシュ・フロー計算書の営業CFは赤字になってしまいます。

また、架空の売上を計上し続けるために発生する売上債権（受取手形や売掛金）、在庫（棚卸資産）や仕入債務（支払手形や買掛金）は、B／Sの姿をいびつなものにしてしまいます。

そして、**一度でも、粉飾決算に手を染めてしまったら、その後は決算の数字をきれいに**

見せ続けるために、粉飾決算の規模を大きくしていかざるを得なくなります。その結果、P／Lとキャッシュ・フロー計算書やB／Sとのギャップがどんどん大きくなってしまうのです。

黒字倒産する会社の財務諸表に見える特徴は何か？

黒字倒産の原因は様々です。詳しくは第3章で取り上げますが、運転資本（企業が事業活動を行なっていくうえで必要な資金〔＝売上債権＋棚卸資産－仕入債務〕）が過大となり、資金不足となって黒字倒産してしまう例も少なくありません。

例えば、本章で取り上げたモリモトでは、過大になった棚卸資産（販売用不動産や仕掛不動産）が資金繰りを圧迫していました。モリモトの場合、株式を新規上場してからわずか9ヶ月後の2008年11月に民事再生法の適用を申請することになったのですが、キャッシュ・フローのデータを見る限り、その前兆は2006年3月期の決算から現れていました。棚卸資産の滞留が営業CFをマイナスに追いやっていたわけです。

また、モリモトのケースでは、営業CFと投資CFの合計であるFCFもマイナスが続いていました。成長企業の場合、FCFがマイナスであることは決して珍しくありません。成長企業では、営業CFで得られたキャッシュを上回る投資が必要になるからです。

しかし成長企業でも、営業CFの赤字が慢性的に発生するという状況は望ましくはありません。**営業CFの赤字が続くということは、事業活動を継続すればするほどキャッシュが不足するということ**を意味するためです。

また、モリモトの販売不振の状況は、B/Sの販売用不動産や仕掛不動産の膨張にも表れていました。モリモトの場合、最終的には販売用不動産と仕掛不動産の合計は年間売上高の1・5倍を超える水準にまで到達しています。

P/Lでは業績好調の成長企業に見えていたモリモトですが、キャッシュ・フロー計算書やB/Sには黒字倒産の兆候が確実に現れていたのです。

■歪んだ財務諸表から「現場で何が起きているのか?」を読み解く会計思考力

粉飾決算や黒字倒産の前兆を見抜くための勘所は、P/Lだけにとらわれるのではなく、キャッシュ・フロー計算書やB/Sに現れる「歪み」を見逃さないことです。粉飾決算にしても黒字倒産にしても、P/Lがいくらきれいに見えていても、キャッシュ・フロー計算書やB/Sにはその負の側面が表れています。その点を見抜くことが肝要です。

そうした財務諸表の歪みを見抜くうえで重要なのが、会社(会計)の数字からビジネスの現場で何が起きているのかを見抜く力、すなわち「**会計思考力**」です。

Ｐ／Ｌ上では売上、利益が成長しているのに、事業からキャッシュを生み出すことができていなかったり、売上債権（受取手形や売掛金）や在庫（棚卸資産）が売上の伸び以上に膨張したりしている場合、その会社のビジネスの現場では何か異常なことが起こっているのです。

常に、会社の数字の動きと現場の動きを結びつけて考える癖をつければ、直観的に「何かがおかしい」と気づくことができるようになります。

会計思考Note 1

財務諸表とビジネスモデル

本書でも、様々な会社のB／SやP／L、キャッシュ・フロー計算書を取り上げていますが、財務諸表というのは慣れないとなかなか読みにくいものです。

会計の数字に慣れていない方が財務諸表を読むときに役に立つのが、「**比例縮尺図**」です。比例縮尺図とは、B／SやP／Lの金額と比例した面積を各科目に割り当て、財務諸表を視覚的に理解できるように工夫した図のことです。

この比例縮尺図は、財務諸表からその会社の**ビジネスモデルの推定**を行なったり、**同業他社との比較**を行なったりするときなどにも活用できます。

P／L

科目	金額（十億円）
売上高	546
売上原価	372
売上総利益	**174**
営業収入	1
営業総利益	**175**
販売費及び一般管理費	**149**
広告宣伝費	16
給与手当	55
賃借料	33
その他	44
営業利益	**25**
営業外収益	1
営業外費用	0
経常利益	**26**
特別損失	2
税金等調整前当期純利益	**24**
法人税等	8
親会社株主に帰属する当期純利益	**16**

◉図表1-7　しまむらの要約連結財務諸表（2019年2月期）

B／S

科目	金額（十億円）	科目	金額（十億円）
（資産の部）		（負債の部）	
流動資産	**225**	流動負債	**34**
現預金	24	買掛金	19
売掛金	5	未払法人税等	3
有価証券	139	賞与引当金	2
商品	51	その他	10
その他	6		
固定資産	**173**		
有形固定資産	**136**		
建物・構築物	80	固定負債	5
機械器具備品	3	負債合計	**38**
土地	49	（純資産の部）	
建設仮勘定	4	資本金	17
無形固定資産	**1**	資本剰余金	19
投資その他の資産	**36**	利益剰余金	321
投資有価証券	10	自己株式	−1
差入保証金	24	その他の包括利益累計額	4
その他	2	純資産合計	**359**
資産合計	**397**	負債純資産合計	**397**

実際の企業の事例を使って説明しましょう。

図表1−7は、ファッションセンターしまむらやアベイルといった、ファストファッションを取り扱う小売店を手掛けている**しまむら**の要約B／SとP／L（2019年2月期）です。

比例縮尺図をつくる際に気をつけるべきポイントは、B／SとP／Lの縮尺を合わせること（同じ金額が同じ面積で表示されるようにすること）です。こうすることで、B／SとP／Lを左右に並べて比較することができるようになります。

この点に気をつけながら、B／S、P／Lを比例縮尺図に落とし込んだものが、次ページの図表1−8です。なお、この比例縮尺図には、図表1−7の太枠で囲った項目を反映しています（しまむらのP／Lには特別利益が計上されていないので、比例縮尺図にも登場していませ

◉図表1-8　しまむらの連結B／S、P／Lの比例縮尺図（2019年2月期）

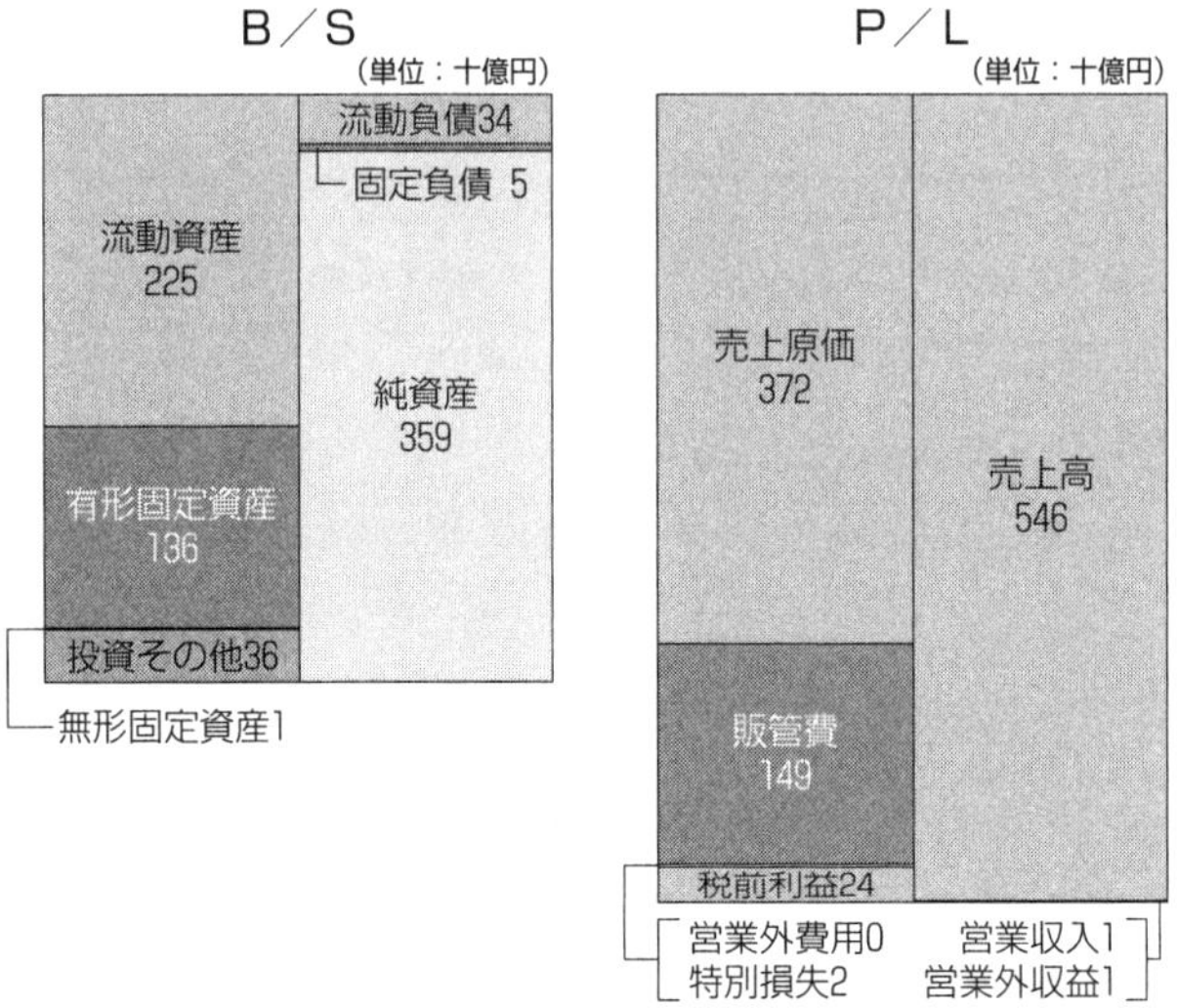

んが、特別利益が計上されている企業の場合には、特別利益も比例縮尺図に反映させる必要があります）。この比例縮尺図をもとに、しまむらのビジネスモデルに関する仮説を考えてみましょう。

B／Sの比例縮尺図の左側（資産）から見ていきます。

まず、流動資産が２２５０億円となっており、資産において最も多くの割合を占めていることがわかります。しまむらは小売業を営んでいますから、ここには多くの在庫（棚卸資産）が計上されている可能性があります。

さらに、有形固定資産が１３６０億円計上されています。店舗の建物や土地がその多くを占めているのではないかと想定されます。また、小売業の場合、投資その他の資産に店舗保証金が含まれていることが多いため、しまむらでも同様に店舗保証金が計上されているのではないかという仮説が立てられます。

次に、Ｂ／Ｓの右側（負債、純資産）に移ります。

しまむらでは、負債の割合が極端に低く、純資産が非常に大きな割合を占めています。

これは、有利子負債を持たない**無借金企業**でよく見られるパターンです。おそらく、しまむらでは過去の業績がよく、上げ続けてきた利益を**内部留保**（利益を配当に分配するのではなく、社内での再投資に回すこと）とすることで、有利子負債を使うことなく経営を行なっているものと推察されます。

続いて、Ｐ／Ｌについても見ていきましょう。

しまむらの２０１９年２月期の売上高は５４６０億円、費用では売上原価が最も多く、３７２０億円となっています。しまむらの原価率（売上高に対する売上原価の比率）は68・１％です。小売業の原価率は60～70％で、アパレル業の原価率は40～50％と言われているので、低価格戦略を自社の強みとする、しまむらの原価率はアパレル業としてはやや高めです。したがって、薄利多売のビジネスモデルになっていると推定されます。

販売費及び一般管理費（販管費）は１４９０億円で、販管費率（売上高に占める販管費の比率）は27・３％です。この販管費には、店舗で働く従業員の人件費や、店舗の賃借料、広告宣伝費などが含まれているのではないかという仮説が立てられるでしょう。

最終的に、税金等を差し引く前の利益である税金等調整前当期純利益（図表中では税前利益と略記しています）は240億円で、これは売上高の4・4％に相当します。

続いて、44〜45ページの図表1-7に戻り、比例縮尺図で想定した仮説を検証していきましょう。

まず、B／Sの流動資産を見てみると、想定していた仮説とは異なり、商品在庫の金額は510億円とそれほど多くありません。

しまむらでは、売上高の1ヶ月分強の在庫しか保有していないのです。ここで思い浮かぶのが、しまむらの**「売り切れ御免」のポリシーと高度な自社物流網**です。しまむらでは、商品が売り切れてもその商品の追加発注を行ないません。これが、「売り切れ御免」のポリシーです。

一方で、ある店舗で商品が売り切れると、日本全国で在庫の残っている店舗から取り寄せる仕組みとなっており、それを実現するためにきめ細やかな自社物流網を構築しています。こうしたしまむらのビジネスモデル上の強みが、商品在庫の金額に表れているのです。

なお、流動資産のなかで最も大きな金額を占めているのは、有価証券(1390億円)です。これは、手元資金を運用する目的で保有されている資産です。

一方、B／Sの有形固定資産、投資その他の資産、そして負債および純資産に関しては、ほぼ比例縮尺図で立てた仮説どおりになっていることもわかります。

P／Lについても、販管費の内訳を中心に見ていきます。販管費のうち、最も大きな金額を占めているのは給与手当（550億円）で、続いて賃借料（330億円）、広告宣伝費（160億円）となっています。これらの販管費の費目は、最終消費者を対象としたビジネスを営む**BtoC企業**では一般的に見られるものです。

事例として取り上げるもう1社は、ユニクロなどを運営する**ファーストリテイリング**（以下、FR）です。比較的低価格のアパレル商品を取り扱っているという意味では、しまむらと同業種に属する会社と言えます。

50～51ページの図表1－9は、FRの要約B／SとP／L（2018年8月期）です。ただし、FRは国際財務報告基準（IFRS）に基づいて財務諸表を作成していますので、連結B／Sは「連結財政状態計算書」と呼ばれ、日本基準での固定資産は非流動資産、固定負債は非流動負債、純資産は資本という名称になるなど、日本基準のB／Sとは異なります。また、P／Lも計算の構造が日本基準とは異なる点に注意が必要です。

FRのB／SおよびP／Lを比例縮尺図にしたものが、52ページの図表1－10です。先ほど述べたように、B／SやP／Lの項目や構造は日本基準とは異なりますが、金額の大きな項目に着目して作成しました。

まず、B／Sの左側（資産）から見ていきましょう。

ひと際金額が大きいのは、流動資産（1兆6180億円）です。棚卸資産の金額も含め

P／L

科目	金額（十億円）
売上収益	2,130
売上原価	1,080
売上総利益	**1,050**
販売費及び一般管理費	**797**
広告宣伝費	70
地代家賃	192
減価償却費及びその他償却費	45
委託費	41
人件費	285
その他	164
その他収益	3
その他費用	20
持分法による投資利益	1
営業利益	**236**
金融収益	10
金融費用	3
税引前利益	**243**
法人所得税費用	73
当期利益	**169**
（親会社の所有者に帰属する当期利益）	155
（非支配持分に帰属する当期利益）	15

て、後ほど内訳を確認しましょう。

有形固定資産の金額が小さいのも重要なポイントです。売上規模でいうと、FRはしまむらの4倍近くあるのですが、有形固定資産はしまむらの1360億円に対し、FRには1550億円しかありません。これは、ユニクロなどの店舗が商業施設のテナントとして入っているケースが多いことに加え、路面店であっても土地や建物を賃借しているためです。FRは小売業のなかでも、「**持たざる経営**」を実践している企業なのです。

続いて、B／Sの右側（負債、資本）を見ます。無借金経営のしまむらに比べると、流動負債および非流動負債の占める割合が高くなっています。とはいえ、総資産に占める資本の割合（**自己資本比率**）は46・2%を確保しており、**安全性**に問題がある水準ではありません。

P／Lにおける売上収益は2兆1300億円と、先ほど述べたように売上規模はし

◉図表1-9　ＦＲの要約連結財務諸表（2018年8月期）

B／S

科目	金額（十億円）	科目	金額（十億円）
（資産の部）		（負債の部）	
流動資産	**1,618**	流動負債	**499**
現金及び現金同等物	1,000	買掛金及びその他の短期債務	215
売掛金及びその他の短期債権	53	その他の短期金融負債	172
その他の短期金融資産	35	未払法人所得税	22
棚卸資産	465	引当金	12
デリバティブ金融資産	36	その他	80
その他	30	非流動負債	**551**
		長期金融負債	503
非流動資産	**335**	引当金（非流動）	19
有形固定資産	155	繰延税金負債	13
のれん	8	その他の非流動負債	17
無形資産	46	負債合計	**1,051**
長期金融債権	79	（資本の部）	
持分法で会計処理されている投資	15	資本金	10
繰延税金資産	26	資本剰余金	18
その他の非流動資産	6	利益剰余金	815
		自己株式	−15
		その他の資本の構成要素	35
		非支配持分	40
		資本合計	**903**
資産合計	**1,953**	負債資本合計	**1,953**

まむらの4倍近くとなっています。売上原価は1兆800億円で、原価率は50・7%と、しまむらに比べると原価率は低くなっています。イメージとしては、**ユニクロなどで取り扱っている商品の単価は低いようにも思われますが、実際には機能性の高い製品などを取り揃えることで、利幅を確保しています。**

また、しまむらはメーカーや卸売業者から商品を仕入れて販売するビジネスモデルであるのに対し、FRは自社で企画・生産から関与して販売までを行なう、「SPA」(Speciality store retailer of Private label Apparel)と呼ばれるビジネスモデルを採用していることも、両社の原価率の違いに大きく影響しています。SPAでは、自社のオリジナリティーを全面に押し出した製

◉図表1-10　FRの連結B／S、P／Lの比例縮尺図（2018年8月期）

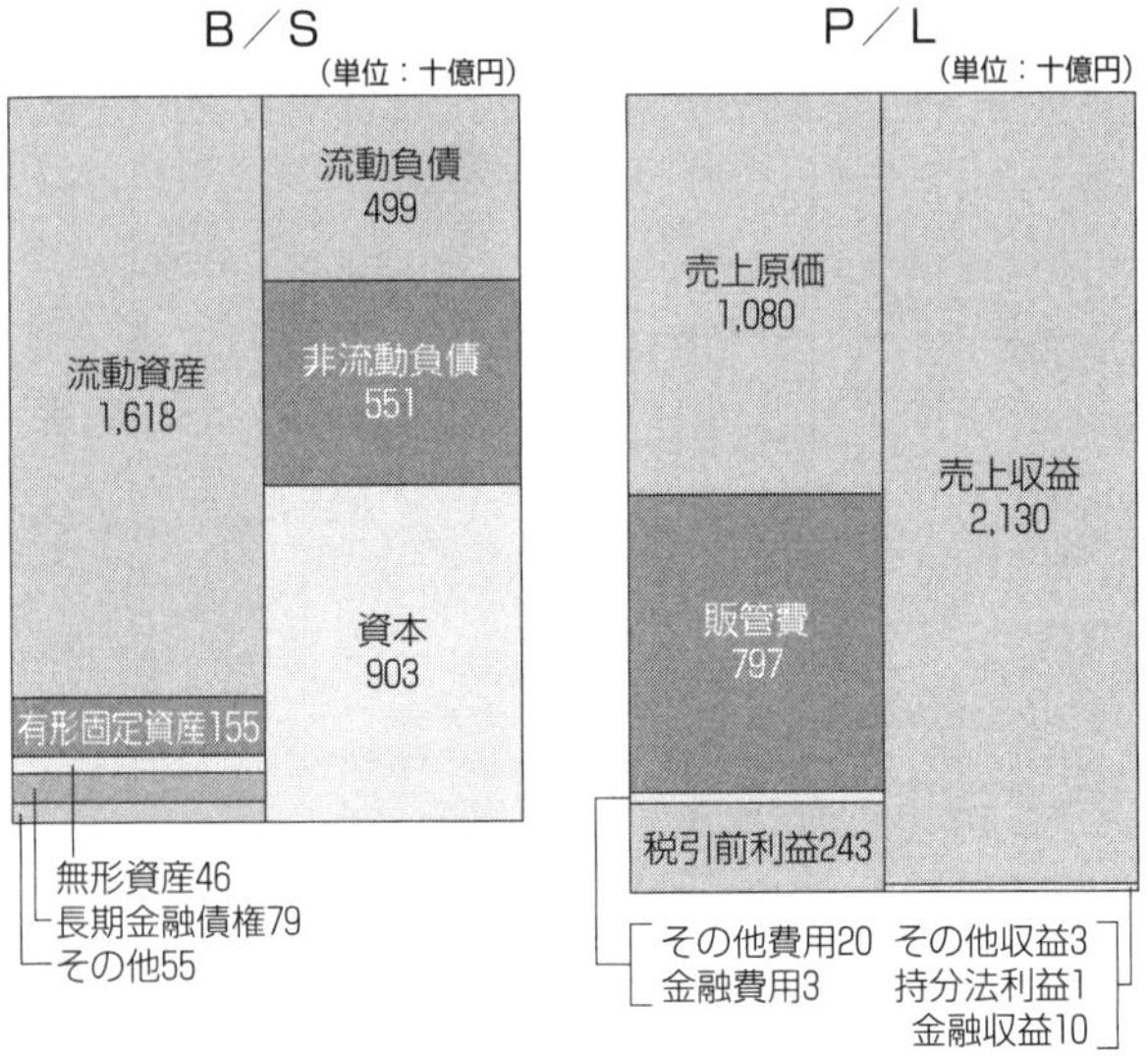

品企画が可能となります。ＦＲが機能性を訴求する製品に強みを発揮できているのも、ＳＰＡのビジネスモデルを採用しているためです。

販管費は７９７０億円で、販管費率は37・４％と、しまむらに比べて約10ポイント高くなっています。しまむらに比べると広告宣伝費をより多く投じていたり、持たざる経営の結果、地代家賃が多くなったりする点が影響していると仮説を立てることができます。こちらも、後ほど販管費の内訳を確認しましょう。

ＦＲの税引前利益は２４３０億円で、売上収益の11・４％となっており、しまむらよりも高い利益水準を確保していることがわかります。

改めて50～51ページの図表１‐９に戻

り、比例縮尺図をもとに立てた仮説を検証します。

B／S中の流動資産のなかの棚卸資産の金額は4650億円で、売上収益の約2・6ヶ月分に相当します。在庫の水準はしまむらよりも多いと言えます。しかし、流動資産のなかで最も大きな金額を占めているのは現金及び現金同等物（1兆円）で、この現金をどのように活用していくかがFRの今後の経営を考えていくうえでのポイントと言えそうです。

次に、P／Lの販管費の内訳を見てみると、金額的に一番大きいのは人件費（2850億円）で、続いて地代家賃（1920億円）、広告宣伝費（700億円）となっています。主な費目はしまむらとある程度共通していますが、売上の規模を勘案しても、しまむらに比べると1つひとつの費目にコストをかけていると言えそうです。

このように、同業に属しているしまむらとFRの財務諸表を比例縮尺図も含めて比較してみると、仕入れや在庫も含めて効率的なローコスト経営を追求しているしまむらと、利幅の高い商品を販売し、持たざる経営を実践しているFRというように、両者のビジネスモデルには違いがあることがわかります。

また、**粉飾決算や黒字倒産の企業の財務諸表を分析する際にも、同業他社の財務諸表と比較分析することで、その異常に気づける場合があります。**

第1章のまとめ

☑ 粉飾決算や黒字倒産を見抜くには、財務諸表の数字の不自然な動きに注目することが重要

☑ P／L上の業績は好調なのに、営業CFの赤字が続いている企業に対しては、粉飾決算や黒字倒産の可能性を疑ったほうがよい

☑ 売上債権や棚卸資産の急増も、粉飾決算や黒字倒産のシグナルになることがある

☑ 粉飾決算や黒字倒産の前兆を察知するために、P／Lだけを見るのではなく、B／Sやキャッシュ・フロー計算書に現れる「歪み」を見逃さないようにする

第2章

キャッシュは嘘をつかない

―キャッシュ・フローと回転期間から読み解く真実

キャッシュ・フロー計算書の重要性

なぜキャッシュ・フロー計算書が重要なのか?

粉飾決算や黒字倒産のシグナルを読み解くうえで特に重要なのが、**キャッシュ・フロー計算書**です。このキャッシュ・フロー計算書は英語で「Cash Flow Statement」と呼ばれ、C/SやC/Fといった略称が使われることもありますが、B/SやP/Lに比べて一般的な呼称ではないので、本書ではそのままキャッシュ・フロー計算書と表記します。

上場企業などにキャッシュ・フロー計算書の作成が義務づけられたのは、2000年3月期(正確には1999年4月1日以降に開始する事業年度)からで、キャッシュ・フロー計算書は比較的歴史の浅い財務諸表です。

「**勘定合って銭足らず**」という言葉がありますが、これはまさしく黒字倒産の状況を表したものです。P/L上は黒字であっても、支払いに必要な資金が不足すれば企業は倒産してしまいます。そこで、企業の1年間を通じた現金の収支を表すキャッシュ・フロー計算書が作成されるようになったのです。

キャッシュ・フロー計算書を見ることで、会社における現金の動きを把握し、支払いに必要な現金が十分に足りているかどうかを知ることができます。

キャッシュをごまかすのは難しい

第1章でも述べたように、粉飾決算を行なっている企業では、P／Lはきれいに見えるようにお化粧されていますが、キャッシュ・フロー計算書ではその苦しい台所事情が表れてしまっていました。また、黒字倒産した企業のキャッシュ・フロー計算書にも、経営状況が如実に表れていました。

このように、キャッシュ・フロー計算書にはその会社の実情が映し出されています。一般的に、「損益に比べてキャッシュ・フローは粉飾しにくい」と言われています。その理由は何でしょうか。

なぜなら、**現預金の金額をごまかすことは難しい**からです。会計監査を行なうにあたって、会計監査人は必ず取引のある金融機関に預金残高を直接確認し、正確なデータを入手しています。したがって、仮に現預金残高を改ざんするような粉飾を行なったとしても、すぐに会計監査人に発見されてしまうのです。

第4章では、様々な粉飾決算の事例を紹介していきますが、営業ＣＦ、投資ＣＦ、財務

ＣＦの間でキャッシュ・フローをつけ替えた事例はあっても、現預金残高そのものを改ざんする事例がないのは、そうした理由によるものです。

したがって、粉飾決算を行なおうとする会社が改ざんするのは、会計監査人がすべてを直接確認することが難しい資産（多くの場合は**売掛金**や**棚卸資産**）ということになります。

しかし、これは日本国内に限った話です。海外では、現預金残高の水増しが行なわれた粉飾決算の事例があります。例えば、２００９年1月8日付の日経産業新聞では、インドのＩＴ大手であるサティヤム・コンピューター・サービスの粉飾決算について報じられていますが、そのなかで、同社は貸借対照表上の現預金を５０４億ルピー（当時のレートで約９７０億円）水増ししていたとされています。「インド版エンロン事件」とも呼ばれたこの事件をめぐっては、インド証券取引委員会が、粉飾決算を見抜けなかった大手監査法人のプライスウォーターハウスクーパース（ＰｗＣ）に対して、２０１８年1月から２０２０年1月までの2年間、上場企業の監査を禁止する決定を下しています（２０１８年1月13日付日本経済新聞朝刊）。

3つのキャッシュ・フロー

では、図表2－1を参照しながら、キャッシュ・フロー計算書の基本的な構造について

◉図表2-1　連結キャッシュ・フロー計算書の基本構造

Ⅰ 営業活動によるキャッシュ・フロー 　税金等調整前当期純利益 　減価償却費 　… 　小計 　… 　営業活動によるキャッシュ・フロー
Ⅱ 投資活動によるキャッシュ・フロー 　有形固定資産の取得による支出 　有形固定資産の売却による収入 　… 　投資活動によるキャッシュ・フロー
Ⅲ 財務活動によるキャッシュ・フロー 　短期借入金の純増減額 　長期借入れによる収入 　… 　財務活動によるキャッシュ・フロー
Ⅳ 現金及び現金同等物に係る換算差額
Ⅴ 現金及び現金同等物の増減額
Ⅵ 現金及び現金同等物の期首残高
Ⅶ 現金及び現金同等物の期末残高

説明してきましょう。

キャッシュ・フロー計算書は、大きく分けると「**営業活動によるキャッシュ・フロー**」（営業ＣＦ）、「**投資活動によるキャッシュ・フロー**」（投資ＣＦ）、「**財務活動によるキャッシュ・フロー**」（財務ＣＦ）の３つのパートで構成されています。

１つ目のパートである営業ＣＦでは、「**会社の本業**」で獲得したキャッシュが表示されます。企業が継続して活動していくためには、本業でキャッシュを稼がなくてはいけませんから、**通常の企業では**

営業ＣＦはプラスとなります。

営業ＣＦ内の項目について見てみると、営業ＣＦは、税金等調整前当期純利益から、様々な調整項目を足し引きして計算されています。これは、営業ＣＦが「**間接法**」によって作成されているためです。

そもそも、営業ＣＦを表示する方法としては「直接法」と「間接法」の２通りが認められています。直接法は、営業活動に関わる取引ごとに現金の収支を表示する方法ですが、実際にはほぼ使われていないため、**ほとんどの会社のキャッシュ・フロー計算書では、営業ＣＦは間接法によって表示されています。**これは、直接法に比べて間接法のほうが、実務的に作成が容易なためです。

２つ目の投資ＣＦでは、有形固定資産の取得や売却、有価証券の取得や売却に伴う現金収支が表示されています。この投資ＣＦからは、会社が必要とする経営資源に対してどれだけ投資を行なっているのかがわかります。

最後のパートの財務ＣＦでは、企業の財務活動に関わるキャッシュ・フローが表示されています。具体的には、借入れや社債の発行、増資による資金調達（現金収入）、借入金の返済や社債の償還、配当金の支払いに伴う現金支出が表示されます。

FCF（フリー・キャッシュ・フロー）とは？

企業におけるKPI（業績評価指標、重要業績指標）としてよく使用される指標の1つに、FCF（フリー・キャッシュ・フロー）があります。FCFは、様々な方法で計算されますが、代表的な計算方法の1つが、営業CFと投資CFを合計するというものです。計算式で表すと、「FCF＝営業CF＋投資CF」となります。これは、会社の本業から得られたキャッシュである営業CFから、純投資額を差し引いた金額に相当します。

FCFは、営業CFから必要な投資を差し引いた後のキャッシュ・フローですから、このFCFがプラスであれば、有利子負債の返済や株主への配当にキャッシュを回すことができます。一方、FCFがマイナスの場合には、現預金残高の水準を維持するためには、借入れや増資によって資金調達を行なう必要が生じます。

キャッシュ・フロー計算書をウォーター・フォール・チャートで読む方法

第1章のコラム「会計思考ノート1」では、B／SやP／Lを比例縮尺図に落とし込んで視覚化する手法について解説しましたが、キャッシュ・フロー計算書についても図で表現する方法が有効です。ただし、キャッシュ・フロー計算書の場合はB／SやP／Lとは異なり、**「ウォーター・フォール・チャート」**を使用します。

このウォーター・フォール・チャートでは、期首に保有していた現金が、営業CF、投資CF、財務CFのそれぞれによって、どのように増減したのかをグラフで表示します。

実際の企業の事例を使ってウォーター・フォール・チャートを作成してみましょう。次ページの図表2－2は、第1章のコラム「会計思考ノート1」でも取り上げた、しまむらの連結キャッシュ・フロー計算書を要約したものです。

ウォーター・フォール・チャートを作成するうえで着目すべきなのは、「営業活動によるキャッシュ・フロー」（営業CF）、「投資活動によるキャッシュ・フロー」（投資CF）、「財務活動によるキャッシュ・フロー」（財務CF）、「現金及び現金同等物の期首残高」、「現金及び現金同等物の期末残高」の5項目（同図表の太枠で囲った部分を参照）となります。

基本的に、「現金及び現金同等物の期首残高」に営業CF、投資CF、財務CFを足し合わせたものが「現金及び現金同等物の期末残高」となります。厳密には、「現金及び現金同等物に係る換算差額」も加味する必要がありますが、しまむらの場合にはこの項目の金額がゼロになっているので、その部分を省略してウォーター・フォール・チャートを作成します（図表2－3）。

◉図表2-2　しまむらの要約連結キャッシュ・フロー計算書（2019年2月期）

科目	金額（十億円）
営業活動によるキャッシュ・フロー	
税金等調整前当期純利益	24
減価償却費	6
…	…
売上債権の増減額（マイナスは増加）	−1
棚卸資産の増減額（マイナスは増加）	−3
…	…
仕入債務の増減額（マイナスは減少）	−2
…	…
小計	**26**
利息及び配当金の受取額	0
利息の支払額	0
法人税等の支払額	−11
営業活動によるキャッシュ・フロー	**15**
投資活動によるキャッシュ・フロー	
…	…
有価証券の取得による支出	−268
有価証券の償還による収入	261
有形固定資産の取得による支出	−10
…	…
投資活動によるキャッシュ・フロー	**−16**
財務活動によるキャッシュ・フロー	
…	…
配当金の支払額	−9
財務活動によるキャッシュ・フロー	**−9**
現金及び現金同等物に係る換算差額	0
現金及び現金同等物の増減額	**−10**
現金及び現金同等物の期首残高	**63**
現金及び現金同等物の期末残高	**53**

◉図表2-3　しまむらの連結キャッシュ・フロー計算書のウォーター・フォール・チャート（2019年2月期）

（単位：十億円）

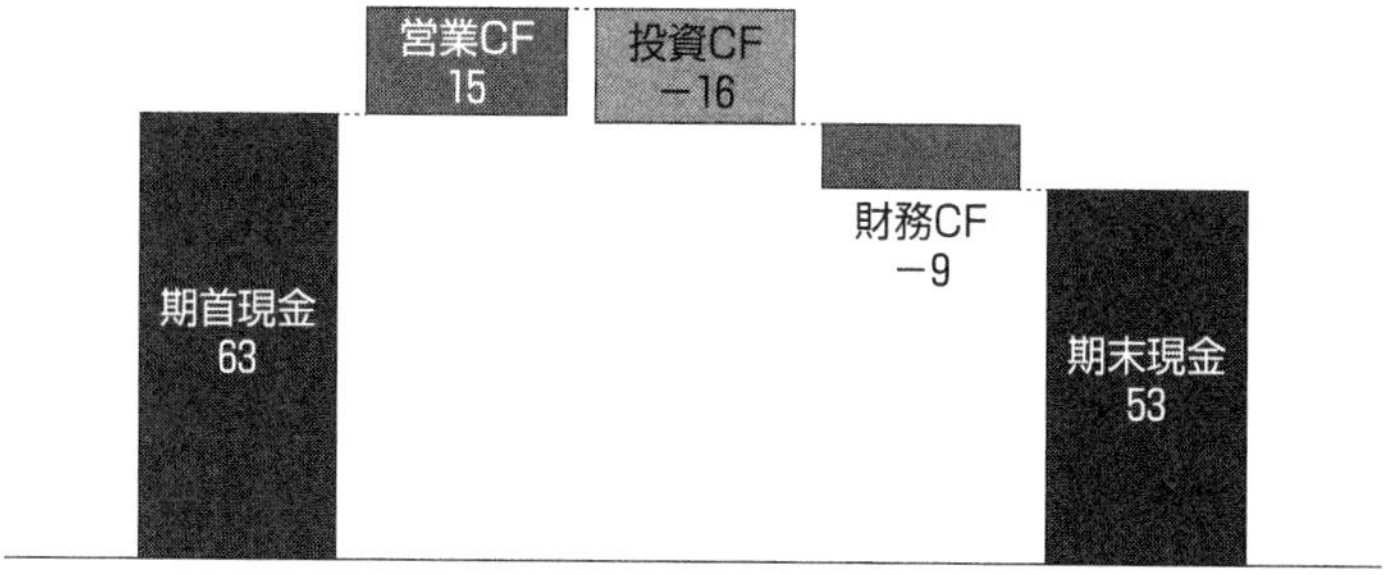

これらの図表を見ると、しまむらは事業活動から得られた営業ＣＦを超える金額を投資に回していることがわかります。

しかし、投資の主な対象は、有価証券（純額で70億円）と有形固定資産（１００億円）で、有価証券への投資は資産運用と推察されるので、実質的には営業ＣＦの範囲内で事業投資を行なっていると見たほうが妥当でしょう。一方で、財務活動では90億円の配当金を支払っています。

その結果、トータルとしては１００億円のキャッシュアウトとなり、現金残高は期首の６３０億円から期末の５３０億円へ減少しています。

利益とキャッシュ・フローの関係

Ｐ／Ｌとキャッシュ・フロー計算書の関係

第１章で説明したように、Ｐ／Ｌ上の損益とキャッシュ・フローは一致しません。損益を計算する際に使われる売上高（収益）と費用は、現金の動きとは一致していないからです。

粉飾決算や黒字倒産を見抜くためにキャッシュ・フロー計算書を読み解くにあたっては、なぜＰ／Ｌ上の損益とキャッシュ・フローの間にズレが生じるのかを理解しておく必要があります。ここでは、その点について説明しておきます。

なぜ利益とキャッシュ・フローは食い違うのか？

次ページの図表２－４は、59ページの図表２－１に示したキャッシュ・フロー計算書の構造を、営業ＣＦ、投資ＣＦ、財務ＣＦに絞って抜粋したものです。

◉図表2-4　連結キャッシュ・フロー計算書の基本構造（抜粋）

Ⅰ 営業活動によるキャッシュ・フロー	
税金等調整前当期純利益	
減価償却費	…（A）
…	
売上債権の増減額（マイナスは増加）	…（B）
棚卸資産の増減額（マイナスは増加）	…（C）
仕入債務の増減額（マイナスは減少）	…（D）
小計	
…	
営業活動によるキャッシュ・フロー	
Ⅱ 投資活動によるキャッシュ・フロー	
…	
投資活動によるキャッシュ・フロー	
Ⅲ 財務活動によるキャッシュ・フロー	
…	
財務活動によるキャッシュ・フロー	

60ページで説明したように、ほとんどの会社の営業ＣＦは間接法によって作成されています。

間接法とは、Ｐ／Ｌ上の税金等調整前当期純利益から出発し、損益とキャッシュ・フローの間のズレを調整することで営業ＣＦを表示する方法です。

したがって、**間接法における調整項目を見ていけば、損益と営業ＣＦの間のズレを生じさせる項目を特定することができます。**

損益とキャッシュ・フローの差を生じさせる項目は、大きく分けると次の２つです。

①　P／L上では費用なのに、キャッシュ・フローには影響を与えない項目
②　キャッシュ・フローには影響するのに、P／L上では費用とならない項目

では、それぞれの項目について詳しく見ていきましょう。

費用なのにキャッシュ・フローには影響を与えない項目

1つ目は、P／L上は費用なのに、キャッシュ・フローには影響を与えない項目です。その代表格としては、有形固定資産などの**減価償却費**が挙げられます。減価償却費は、有形固定資産の使用に伴う価値の減少分を費用として計上するものです。この減価償却費はP／L上では費用として計上されますが、あくまで利益を計算するための費用であって、誰かに対して代金を支払うわけではないので、営業CFには影響を与えません（ただし、有形固定資産の取得による支出を行なった時点で、投資CFは減少します）。

そのため、図表2－4の営業CF中の（A）に示すように、営業CFを計算する際に、税金等調整前当期純利益を計算するにあたって差し引かれた減価償却費を、改めて足し戻す処理を行なっています。こうすることで、減価償却費がキャッシュ・フローには影響しないようにしているわけです。

キャッシュ・フローには影響するのに費用とならない項目

2つ目は、キャッシュ・フローには影響を及ぼすものの、費用ではない項目です。営業CFにおいて、キャッシュ・フローには影響するのに費用ではない項目の代表的なものの1つとしては、「**棚卸資産の増減**」が挙げられます。

棚卸資産は、原材料の仕入代金や工場で働く従業員の給与、製造経費などの支払い（現金支出）が姿かたちを変えたものですから、棚卸資産の増加は現金の減少を意味します。しかし、こうした在庫が費用（**売上原価**）となるのは、その在庫が販売された時点であって、販売前には費用計上されません。したがって、図表2－4中の（C）に示すように、棚卸資産の増加は営業CFの減少として調整されているわけです。

第1章のモリモトの事例において、P／L上の損益は黒字であるにもかかわらず、販売用不動産や仕掛不動産といった棚卸資産の膨張が資金繰りを圧迫していたのは、このようなメカニズムによるものです。

同様に、図表2－4中の（B）に示すように、「**売上債権の増加**」もキャッシュ・フローの減少につながります。売上債権は、受取手形や売掛金のように、商品や製品は販売されているものの、まだその代金を回収できていない分を示しています。したがって、図表2－5に示すように、売上債権は現金→棚卸資産→売上債権という経路で現金が姿かたち

◉図表2-5　現金→棚卸資産→売上債権

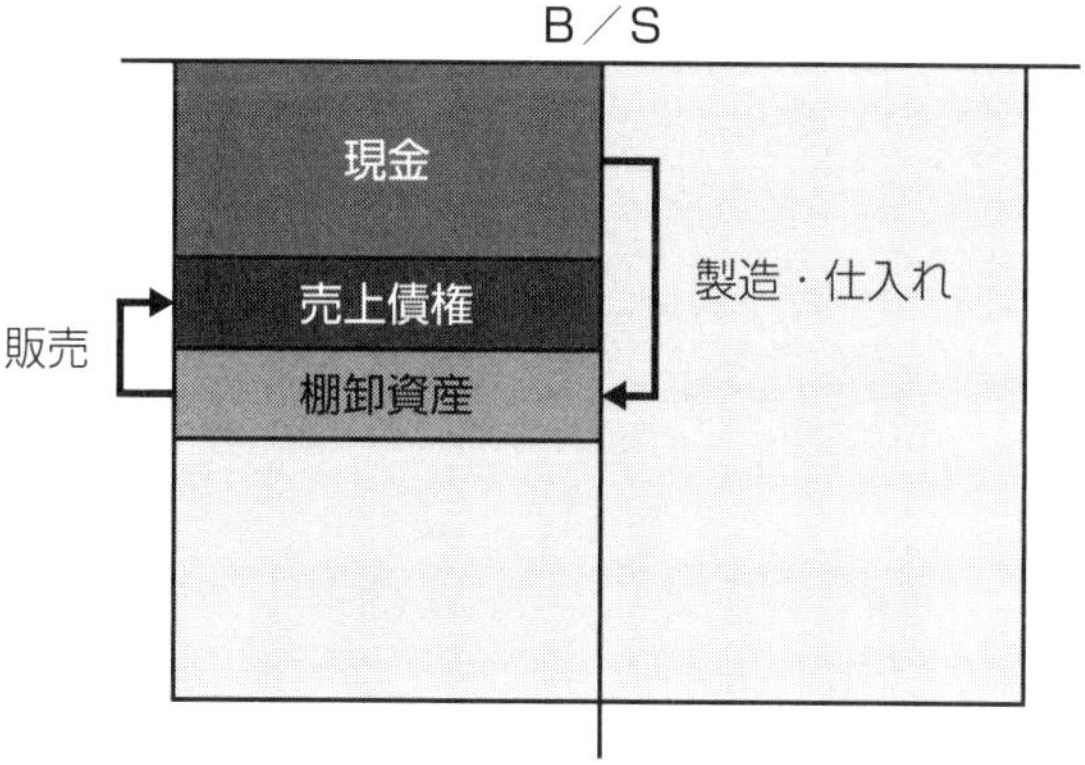

を変えたものですから、売上債権の増加は現金の減少を意味します。

粉飾決算のなかには、架空の取引により売上や利益を計上するケースがありますが、そのような**架空の取引では販売代金を回収できないので、売上債権が膨張します**。その結果、P／L上は売上や利益を取り繕うことができていたとしても、営業CFは赤字となり、苦境が明らかになってしまうわけです。

また、売上債権が突出して大きくなると、B／Sがいびつになってしまうため、棚卸資産も併せて水増しするということもよく行なわれます。したがって、**粉飾決算を行なう会社の多くでは売上債権と棚卸資産の双方が過大に計上される**ことになります。

一方で、**仕入債務（支払手形や買掛金）**は、売上債権とは逆に作用します。仕入債務とは、すでに商品や原材料を仕入れているにもかかわらず、その代金をまだ支払っていない分のことです。

◉図表2-6　仕入債務とキャッシュ・フローの関係

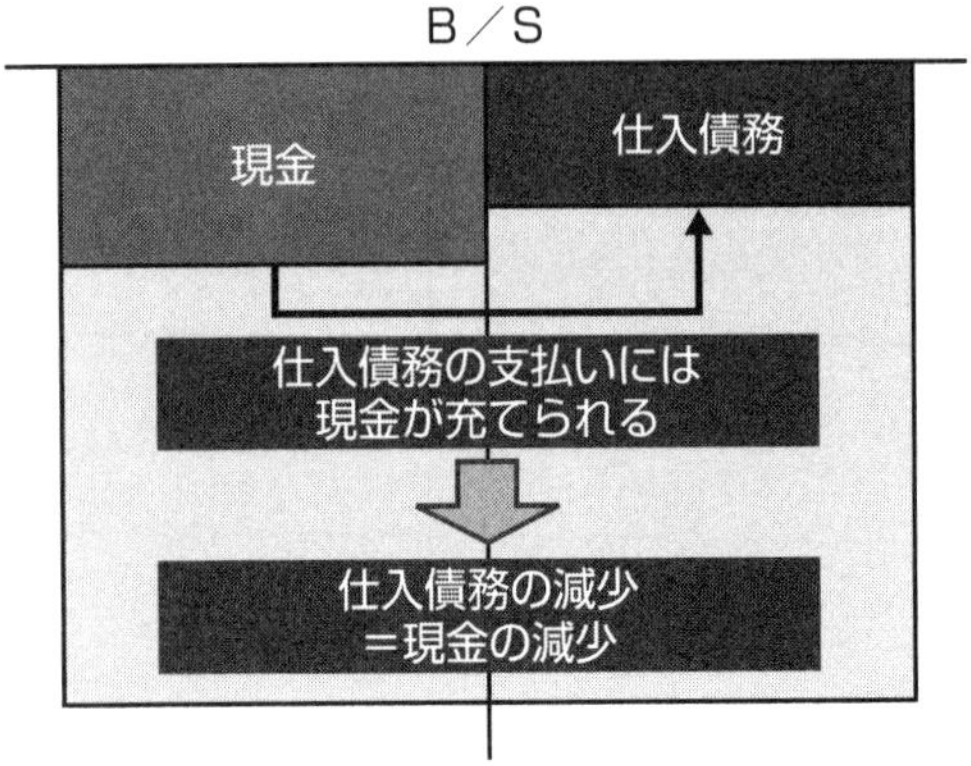
B／S
現金
仕入債務
仕入債務の支払いには
現金が充てられる
仕入債務の減少
＝現金の減少

　したがって、図表2－6に示すように、仕入債務が減少する場合は、その減少分の支払いに現金を使うことになるため、**仕入債務の減少は現金の減少を意味する**のです。

　一方で、仕入債務が増加している場合は、すでに原材料や商品を仕入れているにもかかわらず、まだ現金での支払いを行なっていない分が増えているため、キャッシュ・フロー上はプラスに作用します。

　そのため、66ページの図表2－4中の（D）に示すように、仕入債務の減少はキャッシュの減少要因（仕入債務の増加はキャッシュの増加要因）として調整が行なわれているのです。

　なお、投資CFおよび財務CFも基本的に直接損益には影響を及ぼしませんが、キャッシュ・フローに影響を与える項目として考えることができます。設備投資や借入金の返済などは、キャッシュ・フローには直接影響しますが、P／L上の損益には直接影響を及ぼさないからです。

キャッシュ・フロー計算書を読み解くポイント

通常のキャッシュ・フローのパターン

キャッシュ・フロー計算書から粉飾決算や黒字倒産を見抜くための1つのポイントは、こうした会社のキャッシュ・フローのパターンを読み解くことです。

ここでは、63ページで説明したウォーター・フォール・チャートの形式を用いて、代表的なキャッシュ・フローのパターンについて説明します。最初に通常の企業のキャッシュパターンを紹介したうえで、粉飾を行なった会社や黒字倒産した会社におけるパターンについて解説していきます。

まず、成長期（売上や利益が成長している時期）のパターンから見ていきましょう。次ページの図表2－7は、成長期の企業において典型的に見られるキャッシュ・フローのパターンです。

成長期では、事業がある程度軌道に乗ってきているため、営業ＣＦはプラスとなっています。一方で、業容を拡大するために店舗や生産設備などに対する大規模な投資が必要と

◉図表2-7　成長期企業における典型的なキャッシュ・フローのパターン

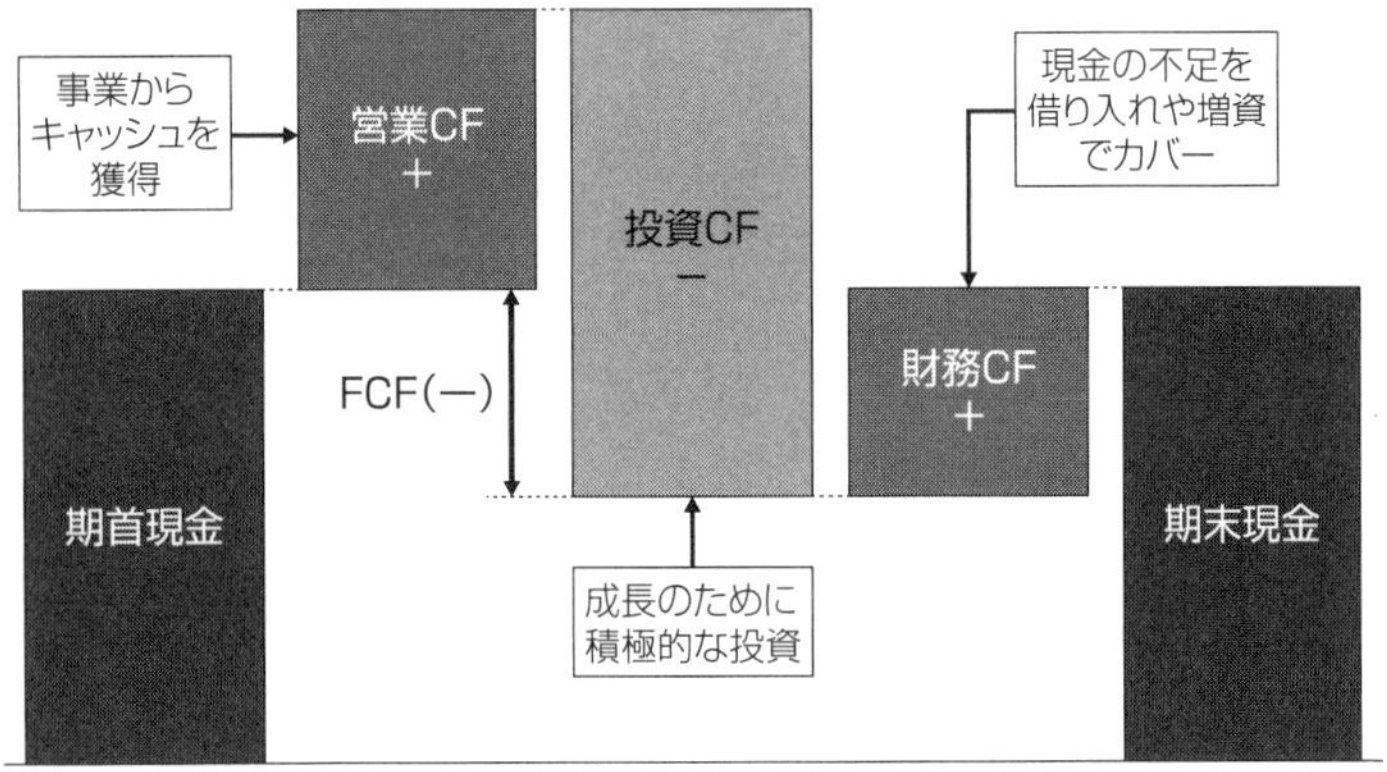

なるため、投資ＣＦは大きなマイナスとなります。したがって、**成長期のＦＣＦ（＝営業ＣＦ＋投資ＣＦ）はマイナス**です。

ＦＣＦがマイナスの場合、現金が不足しますので、その不足分を借入れや増資でカバーします。このため、財務ＣＦはプラスとなります。

続いて、安定期（売上や利益が安定して上がっている時期）の企業のキャッシュ・フローのパターンを見ていきます。図表２－８は、そうした企業で典型的に見られるパターンを図示したものです。

安定期の企業では、事業から安定してキャッシュを生み出すことができるため、営業ＣＦは大きなプラスとなります。その一方、投資ＣＦのマイナス幅は相対的に小さくなるため、**安定期のＦＣＦは安定してプラスを保てる状態**です。つまり、事業を安定的に経営できている限りキャッシュが生み出され続ける、キャッシュリッチの状況が生まれます。

◉図表2-8　安定期企業における典型的なキャッシュ・フローのパターン

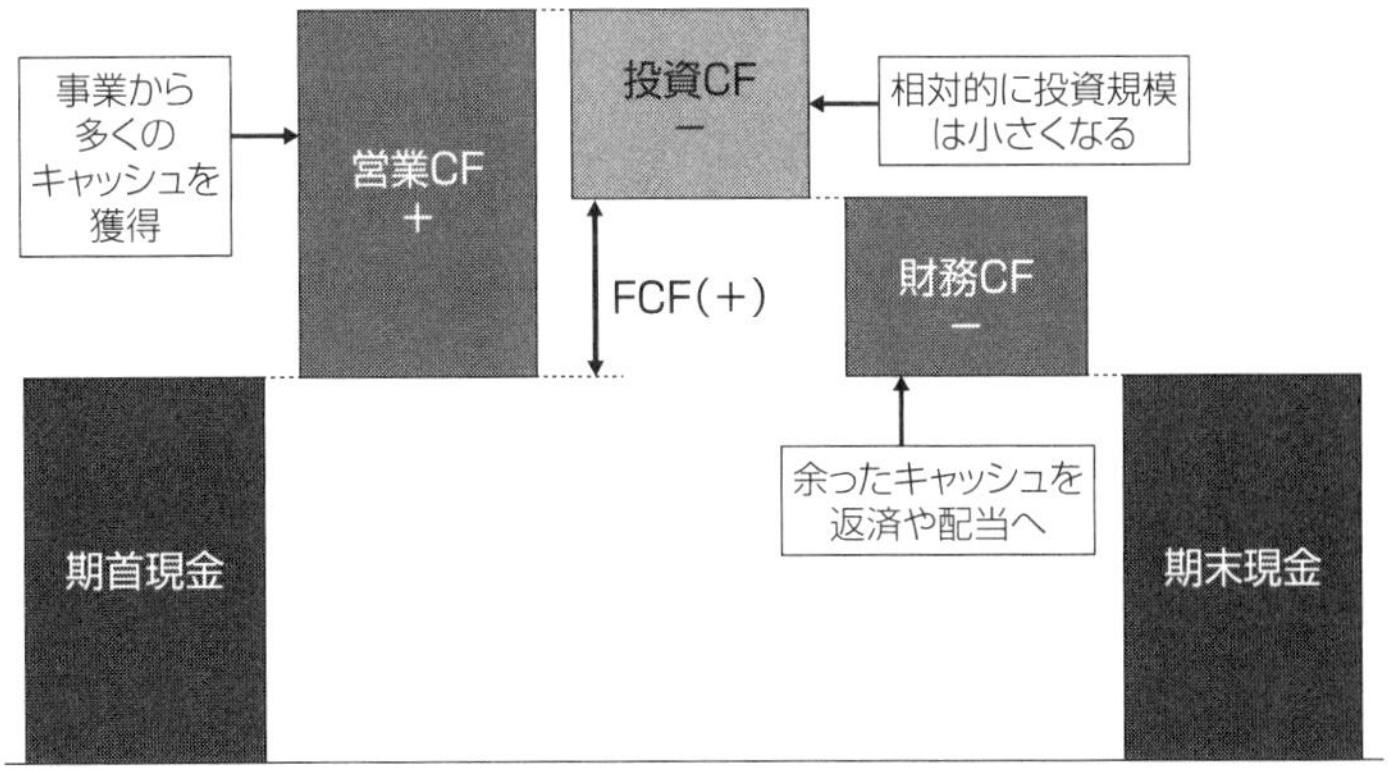

成長期の企業であればＦＣＦのプラス分を事業に再投資するところですが、あまり有望な投資先が見つからない安定期の企業の場合には、余ったキャッシュを借入金の返済や株主に対する配当に回すことになります。したがって、多くの安定期の企業では、財務ＣＦがマイナスとなります。

粉飾・黒字倒産の企業のキャッシュ・フローのパターン

それでは、粉飾決算を行なった企業や黒字倒産した企業におけるキャッシュ・フローのパターンはどのようになるのでしょうか。次ページの図表２－９は、粉飾決算や黒字倒産の企業における典型的なパターンを示したものです。

こうした企業では、**本業がうまくいっていないために、営業ＣＦが大きく減少しているか、場合によってはマイナスになってしまっています。**営業ＣＦがマイ

◉図表2-9　粉飾・黒字倒産企業における典型的なキャッシュ・フローのパターン

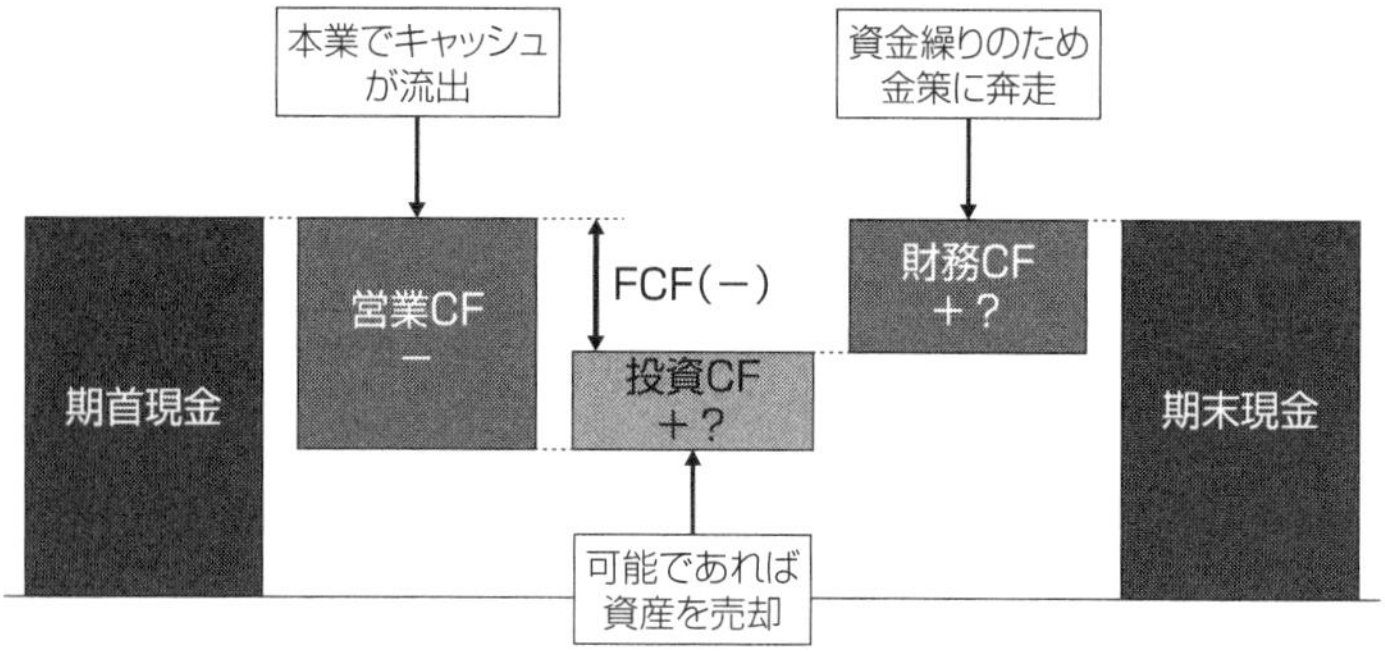

ナスになっているということは、事業を継続すればキャッシュの流出が続くということを意味しています。

　こうなると、経営は危機的な状況ですから、投資ＣＦや財務ＣＦでなんとか資金繰りをカバーしようとします。具体的には、売却可能な資産を売却して資金を捻出する、取引金融機関から追加の借入れを行なうなどの金策に走ることになります。

　しかし、売却可能資産や金融機関からの支援があるうちはまだ生き延びることができますが、売却可能資産が底をつき、金融機関からの支援が打ち切られた時点で、一気に保有するキャッシュが減少し、こうした企業の命運は途絶えることになります。したがって、金融機関や株式市場からの資金供給が途絶えないようにするために、粉飾決算に手を染めてしまうケースも少なくないのです。

　いずれにしても、**粉飾・黒字倒産の企業におけるキャッシュ・フローのパターンの最大の特徴は、営業ＣＦがマイナスになっていることです。**利益が出ているのに、営業Ｃ

◉図表2-10　くらコーポレーションのキャッシュ・フローの推移

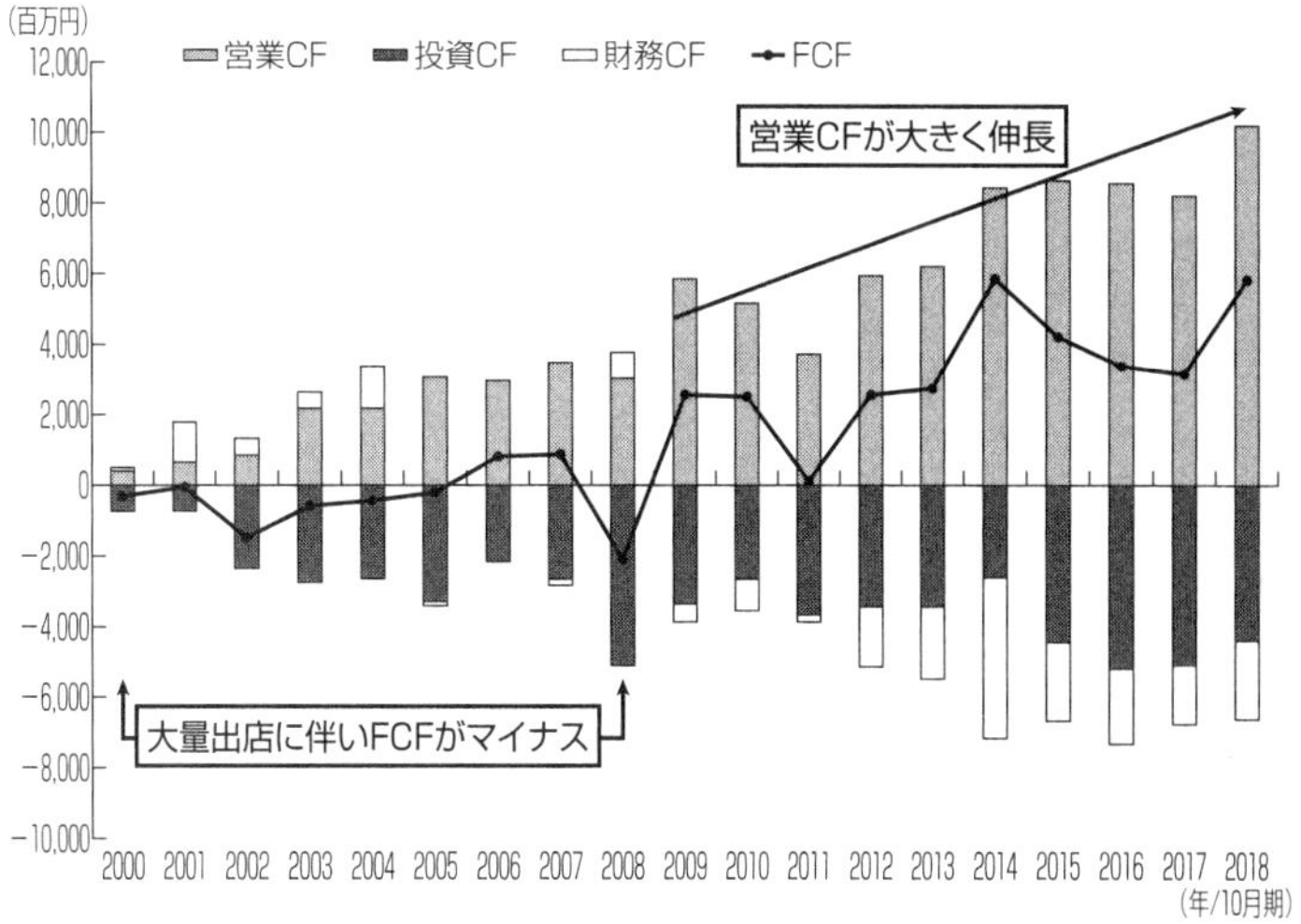

注：2012年10月期までは単体決算、2013年10月期以降は連結決算

Fのマイナス幅が年々大きくなっているような企業は、粉飾決算や黒字倒産のおそれがあるので、最大限の注意が必要です。

キャッシュ・フローを時系列で見る

キャッシュ・フロー計算書を分析する際には、過去から現在にかけての時系列での推移を見ることも大切です。キャッシュ・フロー計算書はあくまで1年間の現金の動きを示しているだけですから、**長期間にわたるキャッシュの動きを見るためには、時系列での分析が欠かせない**のです。

実例を見ながらキャッシュ・フローの時系列分析を行なうときの視点を説明します。図表2－10は、回転寿司チェーンを運営する**くらコーポレーション**の2000年

10月期から２０１８年10月期までのキャッシュの動きをまとめたものです。

くらコーポレーションのＦＣＦの動きを見てみると、２００８年10月期を境に２つの時期に分けられます。

まず１つ目の時期は、２０００年10月期から２００８年10月期にかけてです。この時期に、くらコーポレーションは大量の新規出店を実施するため、積極的な有形固定資産への投資を行なっています。その結果、投資ＣＦのマイナス幅は営業ＣＦのプラス幅を上回り、結果としてＦＣＦは９期中７期でマイナスとなっています。

注目すべきは、その大量出店に伴う投資を行なった時期以降（２００９年10月期以降）、営業ＣＦが大きく伸びていることです。２００８年10月期に30億１７００万円だった営業ＣＦは、５年後の２０１３年10月期には61億７８００万円に倍増し、さらにその５年後の２０１８年10月期には１０２億９０００万円へと飛躍的に増加しています。

これは、２００８年10月期までの投資に使ったキャッシュを、その後の営業ＣＦで回収できていることを意味します。このことは、２００９年10月期以降のＦＣＦが概ねプラスで推移していることからもわかります。

その結果、くらコーポレーションのキャッシュ・フローのパターンは、２００８年３月期までは概ね成長期の企業のパターンを、その後は安定期の企業のパターンを示しています。

このようなケースの場合、期間の前半（２００８年10月期まで）におけるＦＣＦのマイナスは問題ありません。むしろ、その後の成長のための積極的な投資としてポジティブにとらえるべきです。投資に使ったキャッシュを、その後の営業ＣＦの伸びによりきちんと回収できているからです。

一方で、もし**大規模な投資を行なった後に営業ＣＦが伸びていなければ、その投資はきちんと回収できていないということ**になります。こうした状況が続けば、その会社の経営上の危険度は確実に増していきます。

以上のように、会社の投資がきちんと回収できているかどうかを把握するためには、**単年度の分析だけではなく、時系列での分析が重要**なのです。

■キャッシュ・フロー計算書の細部の項目にも要注意

また、キャッシュ・フロー計算書の分析をする際に、細部の項目に着目しなければならないケースもあります。オーナー経営者に対する貸付けが問題となった**大王製紙**事件の事例を取り上げて説明します。この事件は、大王製紙のオーナーである元会長に対して、大王製紙グループが２０１０年5月から２０１１年9月にかけて１００億円を超える貸付けを行ない、元会長はそれをカジノで失ってしまうというショッキングなものでした。この

◉図表2-11　大王製紙の連結キャッシュ・フローの推移

（単位：百万円）

（3月期）	2007年	2008年	2009年	2010年	2011年
営業CF	34,525	61,286	49,371	73,881	41,036
投資CF	−36,556	−70,792	−37,787	−21,417	−25,379
財務CF	3,093	8,099	8,058	−17,987	−20,747
FCF（＝営業CF＋投資CF）	−2,031	−9,506	11,584	52,464	15,657

事件の状況を、当時のキャッシュ・フロー計算書から探ってみましょう。

図表２－11は、事件が発覚した２０１１年９月の直前の決算期である２０１１年３月期までの大王製紙の営業ＣＦ、投資ＣＦ、財務ＣＦの５年分の推移をまとめたものです。

この図表を見ても、元会長への融資が行なわれた２０１１年３月期において、投資ＣＦのマイナス幅が突出して大きいようには思われません。むしろ、２００７年３月期や２００８年３月期における投資ＣＦのマイナス幅のほうが大きくなっています。ＦＣＦに関しても、２０１１年３月期はプラスとなっています。

ところが、投資ＣＦの細部まで見ていくと、２０１１年３月期のキャッシュ・フローの特異性が浮き彫りになります。図表２－12は、２０１０年３月期および２０１１年３月期の投資ＣＦをまとめたものですが、２０１０年３月期には１億６３００万円に過ぎなかった**「貸付けによる支出」**が、２０１１年３月期には51億４００万円に急増していることがわかります。

この貸付けによる支出の金額は、過去数年さかのぼってみても突

◉図表2-12　大王製紙の連結キャッシュ・フロー計算書（投資CF）

（単位：百万円）

科目	2010年3月期	2011年3月期
投資活動によるキャッシュ・フロー		
定期預金の増減額（マイナスは増加）	−2,814	671
有形固定資産の取得による支出	−17,501	−21,729
有形固定資産の売却による収入	204	700
投資有価証券の取得による支出	−3,413	−426
子会社株式の取得による支出	−	−1,071
貸付けによる支出	−163	−5,104
貸付金の回収による収入	234	559
利息および配当金の受取額	1,634	1,437
その他	401	−415
投資活動によるキャッシュ・フロー	**−21,417**	**−25,379**

出した水準であることから、何か普通ではないことが起こっていると推測できます。

実際、大王製紙の特別調査委員会による**「調査報告書」**と併せて見ると、この「貸付けによる支出」が、元会長に対する貸付金と考えてよさそうです。

なお、**貸付けによる支出は、粉飾決算でも資金の流れをごまかす際に利用されることが多い**ことから、キャッシュ・フロー計算書の細部を見ていく際に気をつけるべき項目の1つです。

回転期間分析の重要性

回転期間分析と粉飾決算・黒字倒産の関係

粉飾決算や黒字倒産を見抜くときの有用な指標として、**回転期間指標**があります。ここでは、それらの指標について説明します。図表2－13は、売上債権、棚卸資産、仕入債務の回転期間指標の計算式を示したものです。

これらの回転期間指標は、受取手形・売掛金といった売上債権や、棚卸資産（在庫）、支払手形・買掛金といった仕入債務の効率性を分析するための指標で、売上高の何日分の売上債権、棚卸資産、仕入債務を保有しているのかを見ます。言い換えれば、**売上債権回転期間は売上債権が現金で回収されるまでの期間を、棚卸資産回転期間は在庫を仕入れてから販売するまでの期間を、仕入債務回転期間は在庫を仕入れてから仕入れ代金を支払うまでの期間**を示しています。

68～70ページで説明したように、棚卸資産や売上債権の増加、そして仕入債務の減少はキャッシュの減少要因となります。したがって、粉飾決算を行なった企業や黒字倒産した

◉図表2-13　回転期間指標の計算式

$$売上債権回転期間 = \frac{受取手形・売掛金}{（売上高 \div 365）}（日）$$

$$棚卸資産回転期間 = \frac{棚卸資産}{（売上高 \div 365）}（日）$$

$$仕入債務回転期間 = \frac{支払手形・買掛金}{（売上高 \div 365）}（日）$$

企業のように、売上高の伸び以上に売上債権や棚卸資産が増加している場合には、売上債権回転期間や棚卸資産回転期間が長期化する傾向が見られます。

シニアコミュニケーションのケース

それでは、粉飾決算を行なっていた企業の事例を用いて回転期間分析を行なってみましょう。ここでは、シニア市場に対するコンサルティング業務を行なっていた**シニアコミュニケーション**を取り上げます。

同社は、２００５年12月に東証マザーズに上場しましたが、２００４年３月期から２０１０年３月期第３四半期までの間に、架空売上の計上を含めた粉飾決算を行なっていました。同社は、粉飾決算の発覚後の２０１０年９月に東証マザーズでの上場が廃止となっています。

次ページの図表２-14は、シニアコミュニケーションの主な財務指標をまとめたものです。

◉図表2-14　シニアコミュニケーションの財務指標（連結）

決算期	(3月期)	2005年	2006年	2007年	2008年	2009年
売上高	（百万円）	644	1,160	1,402	1,578	1,327
経常利益（損失）	（百万円）	93	218	307	232	−405
当期純利益（損失）	（百万円）	80	86	344	17	−617
売上債権	（百万円）	479	824	1,193	1,255	1,233
棚卸資産	（百万円）	2	7	5	58	5
仕入債務	（百万円）	13	32	138	62	23
売上債権回転期間	（日）	271	259	311	290	339
棚卸資産回転期間	（日）	1	2	1	13	1
仕入債務回転期間	（日）	8	10	36	14	6
営業CF	（百万円）	−183	−123	−7	−315	106
投資CF	（百万円）	−98	−358	−725	−759	−663
財務CF	（百万円）	480	624	1,710	939	−93
FCF	（百万円）	−281	−481	−731	−1,073	−557

この図表を見ると、2008年3月期までは売上高が順調に伸びており、また利益も2008年3月期まで黒字を計上しています。

また、営業CFも赤字の年度が多いものの、2009年3月期はプラス1億600万円と黒字に転じており、改善傾向にあるようにも見えます。

じつは、シニアコミュニケーションではP/Lだけではなく、**営業CFの粉飾**（営業CFの粉飾についての詳細は第4章で取り上げます）も行なわれており、第1章で取り上げたFOIのように、損益と営業CFのギャップからだけでは粉飾決算を見抜くことが難しくなっています。

実際、シニアコミュニケーションでは売上による入金を偽装するために、同社の取締役がATMから送金を行なうことで売上の入金を補填したり、(実際には存在しない)ソフトウェアの取得を名目に一旦社外に送金したお金を、自社の口座に再度送金して売上の入金を装ったりするといった粉飾が行なわれていました。このように、シニアコミュニケーションの粉飾はかなり手の込んだ巧妙なものだったので、営業CFを見るだけではそれを見抜くのが難しくなっていたのです。

とはいえ、B/Sの売上債権および売上債権回転期間の指標(図表2-14の太枠で囲った部分を参照)には、粉飾があるのではないかと思わせる兆候がしっかりと現れています。同社の売上債権回転期間は2006年3月期の259日から、2009年3月期は339日にまで長期化しています。これは、1年分の売上高の70~90%の売上債権が計上されていることを意味しています。**サービス業における売上債権回転期間の平均値は約60日**ですから、シニアコミュニケーションにおける売上債権回転期間は通常に比べて異常に長くなっていると言えます。

実際、シニアコミュニケーションにおける売上債権の多くは、架空の売上に伴って計上されたものでした。このように、営業CFまでもが粉飾されているケースでも、回転期間分析を活用することによって、粉飾決算の兆候を見抜くことができることがあります。**粉飾決算や黒字倒産を見抜くうえで、回転期間分析は非常に有用なツール**だと言えるでしょう。

◉図表2-15　運転資本の計算式と考え方

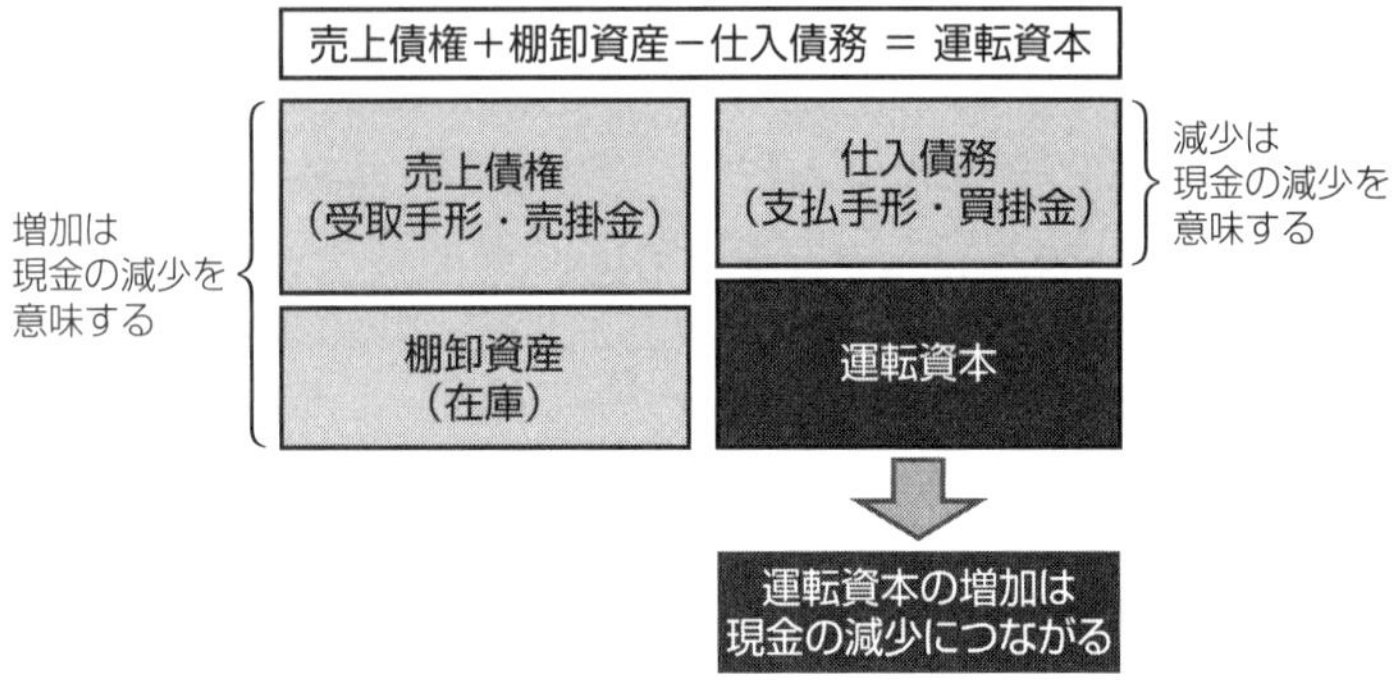

運転資本とキャッシュ・コンバージョン・サイクル（CCC）

回転期間指標と密接に関係する考え方の1つとして、**運転資本とCCC（キャッシュ・コンバージョン・サイクル、キャッシュ化速度）**を紹介しましょう。

運転資本とは、企業が事業活動を行なっていくうえで必要な資金のことです。運転資本の計算式は、図表2－15に示したように「**運転資本＝売上債権＋棚卸資産－仕入債務**」となります。

68～69ページで説明したように、売上債権や棚卸資産は現金が売上代金の未回収分や在庫へと姿かたちを変えたものですから、売上債権や棚卸資産の増加は現金の減少を招きます。また、仕入債務は原材料や商品の仕入代金の未払い分を表すものですから、仕入債務が減少するということは、代金の支払いにより現金が減少することを意味します。すなわち、**運転資本が増加すると現金が減少し**、**運転資本が減少すると現金が増加する**という関係にあります。

◉図表2-16　CCCの計算式

CCC=売上債権回転期間＋棚卸資産回転期間－仕入債務回転期間

一方、ＣＣＣの計算式は、図表２－16のように表されます。ＣＣＣは、会社が事業を行なううえで必要な商品や原材料の仕入れ代金を支払ってから、最終的に売上代金が回収されるまでの期間を示しています。また、計算式からもわかるように、**ＣＣＣは運転資本が売上高の何日分必要なのかを表した指標**でもあります。

したがって、**ＣＣＣを短縮するということは、売上債権や棚卸資産といった形で寝てしまっている現金を早期に回収することを意味するため、その分キャッシュ・フローが増加します。**

CCCの改善はアップルに何をもたらしたのか？

ｉＰｈｏｎｅやｉＰａｄでおなじみの**アップル**のＣＣＣを見てみましょう。

次ページの図表２－17は、アップルの１９９５年９月期から２０１８年９月期までの棚卸資産回転期間、売上債権回転期間、仕入債務回転期間とＣＣＣの推移をまとめたものです。なお、グラフを見やすくするために、仕入債務回転期間をマイナス側に表示しています（実際に計算された仕入債務回転期間はプラスです）。

アップルが経営不振に陥っていた１９９５年９月期のＣＣＣは80日を超えていましたが、１９９６年９月期以降改善に転じます。１９９９年９月期にはＣＣＣ

◉図表2-17　アップルの回転期間指標およびCCC（連結）

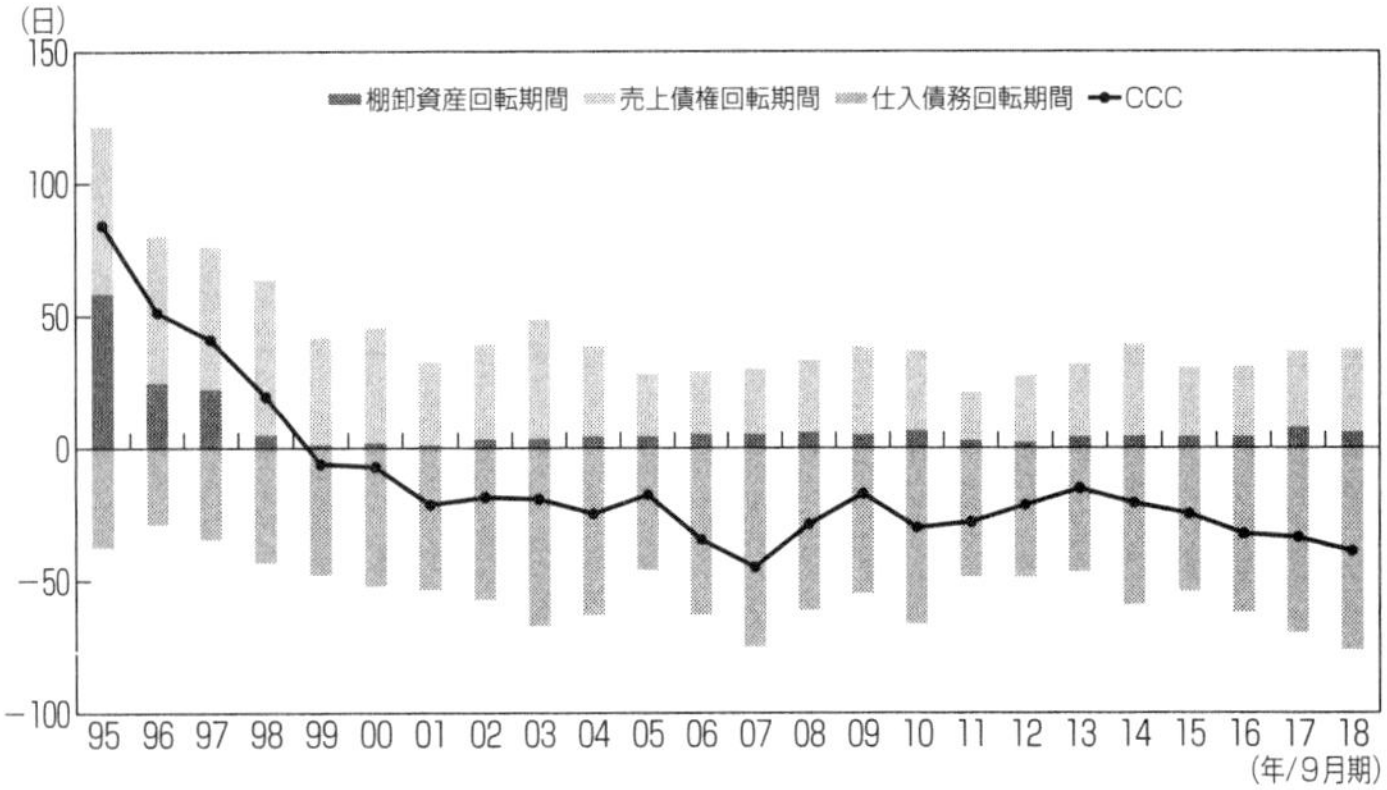

はマイナスとなり、2000年代以降のCCCはマイナス水準を安定して維持しています。

財務データから見る限り、CCCのマイナスを維持する原動力となっているのは、仕入債務回転期間の長期化もありますが、何と言っても大きいのは棚卸資産回転期間の短縮です。

2018年9月期においても、棚卸資産回転期間はわずか5日に過ぎません。これは、アップルが**5日分の売上高（平均日商×5日）に相当する在庫しか保有していない**ことを意味しています。

アップルの棚卸資産回転期間がこれほどまでに短くなった要因としては、製品ラインナップを絞り込んで簡素化を進めたことに加え、需要予測、生産計画、在庫管理の精度が非常に高いことが挙げられます。

さらに、製造を委託しているメーカー（サプライヤー）に対するアップルの交渉力が非常に強く、そうしたサプライヤーから不要な在庫を仕入れずに済んでいることも、アップルの棚卸資産の少なさに結びついていると推測されます。

アップルのＣＣＣが改善に転じた１９９６年は、ちょうどスティーブ・ジョブズがアップルに復帰したタイミングと重なります。また、１９９８年には、アップルのサプライチェーンマネジメント改革の陣頭指揮をとり、後にＣＯＯ、ＣＥＯとなるティム・クックが入社しています。彼らによるアップルの経営改革が、運転資本の効率を大きく引き上げることに貢献したのです。

ＣＣＣがマイナスになっているということは、仕入代金を支払うタイミングにおいて、売上代金がすでに入金されていることを意味します。ＣＣＣがマイナスの企業の場合、運転資本がマイナスになるため、売上高が成長することで運転資本が減少し（運転資本のマイナス幅が大きくなり）、その分キャッシュが増加します。

アップルは、こうして生み出されたキャッシュを、ｉＰｈｏｎｅやｉＰａｄ、ｉＰｏｄといった革新的な新製品開発に振り向けることで、会社の成長へと結びつけることに成功しました。ＣＣＣの改善は、アップルの復活を支える土台となったと言えます。

なぜNOVAは倒産したのか？

アップルは、ＣＣＣの短縮化を背景に生み出されたキャッシュを武器にして会社の成長

◉図表2-18　NOVAの財務指標（連結）

決算期	(3月期)	2004年	2005年	2006年	2007年
売上高	(百万円)	70,600	75,275	69,812	57,065
経常利益	(百万円)	1,476	924	−1,471	−1,211
当期純利益	(百万円)	449	204	−3,070	−2,495
売上債権回転期間	(日)	38	33	34	55
棚卸資産回転期間	(日)	11	16	20	20
仕入債務回転期間	(日)	196	178	175	169
CCC	(日)	−148	−129	−121	−94
営業ＣＦ	(百万円)	2,603	−1,034	−4,150	−5,764
うち繰延駅前留学サービス収入の増減(マイナスは減少)	(百万円)	1,479	−1,940	−1,770	−6,123
投資ＣＦ	(百万円)	−2,113	−3,007	−3,134	−549
財務ＣＦ	(百万円)	1,077	2,413	6,347	−4,400

を実現するというポジティブな事例でしたが、**マイナスのCCCがネガティブに働くときもあります。**ここでは、マイナスのＣＣＣが災いした事例として、英会話学校の**NOVA**を取り上げます。

図表２－18は、ＮＯＶＡの２００４年３月期から２００７年３月期までの財務指標をまとめたものです。ここで着目したいのは、ＣＣＣ、営業ＣＦ、そして営業ＣＦ中の「繰延駅前留学サービス収入の増減」です。

ＮＯＶＡは、受講生からの受講料の前払いによりキャッシュを獲得し、そのキャッシュを新規開校への投資に回すことで急成長を遂げました。２００４年３月期のキャッシュ・フローのデータを見ると、そのキャッシュを生み出す力の強さがわかります。26億３００万円の営業ＣＦのうち、受講料の前払額の増減に相当する「繰延駅前留学サービス収入の増減」が14億７９００万円を占めています。営業ＣＦの60％弱が、こうした受講料の前払いによって生み出されています。

その結果、2004年3月期のCCCは、じつにマイナス148日となっていました。NOVAでは、そのようにして生み出されたキャッシュを、新規開校に振り向けていたのです。マイナスのCCCを背景に、生み出されたキャッシュを成長投資に振り向ける構図はアップルと共通しています。

ところが、その後、新規の生徒が減少し、中途解約者が増え始めると状況は一気に暗転します。2005年3月期に受講料の前払額は減少に転じ、営業CFも赤字に転落します。さらに、2006年3月期、2007年3月期と売上高が減少すると受講料の前払い額の減少に拍車がかかり、営業CFは2006年3月期にはマイナス41億5000万円、2007年3月期にはマイナス57億6400万円と赤字額が膨らんでしまいました。2007年3月期には、受講料前払額の増減はマイナス61億2300万円にまで達しています。その結果、NOVAは資金繰りに行き詰まり、2007年10月には会社更生法の適用を申請することになったのです。

CCCがマイナスの企業の場合、売上の成長局面ではキャッシュの増加を生み出すことができ、高い成長を実現する原動力となる一方で、売上の減少局面では大きくキャッシュを減らす要因ともなります。なぜなら、CCCがマイナスの場合、売上が減少することで運転資本のマイナス幅が減少する（すなわち運転資本が増加する）ことになるからです。この点には、十分注意する必要があります。

会計思考Note ②

CCの最適解はどこなのか？

KPIとして、CCCを設定する企業が増えています。近年発表されている事例だけでも、日立製作所、住友化学、IHI、日本電産、資生堂、富士通ゼネラルなどがCCCを短縮することを目標にしています。

例えば、2019年5月8日に総合重工メーカーのIHIが発表した「グループ経営方針2019」によれば、2019年3月期には97日だったCCCを2022年3月期には17日短縮して80日にするという方針を提示しています。

また、化粧品メーカーである資生堂も、2018年3月5日に発表した「2018-2020年度経営戦略・計画」において、2017年12月期に114日だったCCCを、2020年12月期に100日へと短縮する計画を掲げました。

資生堂は、こうしたCCCの目標を、SKU（商品最小構成単位）の削減やSKU別の効率管理の徹底、販売予測の精度向上、ITによる在庫マネジメントの強化、調達・生産・供給リードタイム短縮によって、棚卸資産回転期間を短縮することで達成すると説明しています。

繰り返しになりますが、ＣＣＣを短縮するということは、運転資本を削減し、その分のキャッシュを創出することを意味します。そうして生み出されたキャッシュを、将来に向けた投資に振り向けたい、というのがＣＣＣ短縮の狙いだと言えます。

本章で取り上げたアップルでは、２０００年代以降、ＣＣＣが安定してマイナスとなっていましたが、アップルと同じくＧＡＦＡ（グーグル、アマゾン、フェイスブック、アップルの頭文字をとった造語）の一角であるアマゾンも、ＣＣＣがマイナスの企業として有名です。

こうした**ＣＣＣがマイナスの企業では、在庫を圧縮したり、仕入代金の支払いを遅らせたりすることで、仕入代金を支払う前に売上代金を回収するというサイクルを確立しています。その結果、売上が伸びれば伸びるほどキャッシュが生み出され、そのキャッシュを新たな投資に振り向けることができているのです。**

一方、日本企業のＣＣＣは、どうなっているのでしょうか。次ページの図表２−19は、ＣＣＣの国際比較の結果をまとめたものです。

この図表を見ると、日本企業のＣＣＣは製造業で93日、非製造業で29日となっており、双方とも海外の企業と比較しても決して見劣りする水準ではありません。特に、在庫の水準を示す棚卸資産回転期間に関しては製造業で74日、非製造業で20日と、ともにトップクラスの水準にあります。このデータからは、在庫の効率化を図ることで、ＣＣＣを短縮し、

◉図表2-19　上場企業におけるCCCの国際比較（2008 ～ 2015年度の平均値）

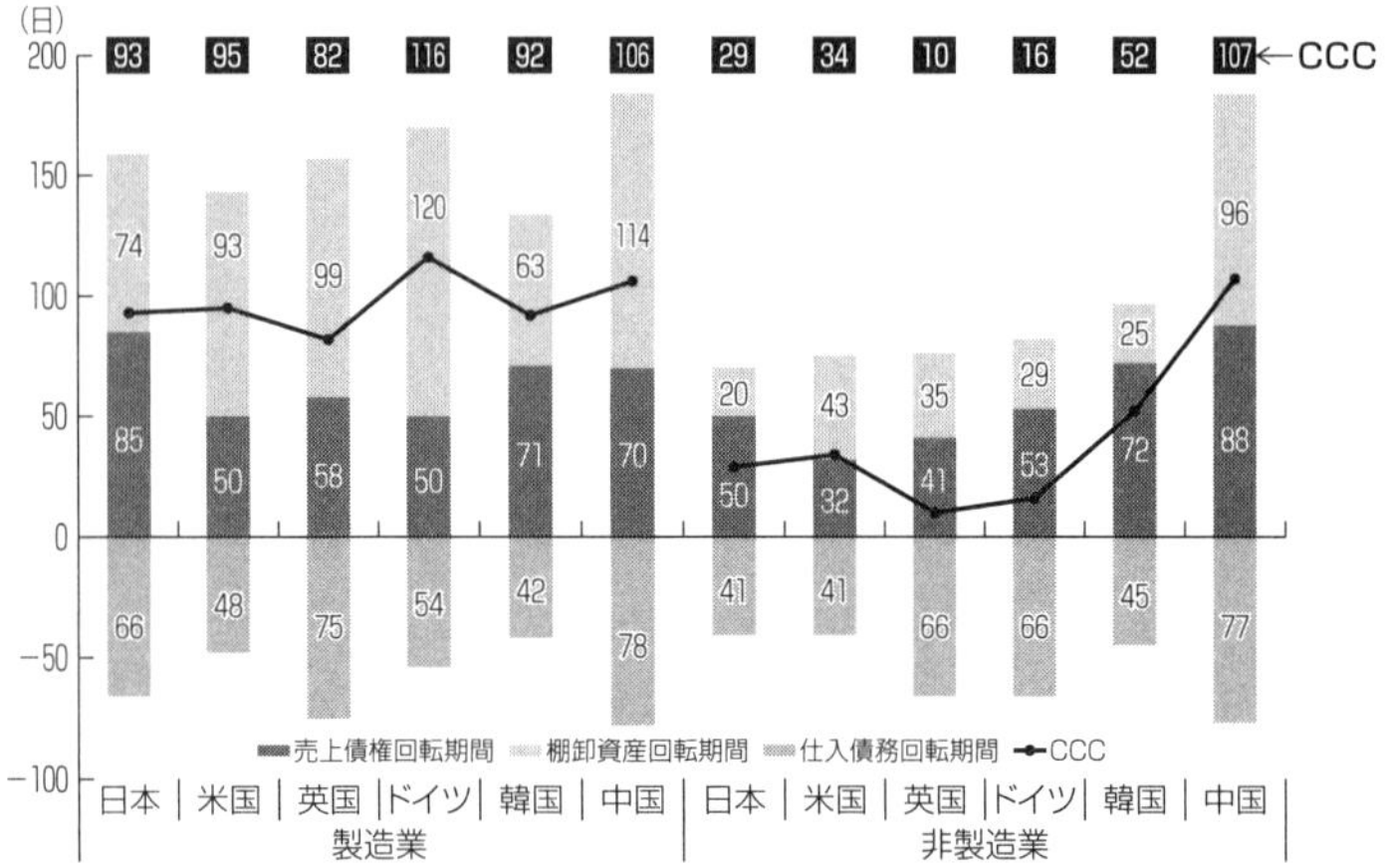

出所：帝国データバンク「『Fintech導入による地域企業の収益力向上度測定指標の在り方に関する調査検討事業』調査報告書」より筆者作成

資金効率を高い水準に保とうとする日本企業の姿が浮かび上がってきます。

その一方で、日本企業の売上債権回転期間に関しては、製造業では85日、非製造業で50日と、欧米企業と比較して長くなっています。また、日本企業では、売上債権回転期間が仕入債務回転期間に比べて長くなる傾向が見られます。したがって、売上債権回転期間を短縮することで、CCCを改善できる可能性がありそうです。

とはいえ、CCCを闇雲に短縮すればよいかと言えば、必ずしもそうではありません。本章で取り上げたNOVAの事例からもわかるように、CCCがマイナスの企業の場合、売上の減少局面ではキャッシュの減少が加速します。CCCがマイナスであることは、諸刃の剣でもあるのです。

また、**CCCを短縮することは、資本効率の向上に寄与しますが、会社経営全体から見てベストだとは限りません。**

例えば、CCCを構成する要素の1つである仕入債務回転期間を短くするということは、CCCを短期化するうえではマイナスです。しかし、仕入債務回転期間を短期化するということは、仕入先にとっては売上債権の代金回収が早くなる（売上債権回転期間が短くなる）ことを意味します。したがって、こうした仕入債務の支払期間の短縮を、仕入れの値下げ交渉の材料として使うことができる場合があるのです。

逆に言えば、売上債権回転期間を短くしようとすると、それは販売先にとっての仕入債務回転期間が短くなることを意味しますから、その分、販売価格を下げなければならない可能性もあります。このようなケースでは、CCCの短縮が経営全体にとっての最適解ではない可能性もあります。

CCCの最適解は、資本効率の向上と取引先との関係の両者をにらみながら探っていく必要があるのです。

第２章のまとめ

- ✓ 現預金残高の改ざんは難しいため、損益に比べてキャッシュ・フローは粉飾しにくい
- ✓ キャッシュ・フロー計算書は営業ＣＦ、投資ＣＦ、財務ＣＦの３つのパートで構成されている
- ✓ キャッシュ・フロー計算書から粉飾決算や黒字倒産を読み解くためには、Ｐ／Ｌとキャッシュ・フローの間のズレを生じさせる項目を理解することが重要
- ✓ 回転期間指標にも粉飾決算や黒字倒産の兆候が現れることがある
- ✓ ＣＣＣがマイナスの企業では、売上成長時にはキャッシュが増加するが、売上減少時にはキャッシュが大きく減少する点に注意が必要

第3章

なぜ黒字倒産は起こるのか？

―損益は黒字でもキャッシュの不足が命取りになる

黒字倒産は珍しくない

決して少なくない黒字倒産

本書の「はじめに」でも触れたように、P／L（損益計算書）上は黒字でありながら倒産に至る黒字倒産は決して珍しくありません。

東京商工リサーチの調査によれば、２０１８年1月から12月までの間に倒産した４６３社のうち、２２１社（47・７％）は最終損益が黒字だったとされています。じつに、**倒産企業の半数近くが黒字倒産**だったのです。

こうした黒字倒産は、中小企業だけに限った話ではありません。本章でも詳しく取り上げますが、上場企業であっても黒字倒産の事例は数多く存在します。

本章では、こうした黒字倒産の事例を取り上げ、「黒字倒産の兆候は財務諸表のどこに現れていたのか？」、「なぜ、その会社が黒字倒産してしまったのか？」、そして「黒字倒産しないためには、どうすればよかったのか？」について解説していきます。

黒字倒産が起こる理由

なぜ、会社は倒産してしまうのか。煎じ詰めれば、その原因はとても単純です。**会社は、お金を支払うべきタイミングで支払うことができなければ倒産してしまいます。**このような資金不足に陥ってしまった状態のことを、「**資金ショート**」とも呼びます。

これは、P／L上の損益が黒字であろうと、赤字であろうと関係ありません。直近におけるP／L上の利益が黒字であったとしても、資金ショートに陥れば、会社は倒産してしまうのです。これが、黒字倒産のメカニズムです。

ですから、P／Lだけをいくら見ていても、黒字倒産の兆候をつかみ取ることはできません。P／L以外の財務諸表もフル活用しなければ、取引や投資において大きな損失をこうむってしまいかねないのです。

黒字倒産の兆候はキャッシュ・フロー計算書やB／Sに現れる

では、黒字倒産の兆候をどのようにして発見すればよいのでしょうか。結論から言えば、黒字倒産の兆候の多くはキャッシュ・フロー計算書やB／Sに現れます。

繰り返しになりますが、ほとんどの倒産の原因は資金ショートですから、キャッシュ・

フロー計算書には厳しい資金繰りの台所事情がはっきりと表れるはずです。したがって、黒字倒産の兆候を見抜くためには、キャッシュ・フロー計算書を読み解くことが極めて重要です。

また、B／Sにも黒字倒産の重要な兆候が隠されていることがよくあります。第1章で取り上げたモリモトのように、不良在庫が黒字倒産の原因となる場合、そのような状況はB／Sの棚卸資産の項目を見れば明らかです。

さらに、第2章で取り上げた回転期間指標による分析を駆使することによって、そうした状況をもっとはっきりと分析することも可能です。

第4章以降で取り上げる粉飾決算の場合、粉飾が非常に巧妙に仕組まれているために、一見しただけではそれを見抜くことが難しいケースもありますが、黒字倒産の場合には、意図的に隠されているわけではないので、その兆候を比較的読み取りやすいという特徴があります（黒字倒産した会社を調べてみると、じつは粉飾が行なわれていたというケースもありますが）。

黒字倒産の3つのパターン

黒字倒産を起こした企業の事例を見ていくと、黒字倒産の財務的な原因には大きく分けて次の3つのパターンがあります。

①　**棚卸資産（多くの場合、不良在庫）が積み上がって倒産する**
②　**売上債権（受取手形・売掛金）を回収できずに倒産する**
③　**無理な投資が引き金となって倒産を引き起こす**

①は、棚卸資産が積み上がって倒産するケースです。第2章でも取り上げたように、在庫の増加は現金の減少につながります。無理をして在庫を積み上げた結果、資金ショートに至り、倒産してしまうわけです。こうしたケースで積み上がる棚卸資産は多くの場合、販売して現金化できないため、**不良在庫**になります。

②は、売上債権が滞留して倒産するパターンです。販売先に対する売上代金が回収できないために、資金ショートの状態に陥ってしまいます。これも第2章で取り上げましたが、売上債権の増加は現金の減少につながります。いわゆる「**不良債権**」がキャッシュ・フローを圧迫して、倒産に至るケースです。

③は、有形固定資産などへの投資によりキャッシュが不足して倒産するケースとなります。投資は将来のキャッシュ・フローを獲得するうえで非常に重要ですが、投資に失敗してキャッシュ・フローを生み出すことができなければ、企業の資金繰りは確実に厳しくな

ります。こうしたことが積み重なり、銀行などからの融資が途絶えれば、企業は倒産してしまいます。

本章では、倒産企業の事例をこれらの3つのパターンに分けたうえで、財務諸表のデータからその兆候を見抜く方法、倒産の原因、そして黒字倒産せずに踏みとどまるためにはどうすべきだったのかについて説明していくことにしましょう。

棚卸資産が積み上がり倒産する

日本綜合地所のケース

黒字倒産の最初のケースとして取り上げるのは、マンション分譲事業を手掛けるデベロッパーの**日本綜合地所**です。日本綜合地所は、ヨーロッパ風のデザインのマンションを中心に展開し、マンション分譲事業者としてファミリー向けの需要を獲得してきましたが、資金繰りに行き詰まり、2009年2月5日に会社更生法の適用を申請することになりました。そのとき、日本綜合地所が抱えていた子会社も含めた負債総額は2142億円で、不動産会社の倒産としては、2008年8月に倒産した**アーバンコーポレイション**（負債総額2558億円）に次ぐ規模でした（2009年2月10日付日経産業新聞）。

そもそも、2008年から2009年にかけては、新興不動産会社の破綻が相次いだ時期でした。これらの破綻した多くの会社の特徴は、「**不動産流動化事業**」を手掛けて急成長した点にありました。不動産流動化事業とは、低採算のオフィスなどの不動産を取得し、それを改修して投資ファンドなどに売却する、いわゆる「**転売型**」の**ビジネス**です。分譲マンションをファミリー層などに対して1戸ずつ販売する通常の不動産分譲事業に比べて、不動産流動化事業の場合は1棟まるごと投資家に販売するため、営業の手間がかからず、利益率が高いという点に事業上の特徴がありました。

しかし、米国のサブプライムローン問題から端を発したリーマン・ショックの影響により、不動産事業へ流入する資金はストップし、不動産流動化事業で手掛けた物件が投資ファンドに売れなくなってしまったのです。さらに、こうした状況を憂慮した金融機関が融資の引き締めを実施したため、資金の借入れによって資金繰りを何とかすることもできなくなりました。その結果、後で詳しく説明するように、多くの新興不動産会社が倒産することになったのです。

一方、ここで取り上げる日本綜合地所は、そうした不動産流動化事業に手を出しておらず、ファミリー層を中心とした市場をとらえ、デザインなどの商品性を武器に事業を展開していました。この点は、不動産流動化事業に大きく依存していた他の会社と大きく違います。

それでは、日本綜合地所は、なぜ倒産してしまったのでしょうか。

ここでは、日本綜合地所の倒産の理由について、財務データから読み解いていくことにしましょう。

◉図表3-1　日本綜合地所の売上高、経常利益、売上高経常利益率

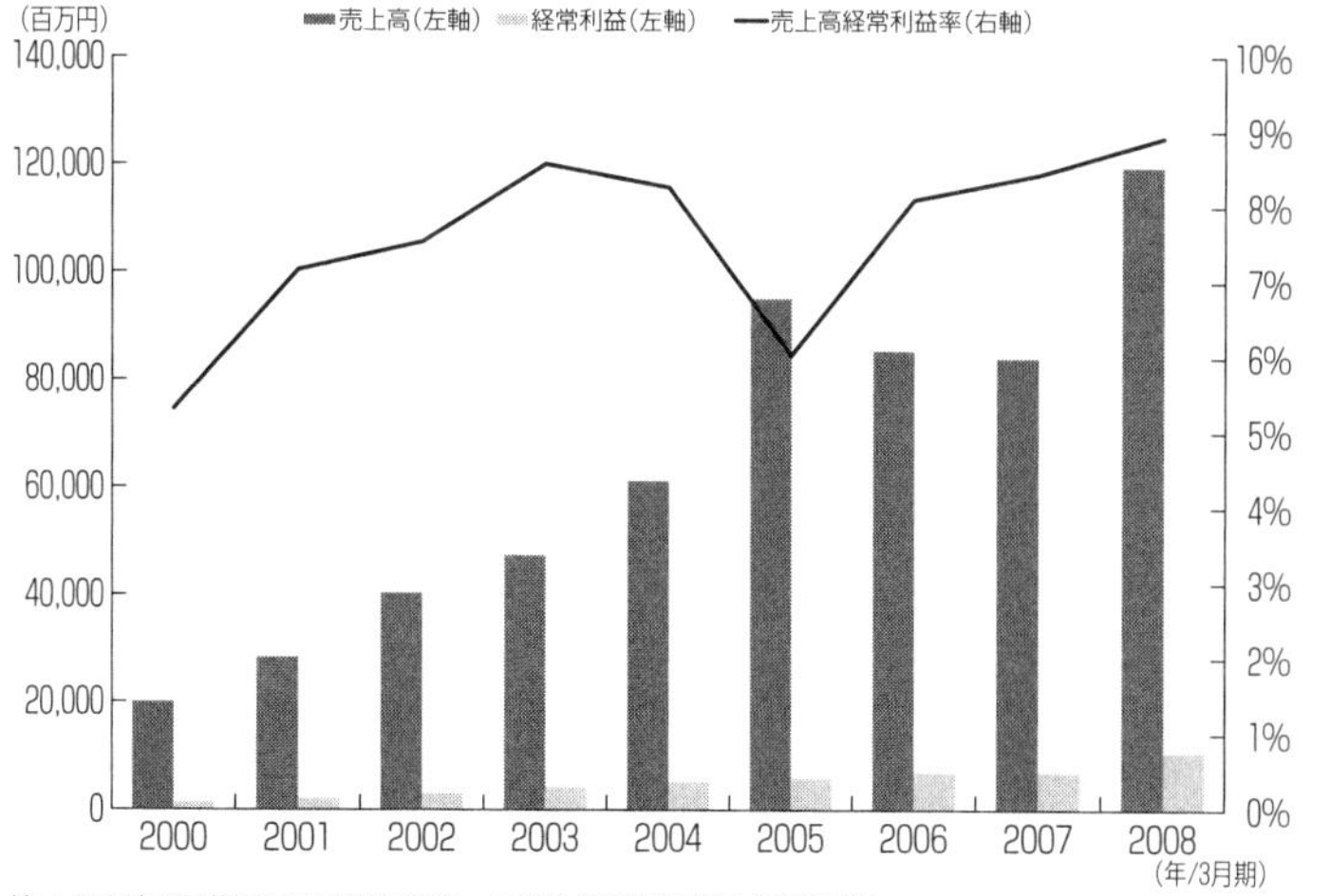

注：2004年3月期までは単体決算、2005年3月期以降は連結決算

急成長した売上と利益

日本綜合地所は、１９９９年11月に株式を店頭登録し、２００１年12月には東証二部に上場、２００３年３月には東証一部への変更を果たしました。図表３－１は株式店頭登録以降の２０００年３月期から倒産直前の決算期である２００８年３月期までの日本綜合地所のＰ／Ｌ上の業績をグラフにまとめたものです。

この図表を見ると、売上高は２０００年３月期の１９７億３９００万円から２００８年３月期の１１８９億３３００万円へと６倍以上となっています。

また、同時期には経常利益も10億４３００万円から１０５億６５００万円へ伸ばしており、２００８年３月期には過去最高益を叩き出しています。売上高経常利益率も９％に迫る水準に

◉図表3-2　日本綜合地所のキャッシュ・フローの推移

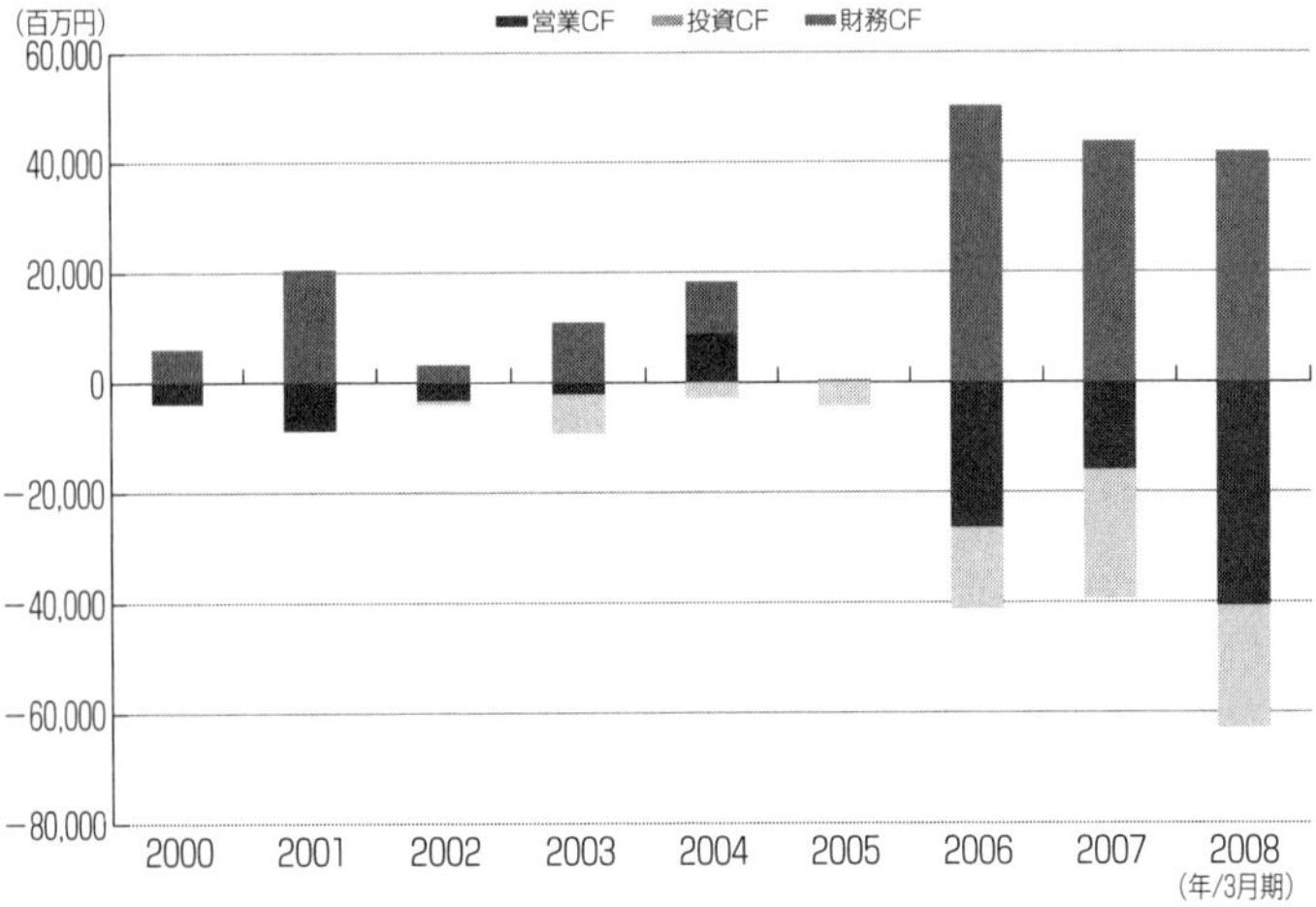

注：2004年3月期までは単体決算、2005年3月期以降は連結決算

まで上がっており、これだけを見れば業績にはまったく問題のない、優良な成長企業です。

ずっと赤字だった営業CF

続いて、日本綜合地所のキャッシュ・フローを見てみましょう。図表3－2は、日本綜合地所の2000年3月期から2008年3月期までの期間のキャッシュ・フローのデータをまとめたものです。

この図表で、まず注目すべきは営業活動によるキャッシュ・フロー（営業CF）です。驚くべきことに、グラフにまとめた9期分の決算において、営業CFが黒字だったのは2004年3月期のたった1期だけです。それ以外の営業CFはすべてマイナスで、2006年3月期はマイナス264億7500万

◉図表3-3　日本綜合地所の要約連結キャッシュ・フロー計算書（営業CF）

（単位：百万円）

科目	2007年3月期	2008年3月期
営業活動によるキャッシュ・フロー		
税金等調整前当期純利益	6,946	9,432
減価償却費	772	983
…	…	…
売上債権の増減（マイナスは増加）	−2,395	1,664
棚卸資産の増減（マイナスは増加）	−21,716	−51,554
前払費用の増減（マイナスは増加）	−1,988	−49
…	…	…
仕入債務の増減（マイナスは減少）	3,114	580
…	…	…
前受金の増減（マイナスは減少）	1,284	−1,270
…	…	…
小計	**−11,830**	**−32,807**
利息及び配当金の受取額	173	188
利息の支払額	−2,176	−3,465
法人税等の支払額	−2,074	−4,586
営業活動によるキャッシュ・フロー	**−15,907**	**−40,670**

円、２００７年３月期はマイナス１５９億７００万円、２００８年３月期にはマイナス４０６億７０００万円と赤字幅が拡大しています。

つまり、**日本綜合地所は大部分の決算期において、事業活動によりキャッシュを稼ぐことができなかった**会社なのです。

さらに、２００６年３月期以降は有形固定資産への投資などにより、投資ＣＦも大きなマイナスとなりました。

その結果として、２００６年３月期以降のフリー・キャッシュ・フロー（ＦＣＦ）は、４００億円～６００億円程度のマイナスで推移しています。

ＦＣＦがマイナスである状況というのは、そのマイナス分を財務ＣＦにより埋めなければキャッシュが枯渇することを意味します。そのため、日本綜合地所では借入れや社債発行などにより資金調達を行ない、ＦＣＦの赤字分のキャッシュを補填していたのです。

ここで、改めて日本綜合地所のキャッシュ・フロー計算書を見てみましょう。前ページの図表３－３は、日本綜合地所の連結キャッシュ・フロー計算書から営業ＣＦを抜粋し、要約したものです。この図表から、日本綜合地所の営業ＣＦが大きなマイナスとなっている原因は、棚卸資産の大きな増加であることが読み取れます（同図表中の太枠で囲った部分を参照）。**成長を急ぐあまり、大量の不動産を仕入れたために、販売によって稼ぐ以上にキャッシュが流出してしまっている**様子が伺えます。

大量に手元に残ってしまった販売用不動産

それでも、マンションの市況が好調であれば、大量の不動産を売りさばくこともできたでしょう。販売によりキャッシュの回収が見込めるならば、金融機関による融資を引き続き受けることもできたかもしれません。

しかし、本節冒頭（１０１ページ）でも述べたように、２００８年から２００９年にかけて、不動産の市況は低迷していました。成長を支える原資となるはずだったマンション開発用地は、たちまち足かせへと変わってしまいました。マンションを建設しても販売す

◉図表3-4　日本綜合地所の要約連結B／S（2008年3月期）

科目	金額(百万円)	科目	金額(百万円)
（資産の部）		（負債の部）	
流動資産	**179,378**	流動負債	**93,161**
現預金	24,358	支払手形・買掛金	17,623
受取手形・売掛金	3,040	短期借入金	16,649
棚卸資産	146,532	1年以内返済予定長期借入金	36,778
その他	5,448	1年以内償還予定社債	11,596
		その他	10,516
固定資産	**74,867**	固定負債	**119,314**
有形固定資産	**65,126**	社債	11,766
建物・構築物	21,266	長期借入金	103,730
土地	43,052	その他	3,818
その他	809	負債合計	**212,475**
		（純資産の部）	
無形固定資産	1,309	資本金	14,120
		資本剰余金	16,237
投資その他の資産	**8,431**	利益剰余金	17,644
投資有価証券	4,290	自己株式	−5,096
その他	4,141	評価・換算差額等	−1,141
		少数株主持分	7
		純資産合計	**41,770**
資産合計	**254,245**	負債純資産合計	**254,245**

ることができなければ、棚卸資産を現金化することはできません。大量のマンション開発用地は**不良在庫**になってしまったのです。

その様子は、B／S（貸借対照表）にもはっきりと表れています。図表3－4は、日本綜合地所の2008年3月期の要約連結B／Sです。

まず、資産の部から見ていくと、流動資産の中の棚卸資産が1465億3200万円計上されています。103ページでも述べたように、2008年3月期の売上高は1189億3300万円ですから、1年間の売上高の1・2倍以上の棚卸資産を抱えていることになります。

そして、第2章でも取り上げた**棚卸資産回転期間**を計算すると、約450日となっています。これだけの棚卸資産が不良資産化したわけです。

さらに、Ｂ／Ｓの右側に注目すると、負債による資金調達金額の大きさが目につきます。流動負債、固定負債における有利子負債（借入金と社債）の合計は、１８０５億１９００万円に上っています。

こうした状況から、日本綜合地所では、業績の成長を実現するためにマンション開発用地を仕入れたものの、それを販売できずに不良在庫化させてしまい、資金不足に陥ってしまったと言えます。しかも、資金調達手段として有利子負債に依存していたため、すでに述べたような金融機関の融資引き締めの影響を受けてしまい、不足した資金を財務ＣＦで埋め合わせることもできず、資金ショートしてしまったのです。

２００９年2月10日付の日経産業新聞によれば、日本綜合地所は資金繰りに行き詰まった結果、２００８年9月に完成したマンションのゼネコンに対する支払いができなかったとされています。そのマンションの支払金額は32億円で、２００８年3月期に計上した経常利益の金額（１０５億６５００万円）の約3分の1の金額の資金繰りがつかず、日本綜合地所の経営は破綻したのです。

日本綜合地所の西丸誠《にしまるまこと》社長（当時）は記者会見で、「成長を急ぎすぎた」「経営環境の変化が急激過ぎ、追いつかなかった」と話しています。同社のマンションの商品力は市場から高く評価されていましたが、そのビジネスモデルは不動産市場の冷え込みに対応でき

◉図表3-5　アーバンコーポレイションの主要業績データ（連結）

（単位：百万円）

（3月期）	2004年	2005年	2006年	2007年	2008年
売上高	51,364	57,034	64,349	180,544	243,685
経常利益	4,813	9,480	10,678	56,399	61,677
当期純利益	2,670	6,456	7,869	30,039	31,127
営業CF	−252	−24,995	−32,991	−55,034	−100,019
うち棚卸資産の増減（マイナスは増加）	−7,759	−23,615	−53,635	−99,439	−138,065
投資CF	−1,203	−6,603	1,078	−9,064	−11,100
財務CF	−2,694	40,234	43,043	83,210	89,212
FCF（＝営業CF＋投資CF）	−1,455	−31,598	−31,913	−64,098	−111,119

るものにはなっていなかったと言えるのではないでしょうか。

新興不動産会社に多発した黒字倒産

すでに述べたように、２００８年から２００９年にかけては、多くの新興不動産会社が倒産した時期でした。第１章で取り上げたモリモトも、そのうちの１社です。

これらの破綻した不動産会社の業績を見てみると、どの会社も判で押したように同じパターンになっています。この時期に経営が破綻した、いくつかの会社のデータをひも解いてみましょう。

図表３－５は、１０１ページでも名前を挙げたアーバンコーポレイションの主要業績データです。

アーバンコーポレイションは通常のマンション分譲事業も行なっていましたが、とりわけ成長の原動力となったのは、不動産流動化事業でした。アーバンコーポレイションの売上高は２００４年３月期の５１３億６４００万円から、２００８年３月期には２４３６億８５００万円へと、５年間で５倍近くになっています。また、２０

◉図表3-6　ノエルの主要業績データ（連結）

（単位：百万円）

（8月期）	2003年	2004年	2005年	2006年	2007年
売上高	12,807	26,527	33,608	51,846	80,493
経常利益	307	472	946	1,643	3,066
当期純利益	98	245	455	1,065	1,640
営業CF	−2,469	−1,248	−11,152	−16,040	−13,176
うち棚卸資産の増減（マイナスは増加）	−3,910	−2,405	−13,150	−21,905	−15,585
投資CF	−273	−216	−172	−320	−294
財務CF	3,317	1,647	12,117	18,387	12,322
FCF（＝営業CF＋投資CF）	−2,742	−1,464	−11,324	−16,360	−13,470

◉図表3-7　ランドコムの主要業績データ

（単位：百万円）

（12月期）	2003年	2004年	2005年	2006年	2007年
売上高	4,624	4,387	7,310	13,049	27,970
経常利益	93	395	753	1,443	2,494
当期純利益	9	206	441	804	1,582
営業CF	1,281	−335	−1,123	−6,021	−22,738
うち棚卸資産の増減（マイナスは増加）	1,421	−747	−2,156	−6,610	−31,078
投資CF	−78	−37	−701	−206	−2,923
財務CF	−1,067	350	2,424	6,369	25,490
FCF（＝営業CF＋投資CF）	1,203	−372	−1,824	−6,227	−25,661

注：2005年12月期までは単体決算、2006年12月期以降は連結決算

08年3月期には経常利益、当期純利益ともに過去最高益を記録しています。

一方で、営業CFは5期連続で赤字であり、そのマイナス幅は年を追うごとに拡大しています。その主な原因となったのは、**棚卸資産（販売用不動産）の増加**でした。

FCFも一貫してマイナスで、そのマイナスを埋めたのは財務CF、とりわけ借入金と社債による資金調達でした。そして、販売できない大量の棚卸資産を抱え、新たな資金調達に行き詰まった結果、2008年8月に経営が破綻したのです。

図表3－6の**ノエル**（東証二部上場、2008年10月破産手続開始決定）、図表3－7の**ランドコム**（東証二部上場、

２００８年９月民事再生法適用申請）についても同様です。

規模の差はありますが、いずれの会社も**倒産の直前に売上高が急成長し、過去最高益を記録する一方で、棚卸資産が膨張したために営業ＣＦがマイナスになっています**。これが黒字倒産の引き金となったという点もまったく同じです。数多くの新興不動産会社が、同じワナに掛かって黒字倒産したのです。

なぜ多くの不動産会社が黒字倒産のワナにはまったのか？

ここまで、新興不動産会社の黒字倒産の事例について紹介してきました。不動産流動化事業に手を出していたかどうかの違いはありましたが、倒産の構図はいずれの会社も同じでした。これらの会社に共通していたポイントとしては、次の３つが挙げられます。

① 身の丈に合わない成長をめざし、事業で稼ぐキャッシュを大きく上回る金額を棚卸資産につぎ込み、その結果として、営業ＣＦの赤字幅が拡大したこと

② 資金の不足分の調達を有利子負債（借入金、社債など）に依存したこと

③ 不動産売却益に頼るビジネスモデルであったこと

◉図表3-8　新興不動産会社の倒産の構造

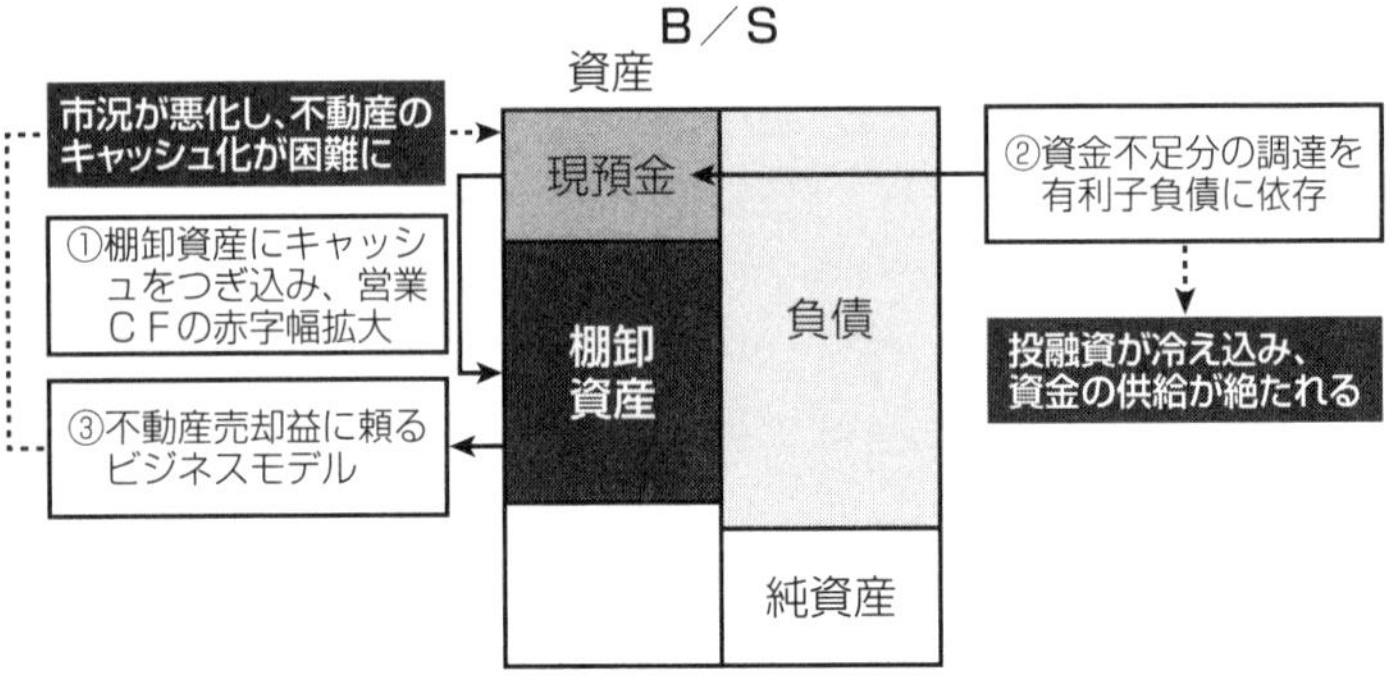
B／S
資産
市況が悪化し、不動産のキャッシュ化が困難に
①棚卸資産にキャッシュをつぎ込み、営業CFの赤字幅拡大
③不動産売却益に頼るビジネスモデル
現預金
棚卸資産
負債
純資産
②資金不足分の調達を有利子負債に依存
投融資が冷え込み、資金の供給が絶たれる

これらのポイントを踏まえ、倒産の構造をB／Sを中心として図解すると、図表３－８のようになります。

不動産の市況がよい間は有利子負債による資金供給を支えにビジネスが回っていましたが、市況が悪化し、棚卸資産が売却できなくなると、状況は一変します。

ただでさえ営業CFがマイナスで資金不足が続いている状況に加え、不動産売却によって稼ぐキャッシュが減少し、現預金は大きく減少してしまいます。

また、それまでの資金提供者であった投資ファンドや金融機関からの投融資（投資・融資）も受けられなくなった結果、資金ショートを起こしてしまったのです。

倒産した不動産会社と倒産しなかった不動産会社の事業構造の違いについて、少し補足しておきましょう。

図表３－９は、大手不動産会社の１つである**三井不動産**の事業別セグメント情報を要約したものです。また、比較のために、先に取り上げた**日本綜合地所**の事業別セグメント情報の要約も図表３－10に掲載しておきます。

◉図表3-9　三井不動産の要約事業別セグメント情報（2008年3月期）

（百万円）	賃貸	分譲	完成工事	仲介・販売受託・コンサル	管理受託	住宅部材・商品等販売	施設営業	その他	計	消去または全社	連結
売上高	477,227	382,266	194,336	88,465	131,037	108,970	50,060	20,907	1,453,271	−93,247	1,360,023
営業費用	386,561	324,456	192,436	61,870	115,540	107,799	49,791	17,003	1,255,460	−74,719	1,180,740
営業利益	90,666	57,809	1,900	26,595	15,496	1,170	269	3,903	197,811	−18,528	179,282
資産	2,288,639	824,969	53,845	68,060	73,292	46,072	88,311	23,999	3,467,191	167,297	3,634,489

◉図表3-10　日本綜合地所の要約事業別セグメント情報（2008年3月期）

（百万円）	不動産販売	不動産賃貸	不動産管理	広告宣伝	その他	計	消去または全社	連結
売上高	105,074	3,767	1,720	12,516	808	123,884	−4,951	118,933
営業費用	89,482	2,778	1,487	12,922	792	107,462	−2,327	105,134
営業損益	15,591	989	234	−406	15	16,423	−2,623	13,799
資産	160,669	60,582	1,656	5,249	1,157	229,313	24,932	254,245

この２つの図表を見ると、両社の違いは一目瞭然です。三井不動産の最大の利益源は**不動産賃貸事業**です（図表３－９の太枠で囲った部分を参照）。三井不動産では、東京の日本橋に代表されるような、都心を中心とした良質な賃貸不動産から得られる利益の割合が高いのです。

三井不動産の営業利益のおよそ半分が不動産賃貸事業から稼ぎ出されています。こうした**好立地のオフィスや店舗を中心とした賃貸用不動産への需要は、不動産販売の市況が悪くなっても、そう簡単にしぼむことはありません。**

この良質な賃貸用不動産に支えられた不動産賃貸事業から得られる潤沢なキャッシュ・フローがあるからこそ、安定した経営を行なうことができているのです。一方で、三井不動産の分譲（不動産販売）事業の売上高や営業利益は、全体の売上高や営業利益の約３割に抑えられています。

これに対して、日本綜合地所の主力事業は不動産販売事業（図表3－10の太枠で囲った部分を参照）です。不動産販売事業の売上高が全体の売上高に占める割合は、90％前後となっています。

繰り返しになりますが、不動産販売事業は不動産の売却益に依存する**フロー型のビジネス**ですから、売却が困難になれば途端にキャッシュが入ってこなくなります。そうした意味で、非常に振れ幅の大きい、リスキーなビジネスだと言えるでしょう。

日本綜合地所は2016年3月期ごろから不動産賃貸事業にも力を入れ始めましたが、全体の売上高や営業利益に占める割合はごくわずかでした。数字で見る限り、やはりリスクの高い不動産販売事業への依存度が非常に高かったと言えるでしょう。

破綻した不動産会社の多くは、こうしたリスクの高い事業を展開していながら、**身の丈に合わない成長**をめざすことで、さらに高いリスクを取ってしまうという悪いサイクルに陥っていました。その結果、不動産市況と資金調達環境の冷え込みという外部環境の変化に対応することができず、経営を破綻させてしまったわけです。

実力を超えた成長をめざすのではなく、賃貸用不動産などのストックを活用した不動産賃貸事業の割合を増やすなどして、**安定的なキャッシュ・フローを生み出せるようなビジネスモデル**へと転換できていれば、これらの不動産会社は倒産しなくて済んだのではないでしょうか。

売上債権を回収できずに倒産する

江守グループホールディングスのケース

次の事例として取り上げるのは、**江守グループホールディングス**（以下、江守ＨＤ）です。江守ＨＤは、福井県に本社を持つ化学品や合成樹脂などを取り扱う商社で、１９９４年2月に株式を店頭登録、以降２００４年12月にジャスダック上場、２００５年４月には東証二部上場となり、２００６年3月には東証一部への市場変更を果たしました。

江守ＨＤは国際展開に積極的で、中国をはじめとしてＡＳＥＡＮ各国にも拠点を持ち、売上規模を急速に拡大させてきました。なかでも、中国における外部顧客への売上高は、２０１４年3月期には連結売上高全体の約70％にまで達していました。

ところが、その後の２０１５年４月に江守ＨＤは民事再生法の適用を申請し、倒産することになります。ここでは、江守ＨＤの財務データを使いながら、なぜ江守ＨＤが倒産に至ったのか、その道筋をたどってみましょう。

◉図表3-11　江守ＨＤの連結売上高、経常利益

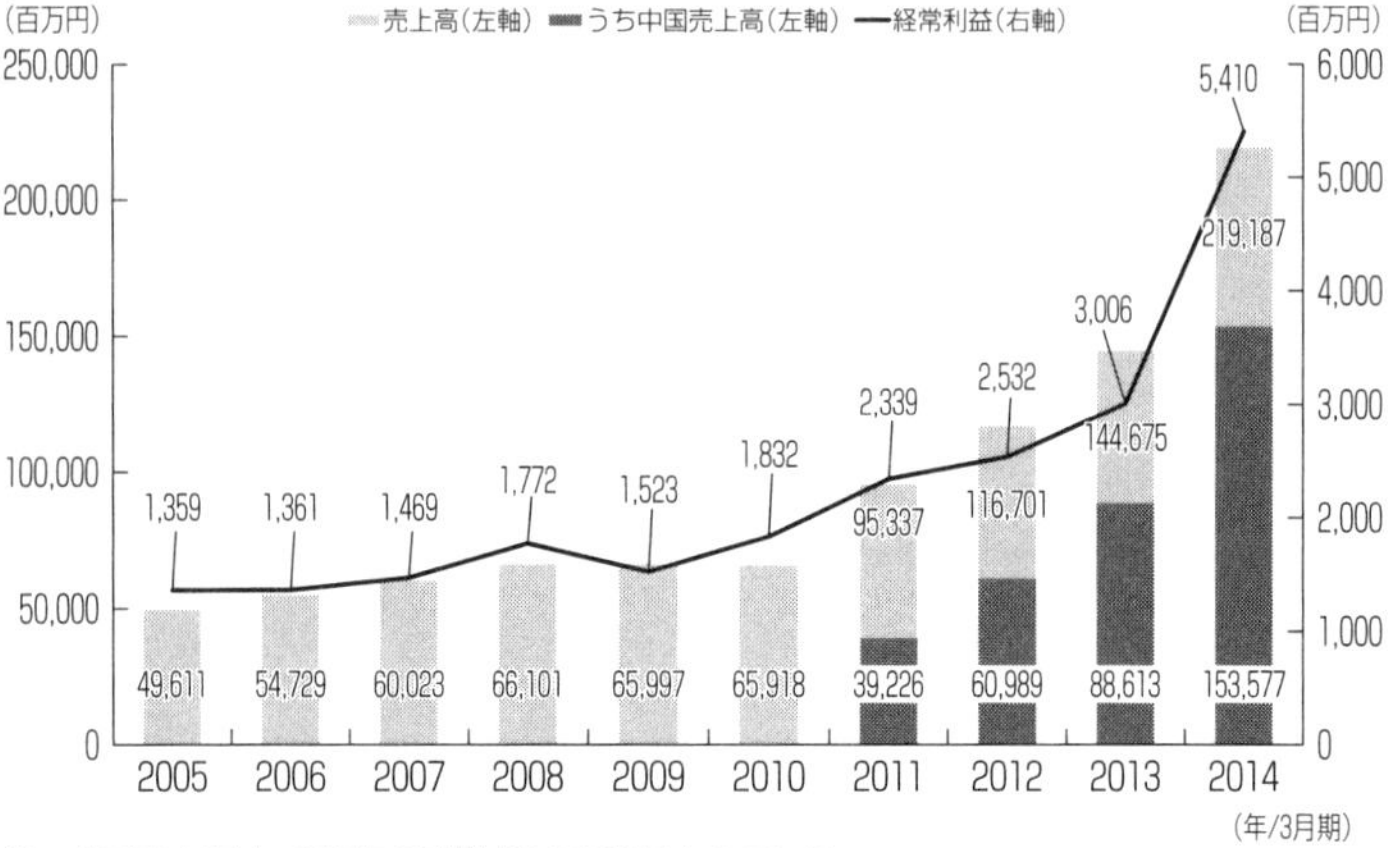

注：中国売上高は、2011年3月期以降のみ開示されている

中国事業で急成長

図表３－11は、江守ＨＤの売上高と経常利益を２００５年３月期から２０１４年３月期までまとめたものです。

この図表からわかるように、江守ＨＤの売上高は２０１１年３月期以降、急拡大しています。この売上高の拡大は、中国での売上高が公表された２０１１年３月期以降のデータを見る限り、中国事業の急成長がその要因だと読み取ることができます。

また、経常利益も売上拡大に伴って増加しており、２０１４年３月期には54億１０００万円と過去最高益を記録しています。

急成長とともに営業ＣＦの赤字幅が拡大

◉図表3-12　江守ＨＤの連結キャッシュ・フローの推移

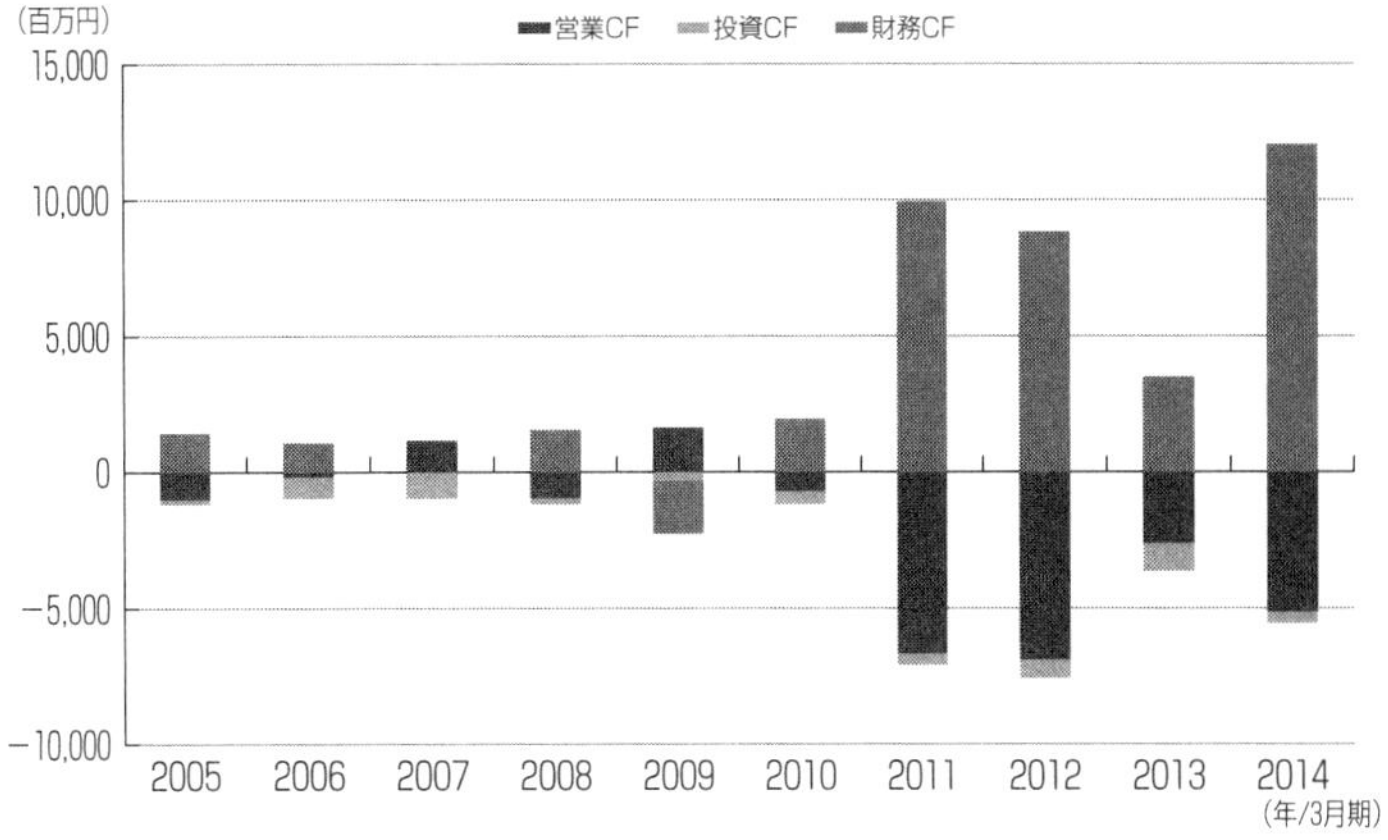

続いて、キャッシュ・フローのデータも見ていきましょう。

図表３－12は、２００５年３月期から２０１４年３月期までの営業ＣＦ、投資ＣＦ、財務ＣＦの推移をグラフにまとめたものです。

この図表を見ると、２０１０年３月期までの営業ＣＦはプラスとマイナスの間を行ったり来たりしていますが、２０１１年３月期以降、大幅なマイナスに転じています。この時期を境にして、江守ＨＤの経営状況に大きな変化があったことが伺えます。

また、営業ＣＦと投資ＣＦを合計したＦＣＦは、２０１１年３月期以降大幅なマイナスとなっていることから、**事業を継続するための資金が常に不足している状況**です。そこで、江守ＨＤでは財務ＣＦによって、その穴埋めを行なっています。

◉図表3-13　江守ＨＤの主要財務データ（連結）　（金額の単位：百万円）

（3月期）	2010年	2011年	2012年	2013年	2014年	
営業CF	−718	−6,679	−6,916	−2,671	−5,198	①
うち売上債権の増減額（マイナスは増加）	−3,580	−7,298	−9,022	−6,244	−15,829	
投資CF	−449	−398	−632	−976	−331	
財務CF	1,903	9,980	8,876	3,511	12,038	
うち短期借入金の純増減額（マイナスは減少）	2,742	4,881	6,138	3,188	2,041	⑤
うち長期借入れによる収入	−	6,000	3,461	2,307	9,955	
うち長期借入金の返済による支出	−516	−589	−336	−1,607	−1,215	
うち配当金の支払額	−273	−273	−357	−367	−467	
FCF（＝営業CF＋投資CF）	−1,167	−7,077	−7,547	−3,647	−5,528	
売上債権	18,269	24,834	33,738	43,282	68,370	
棚卸資産	2,786	4,271	6,307	7,030	5,964	
仕入債務	10,760	12,753	13,468	17,237	22,276	
売上債権回転期間（日）	101	95	106	109	114	②
棚卸資産回転期間（日）	15	16	20	18	10	
仕入債務回転期間（日）	60	49	42	43	37	③
従業員数（人）	992	1,073	821	1,002	786	④

売上債権の増加が営業CFを圧迫する

もう少し詳しく状況を見ていきましょう。図表3－13は、江守ＨＤの経営状況が急変した時期に当たる2010年3月期以降の主要な財務データをまとめたものです。

営業CFが大幅なマイナスになった原因は、**売上債権の増加**です（同図表の太枠①で囲った部分を参照）。利益の伸び以上に売上債権が増加しているため、営業CFがマイナスになっているのです。最終的に、江守ＨＤは2015年3月期に売上債権に対する巨額の貸倒引当金繰入額（約550億円）を特別損失に計上し、債務超過（負債の総額が資産の総額を超える状態）に陥ることになります。

しかし、**売上債権回転期間**は100日前後（同図表の太枠②で囲った部分を参照）と、商社としては極端に長い水準だとは言えません。また、時系列ではやや長期化の傾向は見られるものの、売上債権の大半が回収不能になり、巨額の損失を計上するような状態ではなさそうに見えます。

仕入債務回転期間に見える経営破綻の前兆

ここで注目すべきなのは、**仕入債務回転期間**が２０１０年３月期の60日から、２０１４年３月期には37日まで短期化しているところ（同図表の太枠③で囲った部分を参照）なのです。

仕入債務が短期化している場合に起こっている状況としては、次の２つの仮説が考えられます。

> **Ⓐ 仕入債務の支払いを早くすることで、仕入価格の低減などにつなげている**
> **Ⓑ 信用不安などから、仕入先に仕入代金の早期支払いを求められている**

第２章のコラム「会計思考ノート２」の93ページでも説明したように、仕入債務の支払いを早くするということは、仕入先にとっては売上債権の回収の早期化を意味するため、仕入債務の支払期間の短縮を値下げ交渉の材料にできる場合があります（**仮説Ⓐ**）。

しかし、それは自社の資金繰りに余裕がある場合に限って可能なことです。江守ＨＤのように、売上債権の増加が営業ＣＦを圧迫し、資金不足を借入金などで補っているような会社の場合、こうした仮説は現実的ではありません。

とすれば考えられるのは、江守ＨＤに対して仕入先が信用不安を覚え、支払いサイトを短期化するよう求められているというシナリオです（**仮説Ⓑ**）。おそらく、仕入先は江守ＨＤが行なっている取引に不安を感じ、自社の売上債権が回収できなくなるのではないか、という懸念を持っていたのではないでしょうか。

このデータからは、こうした取引相手の持つ不安が透けて見えます。この点こそが、江守ＨＤが後に巨額の貸倒引当金繰入額を計上し、債務超過に陥る前兆だったのです。

２つの奇妙なデータ

ところで、江守ＨＤの主要業績データを少し慎重に見ていくと、２つの奇妙なデータが目を引きます。

まず、**従業員数**（118ページの図表３－13の太枠④で囲った部分を参照）を見てみると、2011年３月期をピークとして減少傾向にあります。2011年３月期以降、**売上**

高や利益が過去最高を更新し続けるなかで、従業員数が減っているのはいかにも奇異なものに映ります。ただし、これは営業ＣＦが大幅なマイナスであり、事業でキャッシュを稼ぐことができていない状況を踏まえれば、江守ＨＤの経営者や従業員が経営に対して危機感を抱いていたことの表れであると解釈することはできます。

しかしながら、より奇妙なのは**財務ＣＦの内訳**（同図表の太枠⑤で囲った部分を参照）です。繰り返しになりますが、江守ＨＤはＦＣＦの赤字を財務ＣＦにより埋め合わせています。その点については、２０１０年3月期から２０１４年3月期までの5年間、一貫して財務ＣＦがプラスであることがわかります。

そして、財務ＣＦの内訳の多くが**借入れによる収入**であることも読み取ることができます。長期的に資金不足の状態であり、その穴埋めを借金によって行なっている状態であることは、経営者も認識していたはずです。

ところが、**配当金の支払額は年々増加**しています。２０１０年3月期以降、ＦＣＦは一貫してマイナスです。それにもかかわらず、配当金を支払っているということは、**金融機関から調達した借金が配当金となっていた**ことを意味します。しかも、有価証券報告書からこの間の1株当たり配当金を見てみると、２０１０年3月期には26円だったものが、２０１１年3月期と２０１２年3月期には32円、２０１３年3月期には38円、２０１４年3月期には58円と、年々増配すらしているのです。

じつは、江守HDの大株主には、社長である江守清隆《えもりきよたか》氏と、（江守HDの）創業家の人々が所有する江守総業という会社が名を連ねており、2014年3月期の時点で両者の持株比率の合計は32・92％でした。したがって、同期間中に支払われた配当金のかなり多くの金額（2010年3月期から2014年3月期までの累計で約8億円〔概算〕）が、江守清隆氏と江守総業に流れていたことになります。

従業員が減り、資金繰りのために金融機関からの借入金が年々増加していることから考えても、経営者は江守HDの経営状態が厳しくなっていることは認識できていたはずです。にもかかわらず、増配を続けるという姿勢は、創業家一族である経営者サイドの私的な利益を優先していたのではないかと指摘を受けても仕方のない状況だったと言えます。

海外子会社の管理の甘さが黒字倒産を招く

結局のところ、江守HDの黒字倒産の原因は、中国事業における売上債権の回収が滞ってしまった点にありました。江守HDは中国において、原材料などの仕入れ代金を肩代わりして、あとで金利を上乗せして回収する「**商社金融**」ビジネスを手掛けて急成長してきました。しかし、中国経済の減速に伴って、こうした取引で生じた売上債権を回収することが困難になってしまいました。

その理由として、江守ＨＤ側が中国子会社の経営を十分管理することができず、「売ることばかりを考えていた」中国子会社に歯止めをかけることができなかった点が指摘されています（２０１５年5月30日付日本経済新聞地方経済面北陸）。

また、中国の子会社をめぐっては、現地の総経理（中国人）が会社の承認を得ずに、２００５年ごろからその総経理の親族が関与する会社と不適切な取引を行なっていたことも明らかになっています。こうした点からも、江守ＨＤが中国の子会社を適切にコントロールできていなかった状況が伺えます。

その結果、先にも述べたように、江守ＨＤは２０１５年３月期の決算で約５５０億円もの貸倒引当金繰入額を特別損失として計上し、約３４３億円の債務超過に陥ることになります。最終的には、売上債権の回収が滞るなかで、借入金を手元資金で返済する目処が立たずに、２０１５年３月期の決算発表を前にして、江守ＨＤは倒産したのです。

早い段階から中国子会社の経営状況をしっかりと管理し、暴走を許すようなことがなければ、このような倒産劇は起こらなかったことでしょう。

無理な投資が倒産を引き起こす

スカイマークのケース

江守ＨＤと同じく２０１５年に倒産した事例として、**スカイマーク**が挙げられます。同社を本章の３つ目のケースとして取り上げます。

なお、スカイマークは倒産直前の２０１４年３月期に赤字を出していますので、厳密には黒字倒産ではありませんが、最終赤字額は約18億円と、それまでに出していた黒字額に比べて決して巨額の損失ではないこと、加えて、それ以前は４期連続で黒字であったことから、黒字倒産に準ずるものとして取り扱います。

スカイマーク（創業当時の社名はスカイマークエアラインズ）は、１９９６年にエイチ・アイ・エス（以下、ＨＩＳ）の創業者としても有名な澤田秀雄《さわだひでお》氏によって設立された日本初の新規参入航空会社です。

スカイマークは設立後、しばらく業績が低迷しましたが、２０００年5月には東証マザーズに上場し、２００４年1月にＩＴ企業の創業者である西久保愼一《にしくぼしんいち》氏が社長に就任する

◉図表3-14　スカイマークの売上高、経常利益、売上高経常利益率

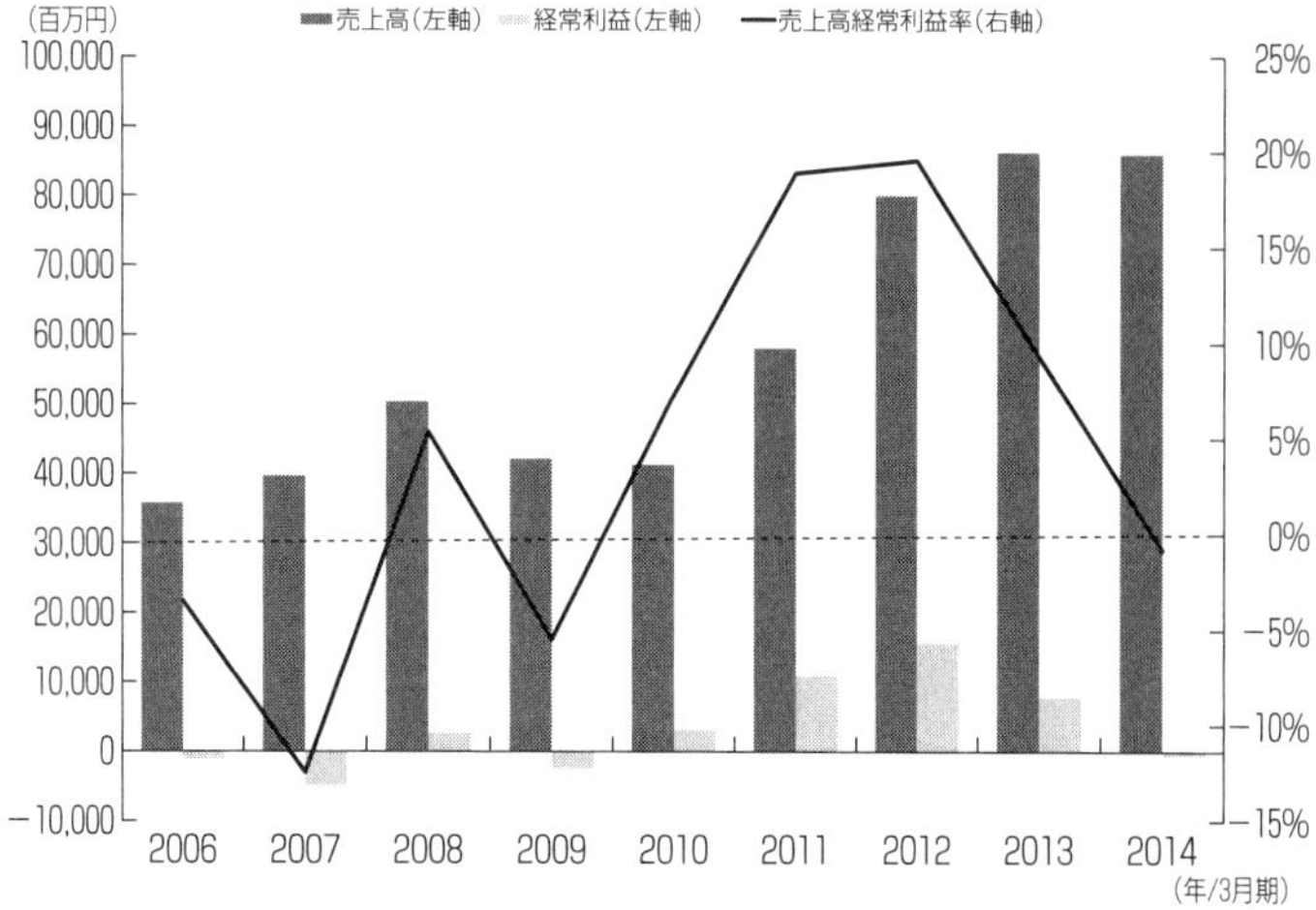

と、業績は徐々に改善します。

２０１３年11月には上場市場を東証一部へと変更し、ＡＮＡ、ＪＡＬに続く航空業界の風雲児として、その名を馳せることになります。

しかし、西久保氏が社長に就任してから10年あまりが経過した２０１５年１月、スカイマークは民事再生法の適用を申請することになってしまいます。スカイマークが倒産した原因は何だったのか。ここでは、その理由について探っていきます。

高利益率企業となったスカイマーク

図表３－14は、西久保氏が社長に就任して以降の２００６年３月期から、倒産直前の決算期である２０１４年３月期までの売上高、経常利益、そして売上高経常利益率をグラフにまとめ

たもの（スカイマークでは連結財務諸表を作成していないので、単体決算の数字）です。

この図表に示されているように、２０１０年３月期までは、売上高が横ばい傾向、経常損益も黒字と赤字を行き来している状況でしたが、その後業績は急速に向上し、売上高、利益ともに大きく伸びています。業績がピークを迎えた２０１２年３月期には、売上高が８０２億５５００万円、経常利益は１５７億４７００万円となり、売上高経常利益率も19・６％と非常に高い水準にありました。

このように業績が向上した理由としては、次の３つのポイントが挙げられています（週刊東洋経済２０１５年２月14日号）。

① ２０１０年３月期までにボーイング７６７をすべて返還し、機材を小型のボーイング７３７に統一したことで、搭乗率が高まり、整備や部品にかかる費用が軽減できた
② 客室乗務員に地上職や機内清掃を兼務させ、人件費を削減した
③ 円高により、燃油費やドル建ての機材リース費を低減できた

自社の経営努力に加え、円高などの外部環境要因も味方につけ、スカイマークは高収益企業へと変貌を遂げたのです。

A380の購入契約

ここで、西久保氏は勝負に打って出ます。2010年11月、スカイマークはヨーロッパ航空機大手のエアバス社が生産する大型旅客機「A380」を導入し、2014年度を目処に国際線事業に進出すると発表したのです。その後、スカイマークは2011年2月にA380を6機購入する契約を正式に締結します。A380は、「空飛ぶホテル」とも称され、総2階建てで定員は約850人という世界最大の超大型旅客機でした。

2011年3月期の有価証券報告書では、A380に対する投資予定総額は1558億9800万円とされていました。同期のスカイマークの総資産が373億5700万円であったことから考えても、国際線の定期便事業への参入も含め、当時のスカイマークにとって非常に大きな意思決定だったことは間違いありません。

しかしながら、この意思決定が後々、スカイマークを破綻させる原因となるのです。

業績に表れた変調

エアバス社のA380の導入を決めた当時、スカイマークの業績は売上高、利益ともに右肩上がりでした。

ところが、2012年3月期をピークとして、その後利益は大きく低下し、売上の伸びもストップしてしまいます。

スカイマークの業績がピークを迎えた2012年は、日本においてLCC（ローコストキャリア、格安航空会社）が相次いで就航を開始した年でした。2012年3月にはピーチ・アビエーション、7月にはジェットスター・ジャパン、8月にはエアアジア・ジャパンが国内線で就航を開始しています。**スカイマークは低価格を武器に航空業界で存在感を放っていましたが、そのアドバンテージが徐々に失われていったのです。**

さらに、2013年になると今度は円安が進行し、2012年に1ドル80円前後で推移していた為替レートは、2013年末には1ドル100円前後にまで値下がりしました。その結果、燃油費やドル建ての機材リース費が膨らんでしまいました。

これら2つの要因が重なって、スカイマークの売上高は停滞し、利益が落ち込んだ結果、2014年3月期には5年ぶりに営業利益、経常利益、当期純利益ともに赤字に転落してしまいました。

キャッシュ・フローの異変

ここで、スカイマークのキャッシュ・フローの状況について見てみましょう。

◉図表3-15　スカイマークのキャッシュ・フローと現金残高の推移

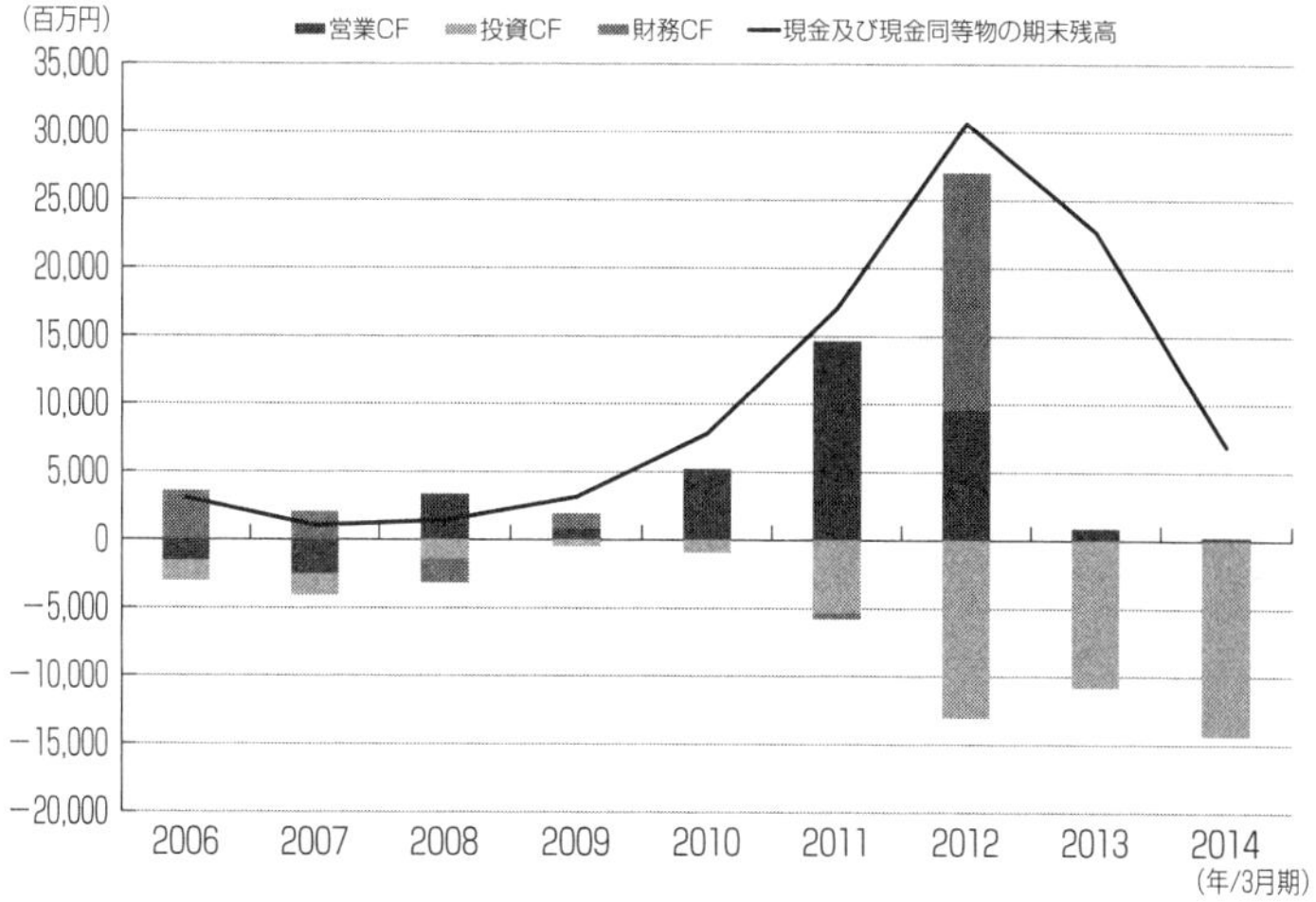

図表３－15は、スカイマークの２００６年３月期から２０１４年３月期までのキャッシュ・フローのデータと現金及び現金同等物の期末残高の推移をグラフにまとめたものです。

まず、営業ＣＦについては、２００９年３月期まではＰ／Ｌの損益同様、プラスになったりマイナスになったりしていますが、ボーイング７３７への機材統一などによって業績が向上した２０１０年３月期以降、大きくプラスに転じます。営業ＣＦがピークに達した２０１１年３月期には、１４８億２５００万円にまで増加しました。

しかし、それ以降、営業ＣＦは減少に転じ、２０１４年３月期には３億５５００万円と、ゼロに近い水準にまで落ち込んでしまいます。

とはいえ、この時点ではまだ営業ＣＦはマイナスではありません。**スカイマークのキャッシ**

ュの状態を大きく痛める原因となったのは、投資ＣＦです。

６機のＡ３８０の導入を決定した２０１１年３月期以降、スカイマークの投資ＣＦは大きなマイナスとなっています。２０１０年３月期にマイナス９億３００万円だった投資ＣＦは、２０１１年３月期はマイナス53億２００万円になり、２０１２年３月期はマイナス１３１億２５００万円、２０１３年３月期は１０８億５５００万円、２０１４年３月期は１３９億２０００万円と、２０１２年３月期以降、毎年１００億円を超えるキャッシュを流出させることになるのです。

財務ＣＦについては、２０１２年３月期にプラス１７５億７１００万円となっていますが、これは株式の増資（公募増資と第三者割当増資）を行なったことによるものです。しかし、それ以外では財務ＣＦに大きな動きはありません。

本書には掲載していませんが、スカイマークのＢ／Ｓを見てみると、スカイマークは**無借金経営**だったことがわかります。一般的に無借金経営は財務的な安全性の観点ではよいとされていますが、当時のスカイマークではそれが裏目に出ました。**スカイマークはメインバンクを持たなかったために、金融機関からの借入れによる資金調達を行なうことが難しかったの**です。しかも、ボーイング７３７などの機材をすべてリースで調達していたため、航空機材を担保として借入れを行なうこともできませんでした。

その結果として、２０１２年３月期に３０６億４８００万円と潤沢だった現金残高は、

◉図表3-16　スカイマークのA380関連投資額の推移

（単位：百万円）

（3月期）	2011年	2012年	2013年	2014年
投資CF	−5,302	−13,125	−10,855	−13,920
うちA380関連投資額	−1,559	−8,779	−5,766	−10,382
A380関連投資額の割合	29.4%	66.9%	53.1%	74.6%

注：A380関連投資額には、A380への投資のほか、A380用フライトシミュレーターへの投資を含む

2014年3月期には70億6500万円まで目減りしました。

A380への過重な投資

A380への投資について、もう少し詳しく説明します。スカイマークが開示しているA380関連の投資額と、投資CFをまとめたのが図表3－16です。

この図表を見ると、A380関連の投資額は2011年3月期には15億5900万円（投資CFの29・4％）でしたが、2012年3月期には87億7900万円（同66・9％）、2013年3月期には57億6600万円（同53・1％）、そして2014年3月期には103億8200万円（同74・6％）に達しており、2012年3月期以降、投資の大半がA380関連で占められていることがわかります。

ピーク時の2011年3月期の業績が継続していれば、これらの投資を営業CFでカバーすることもできたのでしょうが、業績低迷にあえぐスカイマークには、これらの投資を支えるだけの営業CFはありませんでした。その結果、潤沢にあった手元資金を大きく食いつぶす

ことになってしまったのです。

A330の導入と採算性

そのような状況のなか、スカイマークは2014年にエアバス社のA330を国内線用機材として順次導入を始めます。A330は、通常のエコノミー座席よりも広めのシートにして、快適性で他の機種との差別化を図るものでした。このA330の導入に合わせて、キャビンアテンダントが期間限定で着用するミニスカートワンピースの新しい制服を披露したことも大きな話題となりました。

しかし、LCCをはじめとした他社との競争が激化した状況にあったために、A330の乗客数を伸ばすことができず、搭乗率は低迷します。しかも、A330の運航コストは従来から使用しているボーイング737に比べて高いため、A330はかえって採算を圧迫する結果になってしまいました（2015年2月12日付日本経済新聞朝刊）。

そして経営破綻へ

このようにして資金繰りに行き詰まったスカイマークは、2014年4月に支払う予定だったA380の前払金8億円を支払うことができませんでした。その結果、2014年7月29日にエアバス社がスカイマークに対して契約解除を通告し、併せてスカイマークは約7億ドル（当時のレートで約710億円）の違約金を請求される事態に陥ります（2014年7月30日付日本経済新聞朝刊）。

この通告があった直後の第2四半期報告書には、「**継続企業の前提に関する事項の注記**」（「ゴーイングコンサーン注記」あるいは「GC注記」とも呼ばれます）が付されました。この注記は、本章のコラム「会計思考ノート3」で詳しく説明しますが、スカイマークが事業を継続していくことに対して、重要な疑義が存在するという補足説明のことです。

西久保氏は後に、「（2015年3月期の第2四半期決算において）監査法人からゴーイングコンサーンの注記を付けられてしまった。そうなると増資もできないし融資も受けられない。そこからはあっという間でした」（2018年7月13日付JBpress、カッコ内は筆者の補足）と語っています。

最終的に、この**GC注記が倒産の決定打**となりました。スカイマークはその後、JALやANAと共同運行の計画を打ち出し、その計画をもとに投資ファンドから資金調達する方針でしたが、これらの交渉が長引くうちに資金繰りがつかなくなり、2015年1月28日、民事再生法の適用を申請することになったのです。

なぜ無謀な投資の意思決定を止めることができなかったのか?

Ａ380を導入するという意思決定は、明らかにスカイマークにとっては身の丈に合わない、無謀な投資を押し進めるものでした。なぜ、このような投資の意思決定が行なわれてしまったのでしょうか。西久保氏は次のように語っています。

「あれ（Ａ380を導入するという意思決定）は完全な失敗でした。もともと僕の発案でしたが、プランの段階で止めておくべきでした。僕はかなり手荒な社内改革をやって、それから会社が上手くいきだしたわけです。そうしたら、社員がほとんど僕に逆らわなくなってしまっていた。社長を辞めてから気が付きましたが、僕はその時点で『裸の王様』になっていたんです」

（前出ＪＢｐｒｅｓｓ、カッコ内は筆者の補足）

この点に関して、社内における西久保氏の力を裏づけるデータがあります。図表３-17は、西久保氏がスカイマークに対して投じた私財の金額をまとめたものです。

この図表を見ると、西久保氏は社長就任前の２００３年10月の第三者割当増資に始まり、その後も増資や融資を引き受け続けています。自身が創業したＩＴ企業が上場したと

◉図表3-17　西久保氏のスカイマークへの投融資金額

時期	増資・融資の内容	金額（百万円）
2003年10月７日	第三者割当増資（6.7万株）	3,000
2005年９月１日	第三者割当増資（473.4万株）	2,850
2007年３月期	融資	3,100
2008年11月21日	第三者割当増資（1,000万株）	1,150
2015年３月期	融資	700
合計		10,800

きに得た資金を、スカイマークに注ぎ込んだのです。最終的に、その累計金額は１０８億円にまで大きくなりました。

この金額は、西久保氏のスカイマークの経営に対するコミットメントの高さを示しています。加えて、スカイマーク社内における西久保氏の影響力が非常に大きなものになっていたと推測できます。

債務超過に陥っていたスカイマークの経営を豪腕で立て直し、しかも私財を投げ打って金銭面でも会社を支えてきた西久保氏に対して、社内で反対意見を述べることは極めて難しくなっていたのかもしれません。その結果、「Ａ３８０の導入を言い出した時も、誰も反対しなかった」（西久保氏）という状態に陥ってしまったのでしょう。

どうすれば黒字倒産せずに踏みとどまれるのか？

キャッシュ・マネジメントの重要性

ここまで、日本綜合地所、アーバンコーポレイション、ノエル、ランドコム、江守ＨＤ、スカイマークと様々な黒字倒産の事例を見てきました。これらの企業の事例から言えることは、**企業の生命線をつなぐうえで、キャッシュ・マネジメントが非常に重要**だということです。要は、資金がもつのか（事業を継続するために十分なのか）どうかをシビアに想定したうえで、様々な意思決定を行なう必要があるということです。

いくらＰ／Ｌ上で黒字だとしても、キャッシュ・マネジメントがうまくいかずに支払うべき資金が不足すれば、その会社はいとも簡単に倒産してしまいます。ですから、企業は細心の注意を払ってキャッシュ・マネジメントを行なわなければなりません。

企業経営にリスクはつきものだが……

ただし、ここで難しいのは、**積極果敢な経営と無謀な経営は紙一重**ということです。これまで見てきたケースからもわかるように、黒字倒産した企業の多くは、倒産する直前まで好業績を見せていました。もしも、これらの企業が倒産していなければ、積極果敢な意思決定によって成功した高成長企業だと称賛されていたかもしれないわけです。

企業の経営を成功させるうえで、リスクはつきものです。リスクを取らずに経営した結果、業績がジリ貧になってしまった企業もまた、少なくはないのです。このあたりのさじ加減は、本当に難しいところです。

この点について、ＨＩＳやスカイマークの創業者である澤田氏は、スカイマーク破綻直後のインタビューで、Ａ３８０の導入の意思決定に関して次のように述べています。

「確かにＬＣＣはまだ入ってきていなかったので、競争にはさらされず、利益が膨らむ可能性はあった。まあ半分は正解で、半分は錯覚」

（週刊東洋経済２０１５年2月28日号）

もしも、スカイマークがＬＣＣの台頭や円安といった外部環境要因の変化にさらされていなければ、その意思決定は果敢なチャレンジとして評価された可能性もゼロではなかったのです。しかしながら、澤田氏は同じインタビューで、次のようにも述べています。

「本来なら、いちばんいいときにこそ脇を締めなくてはいけない。最悪の事態さえ視野に入れないとダメ。航空会社なら、円安や燃料高、ＬＣＣの台頭など環境の悪化を頭に入れる必要がある。もしそこまで考えていれば、あの判断にはならない」

チャレンジ精神を持ち続けながら、最悪の事態が起こるリスクを想定し、その場合でも経営が破綻しないように手を打っておく――。経営者には、一見すると相矛盾する２つの姿勢を両立することが求められるのです。

経営へのチェック機能を働かせるにはどうすべきだったのか？

とはいえ、個人一人の能力には限界があるため、経営者の姿勢にすべてを委ねるわけにはいきません。

例えば、スカイマークの西久保氏は、インタビューで倒産直前の自社に対する認識について、「迂闊と言えば迂闊ですが、違約金を求められるまでは会社が破綻するとは思っていませんでした」（前出ＪＢｐｒｅｓｓ）と語っています。一方で澤田氏は、「（Ａ３８０を６機発注するという事実に対して）それがわかってからはちょっと度が過ぎているなあと思った。スカイマークに何千億円と払う体力などないのはわかっていた」（前出週刊東洋経済、カッコ内は筆者の補足）と述べています。

ここで指摘したいのは、西久保氏の経営者としての能力が澤田氏に劣っているということではありません。西久保氏は、自身が創業したIT企業を上場させ、その後一時はスカイマークの経営立て直しに成功した経営者ですから、確かな経営手腕を持っていたはずです。それにもかかわらず、経営破綻の半年前の段階で自社が倒産する危険性を認識していなかったという事実は、**一個人としての経営者の能力にはやはり限界があり、経営に対して他者の目によるチェック機能を働かせることが重要である**ことを示しています。

例えば、取締役会に経営上の意思決定に対する監督機能を持たせることも非常に効果的でしょう。また、他の経営者とのネットワークからアドバイスをもらう、金融機関との関係を強化してメインバンクをつくる、といった形で**自社以外の目を活用する**ことも、経営に対するチェック機能を強化するうえで大事なことです。

会計思考Note ③

「継続企業の前提に関する事項の注記」とは?

企業の有価証券報告書を読んでいると、**「継続企業の前提に関する事項の注記」**(以下、**GC注記**)が記載されていることがあります。そもそも、企業の財務諸表は、今後も事業活動が継続するという前提(=**継続企業の前提**)で作成されています。

日本公認会計士協会が公表した監査・保証実務委員会報告第74号「継続企業の前提に関する開示について」によれば、**「継続企業の前提に重要な疑義を生じさせるような事象又は状況が存在する場合」**かつ**「当該事象又は状況を解消し、又は改善するための対応をしてもなお継続企業の前提に関する重要な不確実性が認められるとき」**には、GC注記が必要になるとされています。

また、この注記を開示するまでには至らなくても、「継続企業の前提に重要な疑義を生じさせるような事象又は状況が存在する場合」には、有価証券報告書の**「事業等のリスク」**と**「財政状態、経営成績及びキャッシュ・フローの状況の分析」**にその旨およびその内容等を記載(以下、**「重要事象の記載」**と呼びます)しなければなりません。

ここで、重要事象の例としては、図表3-18に示すようなものが挙げられています。こ

◉図表3-18　重要事象の例

分類	例示
財務指標関係	・売上高の著しい減少 ・継続的な営業損失の発生または営業ＣＦのマイナス ・重要な営業損失、経常損失または当期純損失の計上 ・重要なマイナスの営業ＣＦの計上 ・債務超過
財務活動関係	・営業債務の返済の困難性 ・借入金の返済条項の不履行または履行の困難性 ・社債等の償還の困難性 ・新たな資金調達の困難性 ・債務免除の要請 ・売却を予定している重要な資産の処分の困難性 ・配当優先株式に対する配当の遅延または中止
営業活動関係	・主要な仕入先からの与信または取引継続の拒絶 ・重要な市場または得意先の喪失 ・事業活動に不可欠な重要な権利の失効、人材の流出、重要な資産の毀損、喪失または処分 ・法令に基づく重要な事業の制約
その他	・巨額な損害賠償金の負担の可能性 ・ブランド・イメージの著しい悪化

出所：日本公認会計士協会「継続企業の前提に関する開示について」（監査・保証実務委員会報告第74号）より筆者作成

れらは、いずれも企業の事業の継続を困難にする可能性が高い事象だと言えるでしょう。

本章で取り上げたスカイマークのケースでも西久保氏が語っているように、**ＧＣ注記が付くと、一般的には新たな増資を行なうことや融資を受けることが困難になります。**したがって、ＧＣ注記が付くということは、その会社の存続に対してレッドカードが提示されている状態に近いと言ってもよいかもしれません。

誤解のないよう補足しておきますが、財務諸表を作成する責任は経営者にあります。ですから、自社にとって継続企業の前提が適切であるかどうかの評価は経営者が行なうべきものであり、

GC注記を記載するかどうかは経営者が判断するというのが前提です。

したがって、133ページの「監査法人からゴーイングコンサーンの注記を付けられてしまった」という西久保氏の発言は必ずしも正確なものではありません。しかし、監査法人から「GC注記を付けなければ監査意見を表明することはできません」と言われれば、経営者はいくら不本意であってもGC注記を付けざるを得なくなります。こうした背景があるので、経営者は「GC注記を付けさせられた」という意識になってしまうのでしょう。

ところで、このGC注記には次の4点を記載する必要があります。

① 当該事象又は状況が存在する旨及びその理由
② 当該事象又は状況を解消し、又は改善するための対応策
③ 当該重要な不確実性が認められる旨及びその理由
④ 財務諸表は継続企業を前提として作成されており、当該重要な不確実性の影響を財務諸表に反映していない旨

例えば、本章で取り上げたスカイマークにおいても、2015年3月期第2四半期報告書のGC注記のなかで、業績や現預金残高の状況、そしてA380の違約金等についてその状況を記述したうえで、どのような対応策をとっているか、それでもなお不確実性が認

◉図表3-19　GC注記、重要事象の記載件数の推移（3月期決算企業）

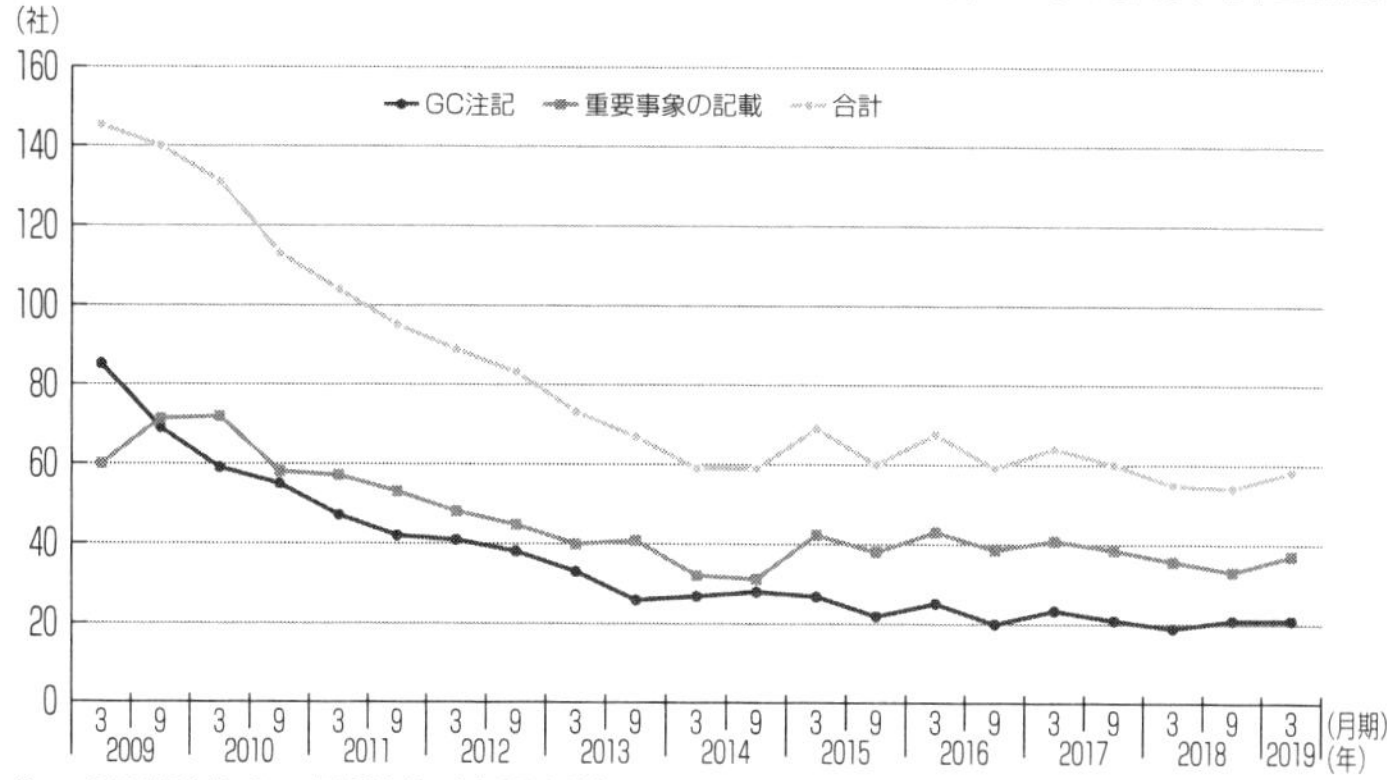

注：９月期は第２四半期決算（中間決算）
出所：東京商工リサーチ「2019年３月期決算 上場企業『継続企業の前提に関する注記』調査」より筆者作成

められることと、その理由について記載され、それらの不確実性の影響は財務諸表に反映されていないことが述べられています。

東京商工リサーチの調査によると、ＧＣ注記と重要事象の記載の件数は２００９年３月期から減り続け、２０１４年３月期以降は60件前後で推移しています。２０１９年３月期にＧＣ注記または重要事項の記載があった58社を理由別に分類すると、売上減少や損失計上といった「本業不振」が49社（構成比84・５％）で、次いで「資金繰り・調達難」が８社（同13・８％）となっています。

また、２０１０年以降に倒産した上場企業30社のうち28社が、倒産直前の決算においてＧＣ注記または重要事象を記載しています。

よって、**ＧＣ注記や重要事象の記載は倒産に対する重要なシグナル**と言えるでしょう。

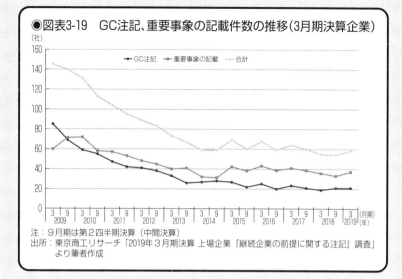

第３章のまとめ

☑ 黒字倒産の原因は、①棚卸資産（不良在庫）の増加、②売上債権（受取手形・売掛金）の焦げつき、③無理な投資の３つに分けられる

☑ リーマン・ショック後の新興不動産会社の倒産は、販売用不動産が売却できなくなったことが主な原因

☑ 江守ＧＨＤは、中国事業における売上債権の回収ができなくなって倒産した

☑ スカイマークは身の丈に合わない投資（Ａ380の導入）が原因で資金繰りがつかなくなった

☑ 経営者には、積極果敢に経営するためのチャレンジ精神と、最悪の事態が起こるリスクも想定して手を打っておく姿勢の双方が求められる

第4章

粉飾決算の手口を見抜く

――「あぶない決算」にだまされない財務諸表の読み方

粉飾決算の手口とは？

粉飾決算にだまされないために

本章では、様々な粉飾決算の手口について解説していきますが、その前に粉飾決算が行なわれる理由について確認しておきましょう。粉飾決算は、ステークホルダーの目から「不都合な真実」を隠すために行なわれます。例えば、次のような理由が挙げられます。

① 株価の維持を目的として、投資家に対して業績をよく見せたいため
② 上場企業が株式市場の上場廃止基準に抵触しないようにするため
③ 銀行などの金融機関に対して業績をよく見せるため

いずれのケースにおいても、粉飾決算は上辺の業績を取り繕うために行なわれるわけですが、その「歪み」は財務諸表に現れます。粉飾決算にだまされないためには、こうした歪みを見逃さないことが肝心です。本章では、第1章、第2章で解説した技術を活用して、

こうした歪みを見逃さないための手法について解説します。

粉飾決算の3つのパターン

粉飾決算を行なうためのテクニックには様々なものがありますが、そのパターンは大きく次の3つに分けることができます。

① P／L（損益計算書）において売上高や利益を過大に計上する
② キャッシュ・フロー計算書における営業CFを水増しする
③ B／S（貸借対照表）上の純資産を水増しし、財務基盤を強く見せかける

1つ目は、P／L上の売上高や利益を過大に見せるための粉飾です。近年、企業の業績を評価する際のキャッシュ・フローの重要性が認識されつつあるとはいえ、やはり依然としてP／Lが重要であることに変わりはありません。こうしたことから、P／L上の売上高や利益を過大に見せる企業が後を絶たないのです。

2つ目は、キャッシュ・フロー計算書上の営業CFを水増しして、過大に見せる粉飾です。後ほど詳しく説明しますが、**ジャスダック市場では5期連続で営業利益と営業CFの**

双方が揃ってマイナスの場合、上場廃止基準に抵触することになります。したがって、4期連続で営業利益と営業ＣＦがマイナスの企業では、上場廃止を逃れるために、営業ＣＦをプラスにするような粉飾を行なう動機が生まれます。

また、1つ目のパターンで紹介したＰ／Ｌ上の売上高や利益を過大に見せる粉飾を行なった企業では、Ｐ／Ｌ上の売上高や利益が急増しているにもかかわらず、売上債権等が過大になり営業ＣＦが大赤字という状況がよく見られます。こうした状況が長く続けば、投資家サイドからその業績に疑問符がつけられてしまいます。そこで、営業ＣＦを水増ししてごまかそうとする粉飾が行なわれるわけです。

3つ目は、Ｂ／Ｓ上の財務基盤を強化したように見せかける粉飾です。**通常、上場企業では2期連続で債務超過の状態に陥ると、上場廃止基準に抵触し、上場を廃止しなければなりません。**そこで、Ｂ／Ｓにおける**純資産**を水増しして、債務超過ではないように見せる粉飾が行なわれるのです。こうした粉飾は、経営危機に陥った企業の株価を上向かせる目的で行なわれることもあります。

これらの粉飾の手口とケースについて、次節以降で詳しく解説していきます。

売上高や利益を過大に見せるための粉飾

売上の過大計上により利益を水増しする

最初に取り上げるのは、P／L上の売上高を水増ししたり、費用を過小計上したりすることで利益を過大計上し、業績をよく見せようとする粉飾です。

売上高を水増しする方法としては、**受注伝票の改ざん**や**売上高の前倒し計上**などが挙げられます。東芝による粉飾決算の事例では、工事進行基準（売上をプロジェクトの進捗状況に応じて期ごとに計上する方法）を悪用した売上高や利益の前倒し計上が行なわれていました。

このように、売上高や利益を水増しする手口は様々ですが、架空の売上高を計上したり、本来、来期以降の売上高として計上すべきものを前倒しで計上したりしている点は共通しています。

まずは、主に売上高を過大に計上する粉飾決算を行なった会社の事例を通じて、そのような会社の財務諸表が、どのような姿になるかを説明することにします。

◉図表4-1　ＯＨＴの主要業績データ（連結）

（単位：百万円）

(4月期)	2002年	2003年	2004年	2005年	2006年
売上高	1,930	2,242	3,086	4,030	4,952
経常利益	63	106	121	135	268
当期純利益	30	55	56	69	153
営業CF	−597	−234	−480	−744	−278
投資CF	−30	−29	−202	−200	−397
財務CF	74	416	575	910	1,090
FCF（＝営業CF＋投資CF）	−627	−263	−682	−945	−675

売上高を水増ししたＯＨＴのケース

ここで取り上げるケースは東証マザーズに上場していた電気検査装置メーカーのオー・エイチ・ティー（以下、ＯＨＴ）です。２００８年６月６日付の日本経済新聞では、ＯＨＴは２００６年４月期に売上高を水増しし、赤字決算を黒字決算に装った疑いがあるとして、証券取引等監視委員会が強制調査を行なったと報道されています。

まず、図表４－１に示したＯＨＴの主要な業績データから確認していきます。同図表を見ると、ＯＨＴの売上高は、２００２年４月期の19億３０００万円から２００６年４月期の49億５２００万円へと増加しています。第1章で取り上げたＦＯＩほどではありませんが、それでも売上高は倍以上になっています。

また、同じ期間に、経常利益は６３００万円から2億６８００万円へ、当期純利益は３０００万円から1億５３００万円へと増加しています。

一方で、キャッシュ・フローのデータのうち営業ＣＦとＦＣＦ

◉図表4-2　OHTの要約連結キャッシュ・フロー計算書（営業CF）

（単位：百万円）

科目	2005年4月期	2006年4月期
営業活動によるキャッシュ・フロー		
税金等調整前当期純利益	101	268
減価償却費	39	53
…	…	…
売上債権の増減（マイナスは増加）	−616	322
棚卸資産の増減（マイナスは増加）	−340	−1,186
その他流動資産の増加額（マイナスは増加）	−13	−10
仕入債務の増減（マイナスは減少）	58	280
…	…	…
小計	**−680**	**−212**
利息及び配当金の受取額	0	0
利息割引料の支払額	−30	−23
法人税等の支払額	−35	−44
営業活動によるキャッシュ・フロー	**−744**	**−278**

（＝営業ＣＦ＋投資ＣＦ）は5期連続のマイナスです。つまり、慢性的なキャッシュ不足となっているので、その穴埋めは財務ＣＦにより行なわれています。実際、５期分のＦＣＦの累計額がマイナス31億９２００万円なのに対し、同期間の財務ＣＦの累計額は30億６５００万円で、ほぼＦＣＦのマイナス額が財務ＣＦでカバーされていることがわかります。この構図は、第1章で取り上げたＦＯＩと同じです。

次に、図表４－２に示したＯＨＴの営業ＣＦのデータを確認します。

この図表を見ると、２００５年４月期では**売上債権**が6億１６００万円の増加（その分、キャッシュ・フローは減少）、**棚卸資産**も3億４０００万円増加（その分、キャッシュ・フローは減少）しています。２００６年４月期には売上債権が3億２２００万円減少していますが、棚卸資産の増加の幅は大きくなり、11億8600万円の増加です。売上債権が積み上がりすぎたため、売上債権を減らす代わりに棚卸資産を水増しすることで、売上高や利益を過大に計上した可能性があります。

B／Sの詳細なデータは割愛しますが、2006年4月期における受取手形・売掛金は23億9000万円、棚卸資産は25億7600万円計上されています。これをもとに回転期間を計算すると、売上債権回転期間は176日、棚卸資産回転期間は190日です。日本政策投資銀行の『産業別財務データハンドブック2018』によると、産業用電気機器製造業の売上債権回転期間の平均が約3ヶ月（約90日）、棚卸資産回転期間の平均が約2ヶ月（約60日）ですから、FOIほどではないものの、**OHTの売上債権と棚卸資産は過大だと言えます**。

OHTは、こうした資産の過大計上によりP／L上の売上高、利益を粉飾していたのですが、**会社の経営実態はキャッシュ・フロー計算書に表れていたのです**。

売上の過大計上をどう見抜くか？

FOIとOHTの事例を踏まえると、売上高を水増しした企業の財務諸表には、次の3つの特徴がありました。

①　売上高および利益が急激に増加していること
②　営業ＣＦが慢性的なマイナスであること、そしてその主な要因が売上債権および棚卸資産の増加であること
③　売上債権回転期間および棚卸資産回転期間が業界平均と比較して長期であること

多くの粉飾決算の目的が自社の収益性、成長性をよりよく見せて、資金調達を行なうことだと考えれば、粉飾決算の結果としてＰ／Ｌ上の売上高、利益が増加しているように見えるのは当然のことです。

しかし、架空売上を計上した代償として、回収できない売上債権が滞留し、積み上がることになります。また、それを棚卸資産につけ替えたり、売上原価を過小に計上するための棚卸資産の過大計上を併せて行なったりすることにより（この点については後ほど詳しく説明します）、棚卸資産の金額も過大になります。その結果、売上債権回転期間や棚卸資産回転期間が長期化するのです。

また、こうした売上債権や棚卸資産は架空のものですから、それが現金を生み出すことはあり得ません。したがって、営業ＣＦは慢性的なマイナスとなり、そのマイナスを埋めるために資金調達を行なう（財務ＣＦで営業ＣＦのマイナスの穴埋めをする）必要があります。そして、新たな資金調達を行なうためには売上高や利益が成長しているように見せ

る必要が生じます。その結果、架空売上の計上を繰り返し、粉飾の規模が膨らんでいくという悪循環に陥るわけです。このような**売上高を水増しして利益を過大に見せる粉飾にだまされないようにするためには、営業CF、売上債権、棚卸資産が異常な状況になっていないかをチェックする**ことが重要なのです。

架空循環取引とは？

売上を過大計上する手口のなかで近年非常によく使われ、しかも外部から見抜くのが難しいのが、「**架空循環取引**」です。架空循環取引とは、図表4－3に示すように、架空の商材を複数の取引先との間で売買する取引を繰り返すものです。

近年においては、東証一部上場企業である**ネットワンシステムズ**が主導して、架空の官公庁向けの取引を使った架空循環取引が行なわれたという事例が発覚しました。この取引には、**日鉄ソリューションズ**、**東芝ＩＴサービス**、**富士電機ＩＴソリューション**、**みずほ東芝リース**のほか、複数の非上場ＩＴ系企業などが関与しており、取引の総額は少なくとも４００億円を超えると見られています（２０２０年1月25日付日本経済新聞朝刊）。

架空循環取引の目的は、その取引により売上を過大計上し、利益を水増しすることですから、販売価格は購入価格を上回るように設定しなければなりません。したがって、取引

◉図表4-3　架空循環取引

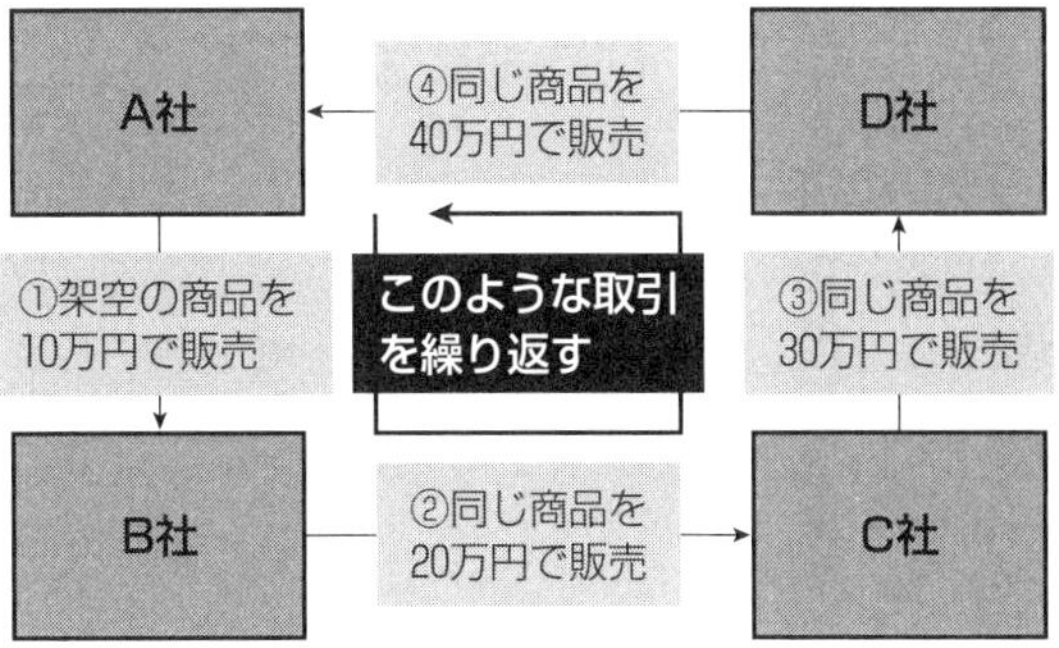
A社
④同じ商品を
40万円で販売
D社
①架空の商品を
10万円で販売
このような取引
を繰り返す
③同じ商品を
30万円で販売
B社
②同じ商品を
20万円で販売
C社

が繰り返されるたびに同じ架空の商品の価格は10万円、20万円、30万円、40万円……と、どんどん高くなり、取引金額が大きくなっていきます。

こうした**架空循環取引に手を染めた企業では、その取引による売上金額が膨れ上がっていくため、売上高が急速に増加しているように見えます。**したがって、架空循環取引を行なっている会社が、高成長企業のように見えたとしても不思議ではありません。

架空循環取引はどのように発覚するのか？

架空循環取引が粉飾決算の手口としてよく使われるにもかかわらず、発覚しにくい理由としては、**架空循環取引の取引先が実在し、売上代金の決済も行なわれるケースが多い**というポイントが挙げられます。加えて、**取引先との口裏合わせや取引書類の偽造**などが行なわれて、取引や在庫の実在性までも偽装されると、発見することが難しくなります。

しかし、架空循環取引に参加した企業の1つが経営破綻するなどして資金の循環が途絶えると、循環取引のカラクリは一気に回らなくなり、膨らみに膨らんだ巨額の売上代金が焦げつきます。こうして粉飾決算が明るみに出ることが多いのです。

また、架空循環取引の金額が大きくなっていくなかで、**監査**や**内部通報**によって不正が発覚し、架空循環取引の枠組みが破綻するケースもあります。

先ほど取り上げたネットワンシステムズや日鉄ソリューションズ、東芝ＩＴサービスなどが関与したケースでは、国税庁から「納品の事実が確認できない取引があると指摘された」ことから、架空循環取引が行なわれていることが明らかになりました（２０２０年１月22日付日本経済新聞夕刊）。

架空循環取引を行なったＩＸＩのケース

ここで事例として取り上げるのは、情報サービスなどを手掛けているＩＴ企業の**アイ・エックス・アイ**（以下、ＩＸＩ）です。ＩＸＩは、２００４年3月に東証二部に上場しましたが、その後、２００６年9月の中間決算期に、監査法人からの指摘で取締役らの幹部が関与する架空循環取引が発覚し、２００７年1月21日には大阪地裁に民事再生法の適用を申請しました。さらに、同社の経営陣は、金融商品取引法違反の容疑で逮捕され、有罪判決を受けています。

先ほど述べたように、架空循環取引は取引先が実在するうえに、売上代金の資金決済が実際に行なわれているケースでは、外部から粉飾の存在を見抜くことが難しいことが多いのですが、ここでは財務諸表等のデータから架空循環取引を見抜くポイントを解説しましょう。

■IXIの主要業績データ

まず、IXIの主要業績データから見ていきます。次ページの図表4－4は、2002年3月期から、粉飾決算が発覚する直前期である2006年3月期までの損益とキャッシュ・フローのデータをまとめたものです。

損益の状況を見てみると、売上高は2002年3月期には25億9100万円だったものが、2006年3月期には403億3500万円にまで増加しています。また、経常利益は同期間で5億6000万円から32億7600万円に、当期純利益は3億2000万円から17億8600万円に増加しています。これらのデータからは、売上高も利益も大きく成長しており、業績には問題がないように見えます。

◉図表4-4　IXIの主要業績データ（連結）

（単位：百万円）

（3月期）	2002年	2003年	2004年	2005年	2006年
売上高	2,591	5,525	11,347	17,629	40,335
経常利益	560	653	878	1,389	3,276
当期純利益	302	345	499	770	1,786
営業CF	－142	－528	412	784	－1,371
投資CF	－625	－479	－665	－1,186	－1,548
財務CF	698	877	2,370	816	4,593
FCF（＝営業CF＋投資CF）	－767	－1,007	－253	－402	－2,918

キャッシュ・フローのほうには、やや問題がありそうです。営業ＣＦは５期中３期でマイナスとなり、２００６年３月期には営業ＣＦの赤字額は13億７１００万円に達しています。

さらにＦＣＦを見てみると、５期連続で赤字です。しかも、２００６年３月期には29億１８００万円という最大の赤字を記録しています。

その結果、ＩＸＩでは慢性的にキャッシュが不足しており、その穴埋めを財務ＣＦによって行なっています。つまり、キャッシュ不足を借入れや増資によってカバーしていたのです。

また、この５期における財務ＣＦによる資金調達額は累計で93億５４００万円に上っており、ＦＣＦ（投資も含めた必要なキャッシュの金額を表します）の５期分の累計額マイナス53億４７００万円を大きく上回っています。ＩＸＩは運転資金の不足を補うために、資金調達に奔走せざるを得なかったのではないかと推察されます。

このように、ＩＸＩに関しても、損益とキャッシュ・フローのデータの間には大きなギャップがあります。損益から見えてくるＩＸＩは優良企業、キャッシュ・フローから見えてくるＩＸＩは資金繰りに汲々《きゅうきゅう》とする企業です。このギャップが、ＩＸＩの決算に対して最初に疑問を感じるポイントだという点は、これまでの粉飾決算企業の事例と同様です。

ただし、スタートアップ企業や実際に事業が急成長している企業などで資金需要が大きい場合、営業ＣＦやＦＣＦが一時的にマイナスになることは珍しくありません。したがって、営業ＣＦやＦＣＦがマイナスというだけでＩＸＩが粉飾決算を行なっていると判断することは難しいでしょう。

ＩＸＩのキャッシュ・フロー計算書

ＩＸＩのキャッシュ・フローについて、もう少し詳しく解説しましょう。

次ページの図表４－５は、ＩＸＩのキャッシュ・フロー計算書から、営業ＣＦの部分を抜粋したものです。

営業ＣＦの内訳で特に目立つのは、太枠で囲った部分の「売上債権の増減」および「棚卸資産の増減」の金額の大きなマイナスです。ＩＸＩで行なわれていた粉飾は架空売上の計上でした。こうした架空売上は本質的にはキャッシュを生み出しませんから、最終的には棚卸資産（在庫）や売上債権（受取手形や売掛金）が積み上がっていくはずです。

◉図表4-5　IXIの要約連結キャッシュ・フロー計算書（営業CF）

（単位：百万円）

科目	2005年3月期	2006年3月期
営業活動によるキャッシュ・フロー		
税金等調整前当期純利益	1,395	3,275
減価償却費	511	303
…	…	…
売上債権の増減（マイナスは増加）	−1,379	−3,077
棚卸資産の増減（マイナスは増加）	−1,082	−3,381
仕入債務の増減（マイナスは減少）	1,692	2,386
その他	129	−69
小計	**1,293**	**−524**
利息及び配当金の受取額	0	0
利息の支払額	−24	−32
法人税等の支払額	−485	−815
営業活動によるキャッシュ・フロー	**784**	**−1,371**

しかし、IXIが行なっていたような架空循環取引において、売上代金の資金決済が実際に行なわれていた場合、売上債権や棚卸資産の増加分は架空循環取引によって生じた手数料（架空循環取引を行なうにあたって上乗せされた利益分）のみになります。

したがって、**IXIの架空循環取引による売上債権や棚卸資産の増加額は、先に述べたOHTや第1章で取り上げたFOIのような単純な架空売上の計上に比べると緩やかであり、より見抜くのが難しいと言えます。**

IXIのB/S

IXIのB/Sについても見てみましょう。図表4-6は、IXIの連結B/Sの資産の部を抜粋し、要約したものです。

◉図表4-6　IXIの要約連結B／S（資産の部）

（単位：百万円）

科目	2005年3月期	2006年3月期
（資産の部）		
流動資産	**8,738**	**16,990**
現預金	2,779	4,452
受取手形・売掛金	2,843	5,920
棚卸資産	3,052	6,433
その他	64	184
固定資産	**1,813**	**2,986**
有形固定資産	**1,193**	**2,523**
建物附属設備	26	23
航空機	1,133	1,004
器具備品	34	33
建設仮勘定	－	1,462
無形固定資産	303	190
投資その他の資産	317	274
繰延資産	11	24
資産合計	**10,563**	**20,000**

同図表の太枠部分を見ると、2006年3月期に計上された受取手形・売掛金は59億2000万円、棚卸資産は64億3300万円です。架空売上の計上に伴って、受取手形・売掛金や棚卸資産が総資産に占める割合が大きくなっています。

しかしながら、IXIでは売上高が急激に膨張しているため、売上高の金額に対する受取手形・売掛金や棚卸資産の金額の割合は、それほど不自然なものに見えなくなってしまっています。実際に回転期間分析を行なってみると、

◉図表4-7　IXIの従業員一人当たり売上高の推移

(3月期)	2002年	2003年	2004年	2005年	2006年
売上高（百万円）	2,591	5,525	11,347	17,629	40,335
従業員数（人）	53	60	66	99	130
従業員一人当たり売上高(百万円)	48.9	92.1	171.9	178.1	310.3

２００６年３月期の売上債権回転期間は54日、棚卸資産回転期間は58日であり、突出しておかしな水準ではありません。

したがって、**粉飾決算の有無を見抜くには、急激な売上高の成長が真実であり、売上が実在しているのかどうかがポイント**となります。

なお、有形固定資産の「航空機」の金額の大きさが目を引きますが、これは２００４年10月にチャーター便を飛ばす航空ベンチャーを買収したことに伴うものです。

IXIの売上は実在するのか？

ＩＸＩの売上高の伸びが適正かどうかを判断するために、図表４－７の従業員一人当たり売上高の推移を見ます。この図表から、ＩＸＩの従業員一人当たり売上高は、２００２年３月期には４８９０万円だったのが、２００６年３月期には３億１０３０万円と、６・３倍以上になっていることがわかります。

通常のビジネスであれば、売上の成長に伴って従業員数も増加するのが普通です。ＩＸＩのような従業員一人当たり売上高の伸びが実現するためには、ビジネスモデルの大きな変更などが必要となるはずですが、ＩＸＩの有価証券報告書を見る限り、特にそうした記述は見当たりません。こうした点を踏まえると、ＩＸＩの売上高の成長は適正なものとは考えにくく、売上が実在するかどうかが疑わしい状況だと推測できます。

仮に、２００2年3月期の従業員一人当たり売上高（４８９０万円）が妥当だとして、２００6年3月期の従業員数を掛け合わせて２００６年年3月期の実質的な売上高を推定すると、約63億５７００万円となります。これは、２００６年3月期に計上された売上高の約15・８％に相当することから、計上された売上高の約84・２％は架空循環取引による架空売上高ではないかと推定されます。

実際、２００7年3月1日付の日本経済新聞によると、ＩＸＩの元常務が「売上の８～９割は水増しだった」と説明しており、上記の推定がほぼ正しいことがわかります。

架空循環取引を見抜くためのポイントとは？

ＩＸＩは同社の取締役が主導して架空循環取引を行なうことにより、架空の売上を計上してＰ／Ｌを粉飾していました。この循環取引には、少なくともＩＴ関連企業約20社が参加していたようです（週刊東洋経済２００7年5月31日号）。

繰り返しになりますが、架空循環取引の場合、売上代金の資金決済が実際に行なわれていると、売上高の伸びに比べて売上債権や棚卸資産の増加のスピードが緩やかになるため、外部から粉飾決算の存在を見抜くことが難しくなります。こうしたことが、近年になって架空循環取引による粉飾が増加した1つの要因でしょう。

売上代金の資金決済のある架空循環取引が行なわれているかどうかを見抜くポイントは、**「売上高の伸びが適正なものであるかどうか？」**という点になります。ＩＸＩの場合は、特にビジネス上に大きな変化があったわけではないにもかかわらず、従業員一人当たり売上高が異常な伸びを示している点にヒントが隠されていました。実際のビジネスを想定し、従業員数がそれほど増えていないにもかかわらず、売上高が急成長しているという状況をどう判断するかが、架空循環取引を見抜くための鍵であったと言えます。

ＩＸＩのケースでは、従業員一人当たり売上高の異常な伸びから粉飾の可能性を推測することができましたが、架空循環取引は、外部からの分析では見抜きにくいことも事実です。本書では詳細には取り上げませんが、２００８年に発覚した情報システム会社の**ニイウスコー**（東証二部上場）における架空循環取引は、巨額の特別損失を計上した２００７年６月期以前に公表された財務諸表等のデータから粉飾決算を見抜くのが非常に難しいケースでした。こうしたケースの場合、**監査などにより取引や在庫が実在するのかどうかを確認することが必要**になります。

費用を過小計上して利益を過大に見せる

本来費用として計上すべきものを資産計上して費用計上の先送りをしたり、費用を過小計上したりすることで、**利益を水増しするケースもあります。**例えば、アミューズメント施設を運営するアリサカの事例では、棚卸資産を過大に計上することによる売上原価の過小計上や、減価償却費の過小計上などが行なわれていたとされています（2008年8月13日付宮崎日日新聞朝刊）。

ここでは、費用を過小計上して利益を過大に見せる手口として用いられる、棚卸資産を水増しして売上原価を過小計上し、その結果として利益を過大に見せる粉飾について解説します。

棚卸資産を水増しして売上原価を過小計上する

棚卸資産を水増しすることで売上原価を過小計上し、その分利益を過大計上するカラクリについてまとめたのが、次ページの図表4－8です。通常、P／Lに計上される売上原価は、期首の商品在庫金額に期中の商品仕入額を加え、そこから期末の在庫金額を差し引いて計算します（同図表の左側を参照）。

◉図表4-8　棚卸資産の水増しによる売上原価の過少計上

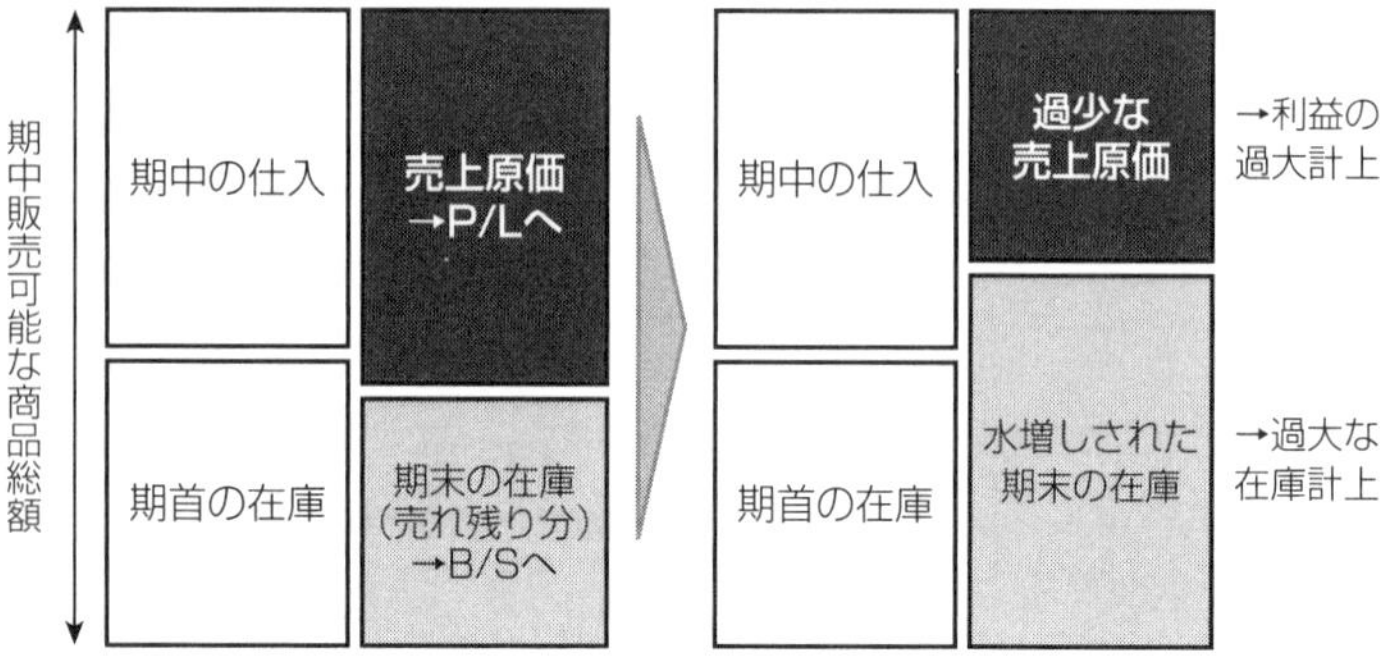

　ここで、期末の在庫を水増しすると、どうなるでしょうか。同図表の右側の図に示すように、**期末の在庫が過大計上されるため、期中の売上原価が過小に計上されます。その結果、利益が過大計上されることになる**わけです。

　このような粉飾を行なうと、P／Lの利益が過大になるとともに、B／Sに計上される棚卸資産も過大になります。その期末在庫は翌期の期首在庫となりますから、翌期も利益額を増やす粉飾を行なうためには、翌期の期末在庫をさらに膨らませる必要があります。こうした粉飾を続けると、B／Sに計上される棚卸資産の金額がどんどん膨張していきます。

　売上が増加しないのに棚卸資産だけが膨らむと、棚卸資産回転期間が長期化していることがすぐに目立ってしまうため、前で説明した売上高を過大に見せる粉飾とセットで行なわれることが多いわけです。

クリムゾンのケース

ここでは、在庫を過大計上する粉飾を行なった事例として、「ＰＩＫＯ」などのブランドを展開してカジュアル衣料販売を手掛けるクリムゾン（ジャスダック上場）を取り上げます。

クリムゾンは、２００６年１月期の中間決算以降、担当取締役の了承のもと、業績目標を達成するために、**実際には存在しない在庫を不適切に計上するとともに、倉庫在庫の価格を水増しするなどして、在庫評価額を過大計上していた**と報道されています（２００７年10月２日付日本経済新聞朝刊）。

この粉飾決算は、監査を担当する新日本監査法人（現・ＥＹ新日本有限責任監査法人）の指摘により発覚し、同社では、その担当取締役を解任した後、社長が引責辞任する事態となりました。

クリムゾンでは、粉飾決算を行なったうえで開示した財務諸表と、粉飾決算を訂正した後の財務諸表を開示していますので、そのデータをもとに粉飾の内容を確認してみます。

次ページの図表４－９は、クリムゾンの２００６年１月期並びに２００７年１月期の主要な財務データの訂正前（すなわち、粉飾決算を行なった後の財務データ）と訂正後（すなわち、粉飾決算を行なう前の財務データ）を比較できるようにまとめたものです。

◉図表4-9　クリムゾンの主要財務データ

（単位：百万円）

	2006年1月期			2007年1月期		
	訂正前	訂正後	差異	訂正前	訂正後	差異
P／L						
売上高	18,589	18,589	0	15,722	15,673	49
売上原価	9,821	10,121	−300	8,256	8,860	−604
経常利益（経常損失）	1,077	776	300	−486	−1,140	653
当期純利益（当期純損失）	468	36	432	−463	−1,227	764
B／S						
受取手形・売掛金	4,569	4,569	0	3,441	3,389	52
棚卸資産	1,042	742	300	1,739	835	904
キャッシュ・フロー計算書						
営業CF	715	715	0	−1,104	−1,104	0
うち売上債権の増減額（マイナスは増加）	−209	−209	0	1,255	1,307	−52
うち棚卸資産の増減額（マイナスは増加）	225	526	−300	−485	119	−604
投資CF	−138	−138	0	−811	−811	0
財務CF	−729	−729	0	774	774	0

注：2006年1月期は単体決算、2007年1月期は連結決算

なお、クリムゾンでは２００６年１月期まで連結決算書類を作成していなかったので、２００６年１月期は単体決算、２００７年１月期は連結決算のデータとなっています。

また、同図表中の「差異」は、粉飾決算によって財務データがどう歪められたのかを示しています。

この図表を見ると、２００６年１月期の段階で期末の棚卸資産（在庫）を３億円水増しした結果、売上原価が３億円減少し、経常利益が３億円過大に計上されている様子がはっきりとわかります（図中の太枠で囲った部分を参照）。

同様に、２００７年１月期に

は、さらに棚卸資産を6億4００万円水増しして利益を過大に見せようとしています。その結果、B／Sに計上されている棚卸資産は2期分の水増しの合計金額である9億4００万円分過大に計上されています。

ところで、クリムゾンの財務データのうち、**営業CFに関しては粉飾決算の前後で金額が変わっていません**。これは、棚卸資産を過大計上することに伴う営業CFのマイナス分と利益の過大計上分がちょうど相殺されているからです。このケースでも、キャッシュ・フローには会社の真の姿が映し出されていると言えます。

また、金額としては大きくありませんが、２００7年1月期には売上債権を過大に計上し、売上高を水増ししようとする兆候が見られます。このまま放置されていたとしたら、売上債権の過大計上による売上高と利益の水増しと棚卸資産の過大計上による利益の水増しがセットで行なわれるようになっていたかもしれません。

この粉飾決算を、発覚前に会社の外部から見抜くことは果たしてできたのでしょうか。

粉飾決算が行なわれる前の２００5年1月期の財務データ（本書には未掲載）から棚卸資産回転期間を計算してみると26日となり、その後２００6年1月期では20日、２００7年1月期では40日と推移しています。

確かに、２００7年1月期の棚卸資産回転期間がやや長期化してはいますが、卸売業や小売業で売上高の1ヶ月分程度の棚卸資産を持っているのは普通ですから、このデータをもとに会社の外部から粉飾を見抜くことは難しいでしょう。

したがって、この段階で粉飾を見抜くためには、監査法人等による**在庫のチェックが重要**となります。実際、クリムゾンのケースでも粉飾が発覚したのは、監査を担当する新日本監査法人からの指摘を受けたことがきっかけだったと言われています。

営業CFを水増しする粉飾

なぜ営業CFを粉飾するのか？

続いて、営業CFが改ざんされる粉飾について取り上げましょう。これまで見てきたように、P／L上の売上高や費用の粉飾によって利益を過大に計上したとしても、営業CFは影響を受けませんでした。

なぜなら、P／L上の利益が水増しされた分、売上債権や棚卸資産といった営業資産が過大になり、利益の増加によるキャッシュ・フローのプラスと運転資本の増加によるキャッシュ・フローのマイナスが相殺されることで、営業CFそのものの数字は変わらないからです（このメカニズムについては、第2章の68～69ページを参照）。

したがって、売上や費用を過大計上してP／Lをきれいにお化粧しても、キャッシュ・フロー計算書には真の姿が浮かび上がってしまうことになります。それが、粉飾決算を行なった企業の営業CFがマイナスであった理由なのです。

しかし、P／L上の利益が黒字で増加基調が続いているにもかかわらず、営業CFの赤字が続いていれば、「粉飾決算が行なわれているのではないか？」という疑いの目を向けられる可能性があります。また、ジャスダック市場では、５期連続で営業利益と営業ＣＦの両方が揃ってマイナスとなった企業は、上場廃止基準に抵触して上場廃止となります。したがって、こうした企業には営業ＣＦを水増ししようという動機が生まれるわけです。

営業ＣＦを粉飾するための手口

どのような手口を用いれば、営業ＣＦを過大に粉飾することができるのでしょうか。大きく分けて、次の２つのやり方があります。

①　借入れなどにより調達した資金を財務ＣＦに計上するのではなく、営業ＣＦ上の入金として処理する
②　投資ＣＦで支出した資金を営業ＣＦ上の入金として還流させる

①の方法をとった場合、財務ＣＦには本来計上されるべき資金の収入が計上されないために、財務ＣＦが過小に計上され、その分だけ営業ＣＦが過大に計上されます。また、②の方法をとった場合、本来計上されるべきでない投資支出が計上されるため、投資ＣＦが

過小になり、その分だけ営業CFが過大となります。

●図表4-10　ソルガムHDの主要業績データ（連結）

（単位：百万円）

（3月期）	2013年	2014年	2015年	2016年	2017年
売上高	1,321	1,389	1,299	2,794	2,045
営業損失	−542	−738	−1,121	−2,266	−1,466
親会社株主に帰属する当期純損失	−455	−253	−1,275	−3,076	−1,358
営業CF	−320	−1,335	−1,148	−1,165	134
投資CF	−468	−403	−123	−231	−65
財務CF	718	1,543	2,183	563	957
FCF（＝営業CF＋投資CF）	−788	−1,738	−1,271	−1,396	68

ソルガム・ジャパン・ホールディングスのケース

それでは、営業CFを過大に計上する粉飾を行なった事例として、バイオ燃料事業などを手掛ける**ソルガム・ジャパン・ホールディングス**（以下、ソルガムHD）を取り上げます。

ソルガムHDでは、エネルギー作物のスーパーソルガムの種子販売を手掛け、ジャスダックに上場していましたが、上場廃止を免れるために営業CFを粉飾していたとして、2018年5月に証券取引等監視委員会が強制調査に踏み切ります。その後、ソルガムHDは2018年9月に上場廃止となり、証券取引等監視委員会は2019年3月に実質的経営者とソルガムHDを金融証券取引法違反（虚偽記載）で東京地検に告発しました（2019年3月21日付日本経済新聞朝刊）。

図表4－10は、ソルガムHDの業績をまとめたものです。この図表を見ると、ソルガムHDの2016年3月期までの**営業損益、**

◉図表4-11　ソルガムHDの要約連結キャッシュ・フロー計算書（営業CF）

（単位：百万円）

科目	2016年3月期	2017年3月期
営業活動によるキャッシュ・フロー		
税金等調整前当期純損失	−3,080	−1,344
減価償却費	60	23
のれん償却額	182	125
…	…	…
売上債権の増減額（マイナスは増加）	−76	332
棚卸資産の増減額（マイナスは増加）	835	−297
…	…	…
仕入債務の増減額（マイナスは減少）	−23	168
…	…	…
前受金の増減額（マイナスは減少）	0	924
…	…	…
小計	**−1,136**	**155**
利息の受取額	3	3
利息の支払額	−4	−13
法人税等の支払額	−30	−11
法人税等の還付額	1	0
営業活動によるキャッシュ・フロー	**−1,165**	**134**

営業ＣＦは４期連続で揃ってマイナスの状態が続いていましたが、営業ＣＦについては２０１７年３月期に１億３４００万円のプラスに転じています。

２０１９年３月20日付の証券取引等監視委員会のニュースリリースでは、同期の営業ＣＦが、実際には約９億６６００万円の赤字だったにもかかわらず、11億円の借入金を営業ＣＦに計上することで、プラスに偽装されたことが記述されています。

そこで、ソルガムＨＤの営業ＣＦの要約をもとに、粉飾の様子を見てみます（図表４－11を参照）。

２０１７年３月期の営業ＣＦのうち特に目立つのは、太枠で囲った「**前受金の増減額**」です。２０１６年３月期にはほぼゼロだったものが、2017年3月期には9億2400万円も増加しています。

この前受金に関し、ソルガムHDは有価証券報告書のなかで、メキシコなどでスーパーソルガムの種子の購入申し込みを受けたためだと説明していましたが、実際には借り入れた資金だった可能性が高いと推測されます。つまり、ソルガムHDは本来、財務CFで借入れによる収入として表示すべき資金を偽って営業CFに計上して、営業CFを過大に表示していたと推測されるのです。

また、営業CFの過大計上額から考えると、仕入債務の増加や売上債権の減少の一部（いずれもキャッシュ・フロー上はプラスになります）も、借り入れた資金をつけ替えられた可能性がありそうです。仮に、仕入債務の増加と前受金の増加によるキャッシュ・フローのプラスの金額を合計してみると、10億9200万円となり、証券取引等監視委員会が公表した営業CFの粉飾金額である11億円に近い金額になります。

シニアコミュニケーションのケース

続いて、第2章でも取り上げた**シニアコミュニケーション**の事例について解説します。シニアコミュニケーションでは、売上高や利益を過大に計上する粉飾が行なわれていたことは第2章で説明したとおりですが、それに加えて、**増えすぎた売上債権をごまかすため**

◉図表4-12　シニアコミュニケーションの連結キャッシュ・フロー計算書（要約）

（単位：百万円）

科目	2007年3月期	2008年3月期	2009年3月期
営業活動によるキャッシュ・フロー			
税金等調整前当期純利益（損失）	610	60	−557
…	…	…	…
売上債権の増減額（マイナスは増加）	−369	−62	−41
…	…	…	…
小計	**100**	**86**	**67**
利息及び配当金の受取額	1	3	5
利息の支払額	−3	−7	−12
法人税等の還付額	−	−	95
法人税等の支払額	−105	−396	−48
営業活動によるキャッシュ・フロー	**−7**	**−315**	**106**
投資活動によるキャッシュ・フロー			
…	…	…	…
無形固定資産の取得による支出	−33	−192	−443
…	…	…	…
投資活動によるキャッシュ・フロー	**−725**	**−759**	**−663**
財務活動によるキャッシュ・フロー			
…	…	…	…
財務活動によるキャッシュ・フロー	**1,710**	**939**	**−93**

還流

に、様々な手口で売上代金の入金があったように見せかけていました。

その手口の1つが、ソフトウェアへの**投資による出金を装って資金を支出したように見せかけて、その資金を売上代金の入金として還流させる手法**でした。

シニアコミュニケーションの外部調査委員会による調査報告書によると、シニアコミュニケーションの財務担当取締役は、2007年12月ごろから、（実際には存在しない）ソフトウェアの取得目的で一旦不正に出金したお金を、取引先名義で自社口座に入金させることで、売上代金の入金を装ったとされています（なお、調査報告書ではソフトウェアの購入費用を架空計上したとありますが、実際には費用ではなく、ソフトウェアに支出した資金をB／S上のソフトウェアとして資産計上していたと推測されます）。

シニアコミュニケーションのB／S（本書には未掲載）を見ると、2007年3月期には4300万円に過ぎなかったソフトウェアが、2008年3月期には2億1800万円に、2009年3月期には5億7500万円へと急増しています。これが架空のソフトウェア資産の金額だと推測できます。

2007年3月期から2009年3月期の連結キャッシュ・フロー計算書を要約したのが図表4－12です。これによれば、2008年3月期から無形固定資産の取得による支出が急増しています。この大部分が架空ソフトウェアに対する不正な資金流出だったようです。

そして、それに呼応するように、2008年3月期より売上債権の増加が抑えられ、営業CFのマイナスが縮小しています。これは、架空のソフトウェアの取得の名目で出金したお金を、売上代金の入金を装って自社口座に送金したことにより、売上債権の増加に「見かけ上」歯止めがかかったためです。こうした粉飾などにより、シニアコミュニケーションの2009年3月期における営業CFはプラスに転じています。

このように、シニアコミュニケーションでは**投資CFから営業CFへと資金を還流させる粉飾により、投資CFを過小に計上し、営業CFを過大に見せていたのです。**

財務基盤が改善したように見せる粉飾

見せかけの財務基盤改善の目的

3つ目に取り上げるのは、「**架空増資**」により財務基盤が改善したように見せかける手口です。架空増資とは、第三者割当増資（特定の第三者に対して新株を発行する形での増資）などにより純資産を増加させ、財務基盤が強化されたように見せかけてはいるものの、実際には純資産は増加していないケースを指します。こうした**架空増資は、債務超過を回避して上場廃止を免れるためや、不正な株価の操作を行なうために実施されます。**

148ページで述べたように、上場企業では通常、2期連続で債務超過になると株式市場の上場廃止基準に抵触し、上場を廃止しなければなりません。企業側としては、こうした事態を避けるために、架空増資により債務超過を回避することが粉飾の目的となります。

また、こうした架空増資の資金を提供する側の目的は、手に入れた株式を市場で売却して、不当な利益を手にすることにあります。一般的に、財務的に困窮している企業において財務基盤が改善すると、それを株式市場が好感することで、株価が上昇します。資金提供側からすると、こうした株価の値上がりに乗じて株式を売却し、それによって不当な利益を得ることができるわけです。

こうした行為は、株式の売買を目的として不正な形で株価を操作することになるので、金融商品取引法上の「**偽計**《ぎけい》**取引**」に当たることになります。

■架空増資の枠組み

架空増資は、どのようなメカニズムによって行なわれるのでしょうか。大きく分けて、次の2つのパターンがあります。

① 増資によって得た資金を、そのまま資金提供者側に貸付金として還流させる
② 現物出資において、その現物の価値を過大に見積もる

1つ目の手口は、増資によって企業が得た資金を、そのまま資金提供者に貸付金として還流させてしまうというものです。こうした手口は通称、「**見せ金**」と呼ばれます。見せ金により、B／S上の純資産は見かけ上増加しますが、実質的にはその企業には資金は残りませんから、純資産の増加による財務基盤の強化は見せかけということになります。こうした場合、キャッシュ・フロー計算書上は架空増資による（一時的な）資金流入により財務ＣＦが過大となり、貸付金による資金流出により投資ＣＦが過小に（支出が大きく）表示されることになります。

もう1つの手口は、**現物出資によって増資をする際に、その現物の価値を過大に見積もるもの**です。ここで、現物出資とは、新株発行などの際に金銭以外の財産を出資に充てることです。このようなケースでは、現物の価値がＢ／Ｓに計上された金額よりも低いために、Ｂ／Ｓ上の純資産と、現物出資によって提供された資産が過大に計上されます。

ユニオンホールディングスのケース

架空増資の1つ目のケースとして、光学機器販売や測定機械器具の製造販売を手掛ける東証二部上場企業であった**ユニオンホールディングス**（以下、ユニオンＨＤ）を取り上げます。ユニオンＨＤは２００８年2月に上場廃止を回避するために見せ金による架空増資を行ない、株価のつり上げを図ったということで前社長（当時）が逮捕され、その後２０１０年8月に大阪地裁で有罪判決が出されています。

では、ユニオンＨＤのキャッシュ・フロー計算書は、どのようになっていたのでしょうか。

◉図表4-13　ユニオンＨＤの連結キャッシュ・フロー計算書（抜粋）

（単位：百万円）

科目	2008年3月期
投資活動によるキャッシュ・フロー	
有価証券の購入による支出	−599
有価証券の売却による収入	461
投資有価証券の購入による支出	−1,142
投資有価証券の売却による収入	2,856
長期・短期貸付による支出	−4,661
貸付金の回収	706
敷金保証金の払込（返還）による支出	−23
有形固定資産の取得による支出	−662
有形固定資産の売却による収入	803
ゴルフ会員権の売却による収入	404
その他投資の増減額	330
投資活動によるキャッシュ・フロー	**−1,527**
財務活動によるキャッシュ・フロー	
新株式の発行による収入	4,210
短期借入金による収入	479
短期借入金の返済による支出	−600
長期借入金の返済による支出	−168
株式交付費による支出	−27
債権売却による収入	1,793
その他	0
財務活動によるキャッシュ・フロー	**5,686**

還流？

図表４－13は、ユニオンＨＤの２００８年３月期の連結キャッシュ・フロー計算書のうち、投資ＣＦと財務ＣＦの部分を抜粋したものです。

この図表の財務ＣＦのパートを見ると、ユニオンＨＤでは２００８年３月期に、新株式発行により42億１０００万円の収入を得ていることになっています（財務ＣＦの太枠で囲った部分を参照）。

一方、投資ＣＦのパートを見ると、奇妙なことに気づきます。投資ＣＦの太枠で囲った部分に示すように、長期・短期貸付けによって46億６１００万円が支出されているのです。つまり、**新株発行に**

よって得た以上の資金を貸付金として流出させているのです。

債務超過による上場廃止を回避するための増資であれば、その増資によって得た資金を借入金の返済や、事業において必要な資金に充当するのが普通です。金融業を営んでいるわけでもないユニオンＨＤが、増資によって得た資金を貸付金として支出している時点で、資金の流れが異常であることが一目瞭然です。

証券取引等監視委員会によれば、ユニオンＨＤが立件されたのは、２００８年2月に行なわれた増資において、約4億6千万円の払い込みを仮装したためです。しかし、連結キャッシュ・フロー計算書を見る限り、不透明な資金の流れは40億円を超えており、立件された同社の粉飾は氷山の一角だったのではないかと推測することができます。

セイクレストのケース

続いて、ジャスダックに上場していた不動産会社、**セイクレスト**の事例を取り上げます。セイクレストは、２０１０年2月に21億２０００万円の増資を実施しましたが、その際に現物出資された20億円の不動産の評価が偽りであり、増資額が水増しされていました。そのため、金融商品取引法違反（偽計）の疑いで同社の元社長は２０１２年11月に逮捕され、その後２０１３年9月に大阪地裁から元社長に対して有罪判決が言い渡されました。

◉図表4-14　セイクレストの連結B／S（要約）

（単位：百万円）

科目	2009年3月期	2010年3月期	科目	2009年3月期	2010年3月期
（資産の部）			（負債の部）		
流動資産	**758**	**2,633**	流動負債	**970**	**817**
現預金	46	35	短期借入金	422	558
受取手形・売掛金	88	44	1年内返済予定の長期借入金	68	79
棚卸資産	581	2,524	1年内償還予定の社債	172	10
その他	43	30	未払金	113	43
			1年内返還予定の預り保証金	106	100
固定資産	**168**	**156**	その他	90	26
有形固定資産	**93**	**88**	固定負債	**717**	**286**
建物	68	65	社債	160	100
工具器具備品	7	5	長期借入金	510	140
土地	18	18	その他	48	47
無形固定資産	15	10	負債合計	**1,687**	**1,103**
投資その他の資産	**60**	**58**	（純資産の部）		
投資有価証券	19	14	資本金	560	2,084
差入保証金	22	23	資本剰余金	273	1,798
破産更生債権等	54	53	利益剰余金	−1,555	−2,162
貸倒引当金	−58	−57	自己株式	−36	−36
その他	23	26	新株予約権	1	3
			少数株主持分	−	−
繰延資産	5	1	純資産合計	**−756**	**1,686**
資産合計	**931**	**2,789**	負債純資産合計	**931**	**2,789**

図表4－14は、セイクレストの2009年3月期および2010年3月期の連結B／Sを示したものです。

まず、この図表の資産の部から見ていくと、2010年3月期の棚卸資産が2009年3月期と比較して19億4300万円増加しています。セイクレストが現物出資を受けた不動産価額は20億円ということなので、この棚卸資産の増加のほとんどは、不動産の現物出資を受けた結果ということになります（なお、セイクレストは不動産業を営んでいるので、商品としての不動産は有形固定資産ではなく、棚卸資産に計上されます）。

また、増資を行なっているため、純資産の部における資本金および資本剰余金も増加しています（ただし、セイクレストでは2010年2月以外にも増資を行なっており、資本金および資本剰余金の増加額は30億4900万円となっています）。

この増資の結果、セイクレストは2010年3月期において2期連続の債務超過により上場廃止基準に抵触することを回避したのです。もし増資をしていなければ、セイクレストは2期連続の債務超過により、上場廃止となっていたはずです。

しかし、この20億円の不動産の2011年末時点での評価額は約4億円に過ぎなかったと、破産管財人が後に明らかにしています（2012年4月19日付日本経済新聞西部朝刊）。つまり、**現物出資による増資は水増しされていた**のです。

なお、セイクレストによる第三者割当増資のニュースリリースには、不動産鑑定士による鑑定書や弁護士の証明書を入手したうえで不動産価額を決定したとの記載がありましたが、それにもかかわらず適正な評価額が偽られていました。

こうした**現物出資による架空増資にだまされないようにするためには、実勢価格などをベースに資産の評価額が適正なのかどうかをチェックする**ことが重要です。

粉飾決算を見抜くために重要なこと

キャッシュ・フロー計算書や回転期間指標に注目する

ここまで、様々な粉飾決算の事例を解説してきました。これらの事例から言えることの1つは、粉飾決算を見抜くうえでキャッシュ・フロー計算書を読み解くことが大いに威力を発揮するということです。

例えば、売上高や利益を水増ししていたOHTのケースでは、P／Lが粉飾決算によりお化粧されていたのに対し、営業CFには会社の実態がしっかりと表れていました。これは、営業CFを計算する過程で利益の水増し分と過大に計上した売上債権や棚卸資産の増加分が相殺されていたためでした。

粉飾決算の結果、P／Lは歪められてしまいましたが、営業CFは歪むことなく、会社の実態を映し出していたのです。これは、在庫の過大計上により売上原価を過小なものにして利益を水増ししていたクリムゾンのケースでも同様でした。

いわゆる「見せ金」を使って架空増資を行なっていたユニオンHDでも、不明朗な資金の流れがキャッシュ・フロー計算書には表れていました。キャッシュ・フロー計算書に着目すれば、増資などの財務活動で得た資金を貸付金で還流させるような小細工を看破することができます。

繰り返しになりますが、粉飾決算を見抜くうえでキャッシュ・フロー計算書を読み解く力は、とても強力な武器となります。粉飾決算にだまされないためにも、キャッシュ・フロー計算書の読み解き方を身につけておくことが重要です。

また、回転期間分析も粉飾決算を見抜くうえで武器になります。第1章のFOI、第2章のシニアコミュニケーション、そして本章で取り上げたOHTでは、粉飾決算により売上債権回転期間や棚卸資産回転期間が業種平均と比較してもかなり長期化していました。

このような場合、粉飾決算を行なっている企業はもっともらしい理由をつけてごまかそうとするかもしれません。実際、FOIは目論見書の中で、半導体メーカーの新規ライン向けの売掛金回収には1・5年から2・5年という長い期間がかかるという説明を加え、あたかも売上債権回転期間が長くなるのは普通のことであるように見せていました。

粉飾決算にだまされないようにするためには、そうした説明を鵜呑みにせず、客観的に見て本当に説明されている内容が妥当なのかどうかを判断する必要があります。

現実のビジネスと照らし合わせる

一方で、キャッシュ・フロー計算書からだけで粉飾決算を見抜くのが難しい事例もありました。

例えば、架空循環取引を行なっていたＩＸＩは、売上代金の決済が実際に行なわれていたために、キャッシュ・フロー計算書や回転期間分析だけでは粉飾決算を見抜くのが難しい事例でした。このようなケースでは、**現実のビジネスを想定**して、何かおかしな点がないか見抜かなければなりません。

ＩＸＩの場合は、ビジネスモデルに大きな変化がないにもかかわらず、従業員一人当たり売上高が不自然に増加している点が、売上高の妥当性に対する疑問を決定的なものにしていました。このようなケースでは、数字だけを見るのではなく、実際のビジネスを想定して何かおかしな点がないかを確認する必要があります。

また、セイクレストの事例では、現物出資された不動産の価値が妥当なものであるかどうかがポイントとなりました。このようなケースでは、現物出資した不動産の価格を推定し、本当に出資額に見合うものであったのかどうかを判断することが、架空増資にだまされないためには重要となります。

監査法人や社内での監査の重要性

シニアコミュニケーションの事例の場合、事後にキャッシュ・フロー計算書を見ればソフトウェアの支出が売上代金に還流している様子が見て取れますが、これを粉飾決算が発覚する前に断定することは難しいでしょう。このソフトウェアが実在しているのか否かは、会社の外部からはわからないからです。同様に、ソルガムＨＤのケースでも、前受金の存在が疑わしいと推測することはできるかもしれませんが、前受金が実在しないことを外部に公表された情報だけから判断することは困難だと言えます。

また、クリムゾンのように、棚卸資産の増加が軽微であるために、財務諸表からだけでは粉飾決算の存在を見抜くことが難しいケースもあります。

これらのケースでは、監査法人などが会社内部に入って**ソフトウェアや在庫、前受金の実在性**を確認し、決算が妥当なのかをチェックする必要があります。

残念ながら、すべての粉飾決算を外部から見抜くことができるわけではありません。したがって、**粉飾決算を未然に防ぐとともに、粉飾決算の有無をきっちりチェックするためには、監査法人による監査や社内での監査が重要なのです。**

会計思考Note ④

なぜ子会社の粉飾決算が頻発するのか？

粉飾決算の舞台は、親会社のみとは限りません。近年、**子会社や関係会社の粉飾決算が増加**しています。次ページの図表4-15は、本書の冒頭で紹介した東京商工リサーチの調査データから、子会社や関連会社が当事者となって不適切会計が行なわれた件数と、それ以外が当事者となって行なわれた不適切会計の件数の推移を示したものです。

この図表を見ると、2008年には5件（全体の20％）だった子会社や関連会社における不適切会計の件数は、2019年には27件（同37％）と、件数と割合の双方において増加傾向にあります。こうした不適切会計の多くは、売上原価などの費用の過小計上や、架空取引による売上高の水増しによる利益の過大計上だと推測されます。

では、こうした子会社や関連会社の粉飾決算がなぜ増加しているのでしょうか。

その要因の1つとしては、国内市場が伸び悩むなか、日本企業にとって海外市場に進出することの重要性が増していることが挙げられます。日本企業の海外進出に伴って海外に設立された子会社や関連会社数が増加しているために、粉飾決算が発覚する件数も増加している可能性があります。

◉図表4-15　子会社・関連会社における不適切会計の件数の推移

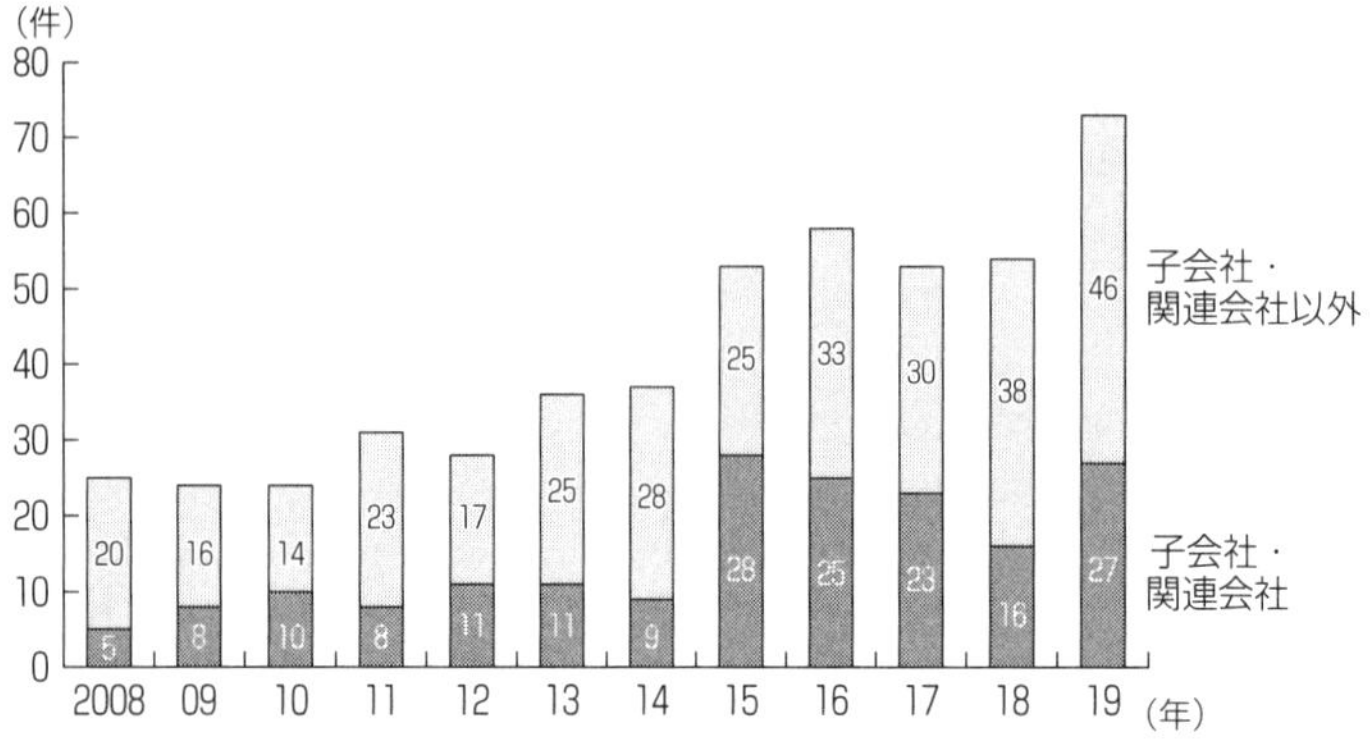

出所：東京商工リサーチ「2019年全上場企業『不適切な会計・経理の開示企業』調査」より筆者作成

しかしながら、子会社や関連会社数の単純な増加以外に、**子会社や関連会社の粉飾決算を誘発する構造的な問題**があります。

1つ目の問題としては、子会社や関連会社の業績に対して、**親会社からの過大なプレッシャーがかけられる可能性がある**という点があります。一般的に、国内市場での成長が期待できない場合、海外子会社や関連会社の売上高や利益の成長に対して大きな期待がかけられることになります。これを子会社や関連会社がプレッシャーとしてとらえると、そのプレッシャーは粉飾決算を行なう動機となり得ます。

2つ目の問題としては、親会社に比べて、**子会社や関連会社に対する監視の目が行き届きにくい**という点が挙げられます。通常、重要性が比較的低いと見られている子会社や関連会社に対しては、親会社に比べてレベルを下げた監査が実施されます。また、海外子会社や関連会社の場合、物理的に距離が大きいことから監視の目が行き届きにくくもなります。したがって、子会社や関連会社は粉飾決算を行ないやすい環境下にあるとも言えるでしょう。

最近の事例で言えば、トレーニング機器「シックスパッド」などを販売する**ＭＴＧの中国および韓国の販売子会社**や、厨房機器メーカーの**ホシザキの販売子会社**、精密機器メーカーの**リズム時計工業の中国生産子会社**、**富士ゼロックスのニュージーランド販売子会社**などにおける粉飾決算が明るみに出ています。これらの会社の調査報告書が共通して指摘しているのは、**売上高や利益の目標達成に対する大きな期待やプレッシャーが子会社に対して掛かっていたことや、脆弱な管理体制が粉飾決算の原因**となっていた点です。

また、こうした海外を含めた子会社による粉飾決算の場合、その粉飾の規模が小さいために、外部からの分析では見抜くのが難しいという側面もあります。子会社による粉飾決算を見逃さないようにするためには、監査法人による監査や社内での監査などの役割が重要になってきます。

海外市場への進出の重要性がますます高まっている現在、海外子会社の経営をどのように行なっていくのかが、日本企業における非常に重要な課題になっていると言っても過言ではありません。そのなかで、海外子会社に不正を起こさせないような管理の仕組みを整えていくことが求められているのです。

第4章のまとめ

- ☑ 粉飾決算は、①P／Lの売上高や利益の過大計上、②営業CFの水増し、③B／Sの純資産の水増しの3つに大別できる

- ☑ 売上高、利益を過大に見せる手口としては、架空の売上計上や売上の前倒し計上、架空循環取引、費用の過小計上や先送りなどがある

- ☑ 営業CFを水増しする手法としては、財務活動による入金を営業CF上の入金として処理する方法や、投資CFで支出した資金を営業CFに還流させる方法などがある

- ☑ 純資産を水増しする手口としては、「見せ金」や現物出資の過大計上などがある

第5章

粉飾決算の末路

―事例から見る粉飾決算の恐ろしさと防止策

粉飾決算企業では何が起きていたのか？

粉飾決算の経緯を知る意味

第4章では、粉飾決算を財務諸表のデータから読み解く方法について解説してきました。粉飾決算は、P／Lや営業CF、B／Sをよりよいものに見せかけるために行なわれていましたが、それにより、様々な形で財務諸表が歪められてしまっていました。

本章では、粉飾決算の経緯についてより詳しく見ていきます。具体的には、**「何が粉飾決算のきっかけになったのか？」「どのように粉飾決算の深みにはまっていったのか？」「粉飾決算を行なった代償は何だったのか？」**といった点について、実際の粉飾決算の事例をもとに解説します。

なぜ、粉飾決算の経緯を知ることが重要なのでしょうか。ポイントは2つあります。

1つ目のポイントは、粉飾決算の経緯を知れば、粉飾決算を起こさないために気をつけるべきことを理解できるという点です。また、万が一、粉飾決算が行なわれてしまったときに、傷を深くしないための仕組みについても、粉飾決算の事例から学ぶことができるでしょう。

2つ目のポイントは、粉飾決算を行なった企業の末路を知ることで、粉飾決算の恐ろしさを知ることができるという点です。第4章で取り上げた事例では、粉飾を行なった多くの企業が最終的には倒産の憂き目にあっていました。

本章で取り上げる事例のなかには、現在存続している企業も含まれますが、そうした企業は倒産こそ免れることができたものの、粉飾決算により高すぎる代償を支払わなくてはなりませんでした。結局、粉飾決算によって得るものは何もなかったのです。

こうした点をきちんと知っておくことが、粉飾決算に足を踏み入れないためには重要なのです。

調査報告書から粉飾決算の経緯を読み解く

粉飾決算に至った企業で何が起こっていたのかを知るためには、その企業の内部情報を知る必要があります。しかし、通常そうした内部情報を会社の外部から知ることは容易ではありません。そこで本章では、粉飾決算が発覚した企業の状況について調査を行なった際に作成された調査報告書から、その社内で何が起こっていたのかを探っていきます。

調査報告書は、粉飾決算などの企業不祥事が発覚した企業が、第三者委員会や特別調査委員会などを設置して調査を行なった際に作成されるものです。第三者委員会は、その名のとおり粉飾決算を行なった企業とは利害関係を持たない第三者により組織されているため、外部者の視点からその企業の問題を分析します。そのため、調査報告書は、その企業で起こったことを客観的にまとめた貴重な資料だと言えます。

もちろん、調査される側が第三者委員会等に対して協力的だとは限りません。そういった協力が得られない場合も含めて、すべての情報が調査報告書に反映されているとは言えませんが、それでも会社の外部から粉飾決算の経緯を知るうえで非常に重要な資料であることに変わりはありません。

ところで、本章の目的は調査報告書そのものの善し悪しを吟味することではありません。あくまでも、「粉飾決算を行なっていた企業で何が起こっていたのか?」「粉飾決算が行なわれた原因は何だったのか?」、そして「その結果、どんな代償を支払わなければならなかったのか?」という点に着目し、調査報告書の内容を解説していきます。

本章の事例に関する記述は、特に断わりのない限り調査報告書などの公表資料に基づくものです。ただし、匿名の社名や人名に付されたアルファベットは適宜変更しています。

もしも架空循環取引に巻き込まれたら……

なぜ架空循環取引は恐ろしいのか?

第4章では架空循環取引の事例を取り上げましたが、架空循環取引の多くでは取引先が実在し、売上代金の資金決済が実際に行なわれているという特徴がありました。

つまり、架空循環取引は、その取引を主導する1社だけでは完結しません。実在する複数の会社が関わることで、架空循環取引は成立するのです。架空循環取引が恐ろしいのは、**知らないうちに架空循環取引に巻き込まれてしまうケースがある**ことです。

ある会社から、「物流を伴わない書面上のみの取引に加わってくれないか」と依頼され、その取引に関わることで数%の手数料収入が見込めるとします。売上高や利益の目標を達成したいと考える企業にとっては、願ってもない話だと考えるかもしれません。しかし、これこそが知らずしらず架空循環取引に加担するきっかけになることもあるのです。

ここでは、こうした架空循環取引に巻き込まれてしまった企業のケースを取り上げて解

◉図表5-1　東邦金属の業績の推移

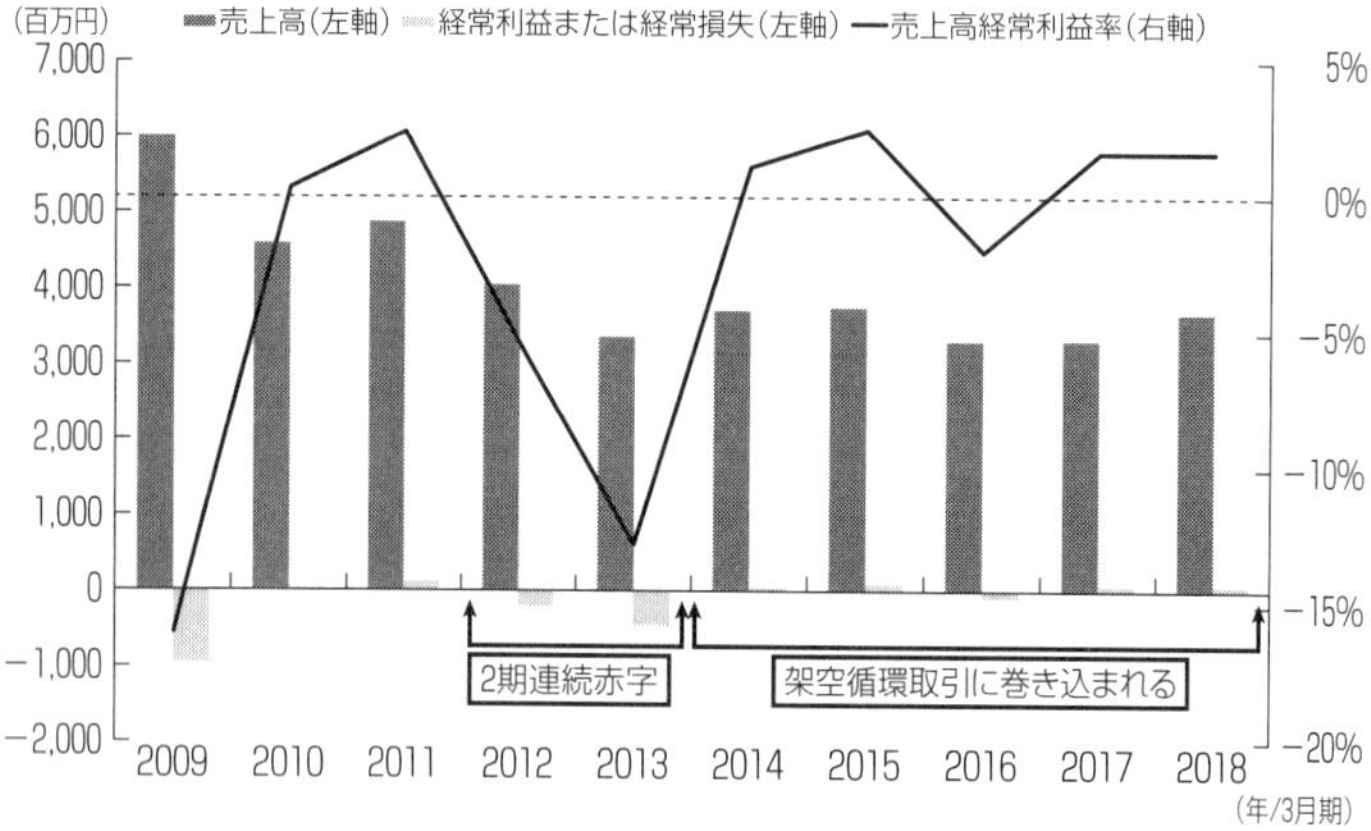

説します。

■東邦金属のケース

東邦金属（東証二部上場）は、１９１８年創業、１９５０年設立のタングステンやモリブデンなど合金の製造販売を手掛ける金属メーカーです。２０１８年３月期時点における連結での正社員数は１３４名でした。

図表５－１は、２００９年３月期から２０１８年３月期における東邦金属の単体での業績をグラフにまとめたものです（決算訂正前）。

東邦金属が架空循環取引に巻き込まれたのは、２０１４年３月期から２０１８年３月期の間ですが、その前の業績に目を向けてみると、２０１２年３月期、２０１３年３月期において減収減益であり、２期連続の赤字を計上していました。このことから、

◉図表5-2　東邦金属が関与した架空循環取引

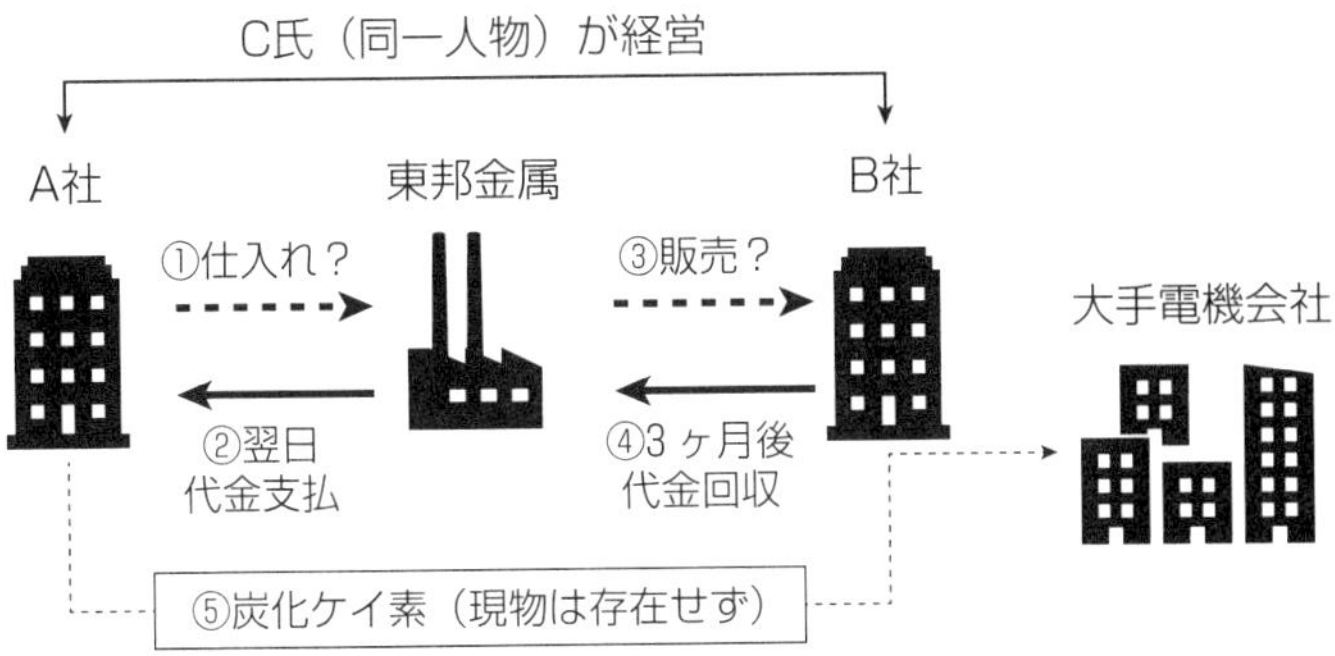

当時の経営陣には**業績再建へのプレッシャーがかなりあった**ものと推察されます。

2018年6月に東邦金属の代表取締役社長となった小《こ》樋《ひ》誠《せい》二《じ》氏は、「**赤字決算が続く中、経営陣のリスクに対する感度が鈍っていた**」と後に述懐しています（日経ビジネス2019年3月25日号）。これが、架空循環取引に東邦金属が巻き込まれるきっかけだったと言えるでしょう。

架空循環取引の構造

図表5－2は、東邦金属が巻き込まれた架空循環取引の構図をまとめたものです。A社、B社双方の社長であるC氏から持ちかけられたのは、炭化ケイ素に関する取引でした。A社の炭化ケイ素を東邦金属が仕入れたことにし（同図表①を参照）、その代金を翌日A社に支払います（同②を参照）。そして、東邦金属はその炭化ケイ素をB社に販売したことにして（同③を参照）、その代金を3ヶ月後に

回収します（同④を参照）。炭化ケイ素は、最終的には大手電気会社などに販売されることになっていました（同⑤を参照）。この取引で、東邦金属は約4％の手数料を得て、在庫リスクや品質保証などの責任は負わないという契約でした。

この取引を持ち込んだのは、東邦金属の大株主企業から2015年4月に取締役営業本部長として東邦金属へ送り込まれたD氏です。D氏は、前職時代から10年以上、C氏の会社との取引を経験しており、C氏を信頼できる人物であると評価していました。D氏は、東邦金属の売上高、利益を上げるために、この取引に東邦金属が参加できるようC氏に依頼したのです。なおD氏も、この取引が架空のものだとは知らなかったようです。

東邦金属は、大株主企業出身のD氏への信頼と、B社に大株主企業との取引実績があったことを理由に、メーカーとしては不慣れな「**商社的取引**」を始めました。もちろん、その背景には、業績が厳しいなかで、一定額の安定的な収益および利益の見込める取引が、東邦金属の経営陣にとって魅力的に映ったこともあったはずです。

取引の拡大と架空循環取引の発覚

1ヶ月当たり買入金額3000万円、販売金額3120万円という条件で2013年10月から始まった取引は、最初の段階から想定した金額を超えて行なわれていました。A社からの月間仕入金額は、2013年10月には3255万円、2014年1月には4785万円、同年6月時点で1億1389万円へと増加していきました。月間売上高についても、2014年1月には4976万円、同年5月には1億263万円と1億円を突破し、売掛金残高も3億円を超える水準となっていました。

この状況に対してリスクを感じた東邦金属では、B社に対する売上を制限することにし、2015年4月以降は月間の取引額を6000万円前後に抑えるようになりました。

ところが、2017年6月に信用情報提供会社から、この取引には商品が実在せず、架空取引の疑いがあるという情報が提供されたのです。そこで、東邦金属はC氏に対して取引の実在性を示す証拠を出してほしいと要求しましたが、その証拠が示されることはありませんでした。東邦金属が関与してきた「商社的取引」は実際には存在せず、「東邦金属→A社→B社→東邦金属」という流れで資金が循環する「架空循環取引」だったのです。

おそらくC氏の狙いは、A社に対する支払い（仕入の翌日）とB社から東邦金属への支払（販売の3ヶ月後）のギャップを利用した資金調達であったのでしょう。

過大になっていた売上高と利益

このような架空循環取引に巻き込まれた結果、東邦金属における売上高と利益は過大に

◉図表5-3　架空循環取引による取引金額の推移

（単位：百万円）

期間（3月期）	売上高	売上原価	売上総利益
2014年	241	231	9
2015年	293	246	47
2016年	25	－	25
2017年	23	－	23
2018年	4	－	4
累計	585	477	107

注：2015年3月期第2四半期以降は手数料のみを売上高に計上

計上されていました。

図表5－3は、架空循環取引に関与したことによって過大に表示されていた売上高、売上原価および売上総利益をまとめたものです。

この図表を見ると、東邦金属では2014年3月期から2018年3月期までの累計で、売上高を5億8500万円、売上原価を4億7700万円、売上総利益を1億700万円過大に計上していたことがわかります。

この架空循環取引で上がった利益が一番大きかったのは2015年3月期で、その金額は4700万円でした。同じ期の経常利益が9600万円でしたから、経常利益の50％近くは、この取引によって計上されていたことになります。

利益の低迷に苦しむ東邦金属にとっては、架空循環取引によって上がっていた利益は、決して小さな数字ではなかったのです。

東邦金属が支払うことになった代償

こうした架空循環取引に巻き込まれたことで、東邦金属とその取締役が支払わなければならなかった代償は決して小さなものではありませんでした。それらの代償は、次の5点にまとめることができます。

① 過年度の決算訂正
② 東京証券取引所による公表措置及び改善報告書の徴求
③ 証券取引等監視委員会による課徴金納付命令勧告
④ 回収困難なB社に対する売掛金
⑤ 取締役に対する社内処分

まず、すでに述べたような売上高や利益などの過大計上に関して、過去5期に遡及する形で、東邦金属は過年度の決算を訂正しなければなりませんでした。さらに、こうした有価証券報告書等による開示情報に虚偽があったとして、東京証券取引所からは2018年12月21日に「公表措置及び改善報告書の徴求について」というリリースが出されています。これに対して、東邦金属では2019年1月17日に東京証券取引所へ改善報告書を提出しています。

また、2019年1月18日、証券取引等監視委員会は東邦金属による有価証券報告書等の虚偽記載に対する1200万円の課徴金納付命令勧告を行なっています。虚偽記載の内容としては、売上高の過大計上並びに貸倒引当金の不計上が挙げられています。これに伴い、東邦金属では2019年1月31日開催の取締役会において、納付すべき課徴金の額などを認める旨の答弁書を金融庁審判官に提出することを決議しました。

さらに、取引を停止した2017年6月末の時点で、東邦金属はB社に対する（仕入債務相殺後の）売掛金を1億4千万円以上抱えていました。こうした**架空循環取引の場合、取引が止まった時点で債権は回収不能になることが多い**のです。したがって、東邦金属もB社に対する売掛金の分の損失を出す可能性が高かったのですが、前出の日経ビジネスの記事によると、C氏の会社は取引停止後も、炭化ケイ素とは別の取引で東邦金属に販売していたタングステンなどの納品を続けたため、売掛金を約700万円まで減らすことができたということです。これは、東邦金属にとっては不幸中の幸いだったと言えます。

故意ではなかったとはいえ、こうした取引を行なった責任を明確にするため、2018年12月から翌年3月までの4ヶ月間、代表取締役社長は30％、常務取締役は20％、取締役は10％、それぞれの報酬が減額になりました。また、この取引のきっかけをつくったD氏については、報酬減額を40％とする処分がなされ、2018年6月まで社長を務めた前代表取締役は東邦金属を去りました。

「商社的取引」に手を出した結果、「架空循環取引」に関与することになってしまった東邦金属並びにその経営陣は、高い代償を支払うことになったのです。

架空循環取引に巻き込まれた原因は何だったのか？

東邦金属に対する調査報告書において、架空循環取引に巻き込まれた原因としては、次の5点が挙げられています。

> ①　業績再建のプレッシャー
> ②　新規取引への警戒感の薄さ
> ③　財務報告リスクに対する認識の甘さ
> ④　取締役会等の会議体での審議の欠如
> ⑤　決裁規程の運用の不備

このうち、①と②については、すでに述べたとおりなので、ここでは割愛します。

③については、在庫リスクや品質保証の責任を負わず、**口銭《こうせん》（手数料）のみを受け取る**

取引契約は特殊であり、不正取引のリスクが高いことから、取引の実在性を確認することが不可欠であると調査報告書は指摘しています。一方で、東邦金属では大株主企業出身であるＤ氏に対して、過度の信頼感、安心感を抱いていたために、本取引に疑問を抱かなかったことが、実在性の確認を軽視してしまった原因の１つだった可能性があります。

さらに、この取引は、Ｄ氏が作成した稟議書を当時の代表取締役が承認することで開始されており、取締役会で審議を行なって決議するという過程を経ていませんでした。その理由としては、当時の社則に契約に関する金額基準がなかったことが挙げられますが、こうした**特殊な案件については取締役会で審議すべき**であったと調査報告書では述べられています。

加えて、実際の取引金額が稟議時の金額を超過していたにもかかわらず、その点が取締役会で審議されていないこと、さらに２０１６年10月に契約を変更した際にも取締役会で審議されなかったことが、**決裁規程の運用上の不備**だったのではないかとも指摘されています。

東邦金属では、こうした原因が複合した結果、〝意図せずして〟架空循環取引に巻き込まれてしまったと推測されます。

従業員による粉飾決算

従業員が経営者の意向を「忖度」する

続いて、従業員による粉飾決算について取り上げます。従業員による粉飾決算が行なわれるとき、その従業員には**粉飾決算を行なう動機**があります。その主な例が、「**経営者を喜ばせたい**」「**経営者の期待に応えたい**」という気持ちです。

経営者がなんとしてでも業績目標を達成したい、あるいは損失や赤字を回避したいと願っているとき、その気持ちは従業員に反映されます。その経営者の思いに応えたいと思ったとき、従業員は粉飾決算に手を染めてしまうことがあるのです。従業員が経営者の意向を忖度することで、粉飾決算が行なわれることは珍しくありません。こうしたケースでは、従業員は私的な利益を求めて粉飾決算を行なうわけではなく、経営者のため、会社のために粉飾決算を行ないます。

◉図表5-4　梅の花の連結業績の推移

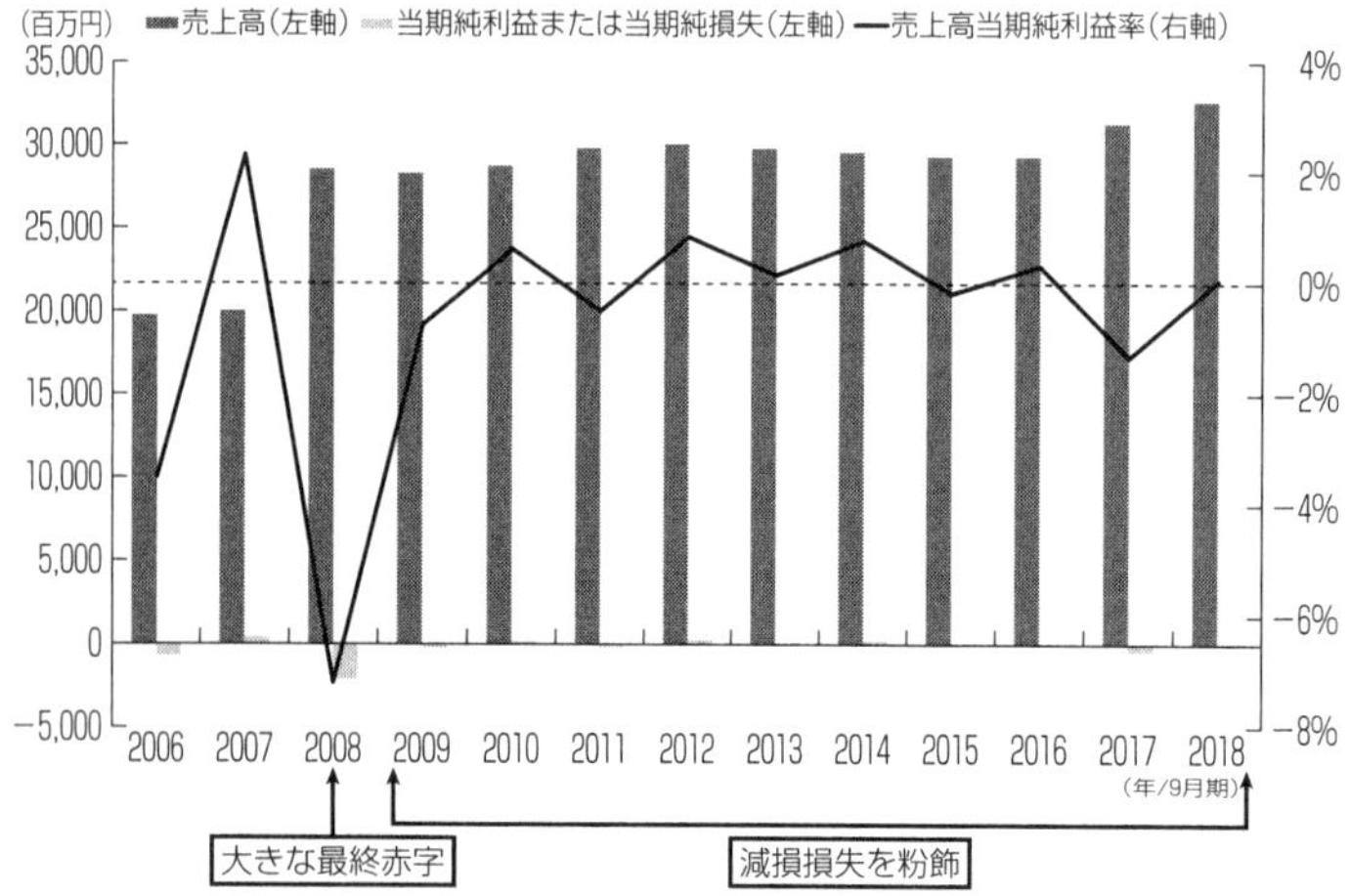

梅の花のケース

従業員による粉飾の事例として、ここでは和食レストランチェーン「梅の花」などを手掛ける**梅の花**（東証二部上場）を取り上げます。

梅の花は、1979年に設立され、1986年には現在の主力業態である「梅の花」の第1号店を福岡県久留米市に開店、その後店舗数を増やしてきました。2018年9月期の時点では、「梅の花」のほか、かに料理店「かにしげ」など複数の業態を展開し、連結での正社員数は696人を数えるまでに成長しています。

図表5－4は、決算訂正前の梅の花の売上高、当期純利益、売上高当期純利益率をまとめたものです。

梅の花で行なわれていたのは、**店舗の「減損損失」を回避することによる特別損失の過小計**

上でした。粉飾決算が行なわれていた期間は、２００９年９月期から２０１９年４月期までとされています（同図表では２０１８年９月期までの業績を表示しています）。粉飾決算が行なわれる前の業績に目を向けてみると、２００８年９月期において、20億５７４３万円という大きな最終赤字に陥っています。当時の経営陣には、**２期連続での巨額の最終赤字は回避したいというプレッシャーがかかっていたことが想定されます。**

■固定資産の減損処理とは？

繰り返しになりますが、梅の花で行なわれていたのは、店舗の減損損失を回避するための粉飾でした。この粉飾決算の内容を理解するために、まずは「**固定資産の減損処理**」について触れておくことにしましょう。ただし、減損会計について詳細に解説することは本章の目的から外れますので、あくまで概略を述べることにとどめます。

固定資産の減損処理とは、ある固定資産の収益性が低下することにより、投資の回収が見込めなくなった際に、その固定資産の帳簿価額（簿価）を回収可能価額まで減額する処理のことです。その際に計上される損失が「減損損失」と呼ばれます。

固定資産の減損処理を行なうかどうかの判定は、次ページの図表５－５に示すようなステップで行なわれます。

◉図表5-5　減損処理のステップ

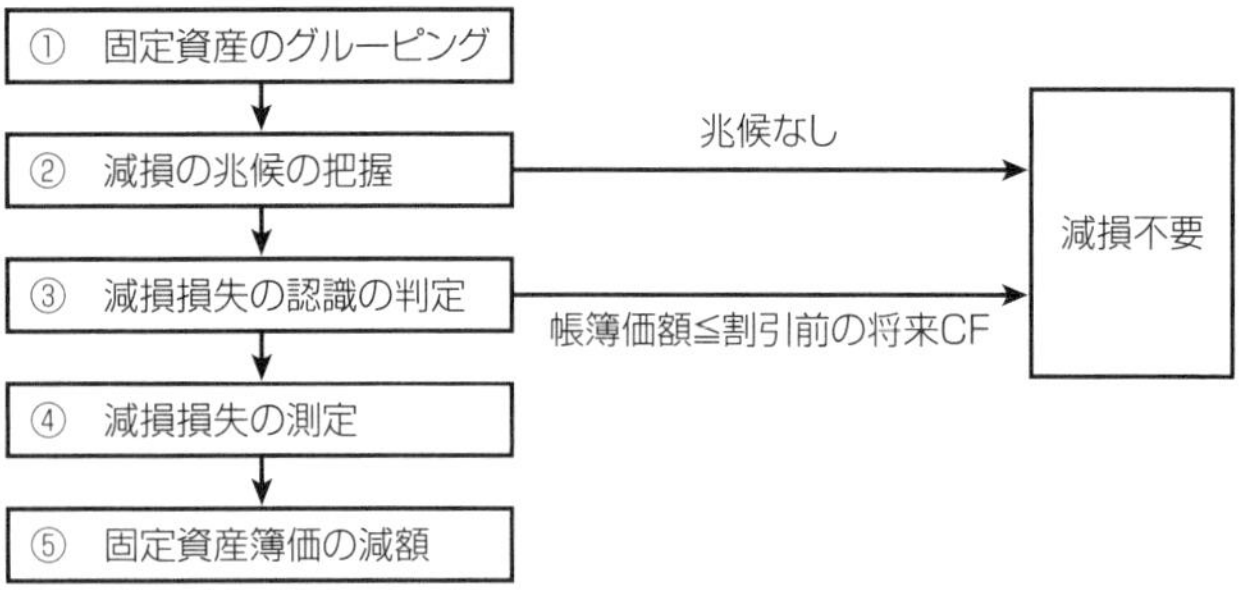

まず、減損を測定する**固定資産のグルーピング**を行ないます（同図表の①を参照）。通常、キャッシュ・フローを生み出す最小単位でグルーピングを行ないますので、外食や小売の場合、店舗単位でグルーピングするのが普通です。

次に、**減損の兆候を把握**します（同②を参照）。減損の兆候があるかどうかを判断する1つの基準とされているのは、店舗の営業利益または営業CFが継続してマイナスになるか、継続でマイナスの見込みである場合です。「継続してマイナス」というのは、概ね過去2期連続でマイナスであることを指し、前期と当期以降の見込みがマイナスである場合も該当します。

また、企業会計基準適用指針第6号「固定資産の減損に係る会計基準の適用指針」では、「**減損の兆候を把握する際には営業利益を用いることが望ましい**」と記述されています。なお、この営業利益を計算する際には、店舗で直接かかる費用である直接費のほか、本社で発生する間接費も差し引くことになっています。減損の兆候を把握する際には、これ以外にも複数の基準（市場価格の著しい下落など）がありますが、ここでは割愛することにします。

〝兆候あり〟となった固定資産に関しては、**減損損失の認識の判定**を行ないます（同③を参照）。ここで、その固定資産から得られる将来CF（減損損失の認識の判定では、現在価値に割り引く前の将来CFを使用します）が帳簿価額を下回った場合には、帳簿価額と回収可能価額の差額を減損損失として特別損失に計上し（＝**減損損失の測定**。同④を参照）、**帳簿価額（固定資産簿価）を回収可能価額まで減額する**（同⑤を参照）という手続きとなります。なお、梅の花では建物などの償却資産の回収可能価額はゼロ、土地などの非償却資産の回収可能価額は時価としていました。

粉飾決算はどのように始まったのか？

調査報告書によれば、梅の花で初めて粉飾決算が行なわれたのは、2009年9月とされています。当時専務だったA氏は、前年度に20億円を超える連結最終赤字を計上したこともあって、2期連続で巨額の最終赤字となることは避けたいという意向を示していたと言われています。

こうした意向の背景としては、大型M&Aにより借入金が増加したことに加え、リーマン・ショック等の景気後退に伴い、借入金の返済圧力も強まっていた状況などから、赤字決算となったときの銀行からの対応への警戒感があったようです。

そうした状況のなか、当時の経営計画室長であったB氏が２００９年9月期における減損兆候の対象となる店舗を試算したところ、想定よりも多数の対象店舗が存在することが判明しました。

また、全社の事業計画との整合性をとらなければならない関係上、減損兆候の対象となる店舗すべての来期の利益見込みを増益にするわけにもいかなかったのです。

そこで、B氏は巨額の赤字を回避したいというA氏の意向に沿って、減損損失が少なくて済むよう、**各店舗への本社の間接費の配賦を恣意的に操作して店舗の営業損益を調整することで、減損兆候の対象店舗を減らした**ものと推測されています。

調査報告書によると、この店舗の営業損益（本社の間接費の配賦）を操作する際にB氏はA氏に対し、各店舗の損益状況を報告するとともに、減損を回避することが困難であること、減損兆候を調整して会計監査人と協議したい旨を伝えて相談したとされており、この相談を以てA氏の了解を得たものとB氏は考えて、粉飾決算を実行に移しました。

しかし、このとき、B氏はA氏に対して具体的な調整方法を説明していなかったようです。また、A氏は、B氏から店舗の減損処理について苦境に立たされていることを知らされたものの、その調整はあくまでも会計監査人から了解が得られる範囲で行なわれるという理解で、一方のB氏は、自分が行なおうとしている調整がA氏から了承されたものと理解した、と調査報告書に記述されています。

減損という業績に大きな影響を与える処理に関して、このような**「認識のギャップ」**が生まれるような状況をつくり出してしまった点が、よくなかったことは間違いありません。せめて、A氏はB氏の抱えている問題についてより具体的に聞き取りを行なうべきだったでしょうし、B氏はA氏の意向を忖度しすぎることなく、自身の抱える問題をA氏に率直に伝えるべきでした。そうした意味で、少なくとも両者の間には**コミュニケーション上の問題があった**と言えるのではないでしょうか。

こうした店舗の営業損益を操作した結果として、2009年9月期における本来の営業損失店舗数（赤字の店舗数）は173店だったものが、会計監査人に提出された資料では135店舗と大きく減少していました。

粉飾決算の継続と発覚

その後、こうした粉飾決算処理は、B氏が他部署へと異動した2010年10月以降は経営計画室係長のC氏に引き継がれ、2019年4月期決算まで継続的に行なわれていました。B氏の後任の経営計画室長であるD氏も、さらにその後任であったE氏も、こうした粉飾決算に関して認識していなかったと調査報告書は述べています。

◉図表5-6　梅の花の減損兆候対象店舗数の推移

（単位：店舗）

（年／9月期）	2010	2011	2012	2013	2014	2015	2016	2017	2018	2019
粉飾後減損兆候対象	46	35	33	30	38	50	63	48	54	49
本来の減損兆候対象	117	102	108	104	96	89	113	113	119	116
差異	71	67	75	74	58	39	50	65	65	67

注：2019年のみ4月期決算

◉図表5-7　梅の花の減損損失の差異

（単位：百万円）

（年／9月期）	2010	2011	2012	2013	2014	2015	2016	2017	2018	2019
当初の減損損失	21	3	30	29	56	2	77	515	73	168
追加すべき減損損失	413	246	64	113	44	148	256	172	45	1,335
合計	434	249	94	142	100	150	333	687	118	1,503

注：2019年のみ4月期決算

店舗の営業損益を操作したことにより、**減損の兆候対象店舗数**は図表５－６のように歪められてしまいました。このデータから、**本来ならば減損の兆候対象店舗となるはずの半数前後の店舗が減損兆候の対象から外されていた**ことがわかります。

その結果、Ｐ／Ｌの特別損失における減損損失は過小計上されていました。その状況をまとめたものが、図表５－７です。

なお、粉飾決算が行なわれていたのは２００９年３月期からとされていますが、金額を算定するための資料が廃棄されてしまっていたため、算定されているのは２０１０年９月期以降となっています。

この図表を見ると、少ない年では数千万円、多い年では10億円を超える減損損失が、粉飾決算によって毎年回避されてきたことがわかります。10年間の累計では、28億３６００万円もの減損損失が先送りされてきたことになります。

この粉飾決算が明るみに出たのは、2019年4月期決算において会計監査人から指摘を受けたことがきっかけでした。

梅の花から会計監査人に対して提示された**店舗別損益で、少額の黒字となっている店舗が多数存在している**ことに対して会計監査人は疑問を抱き、会計監査人（監査法人の担当者）が改めて減損兆候を把握するシートを再計算したところ、**間接費の金額が財務会計の数値と一致しないこと、そして間接費の配賦基準に従って計算されていなければならない数値の一部が異なる数値に修正入力されている**といった異常が発見され、減損回避のための店舗損益操作が疑われることになったのです。

なお、こうした粉飾を外部から見抜くことはほぼ不可能です。この粉飾において操作が行なわれたのは費用の総額ではなく、あくまで社内で各店舗に配賦する本社費用の振り分けを操作しただけだからです。

梅の花が支払った代償

粉飾決算を行なった結果、梅の花が支払うことになった代償は次のようなものです。

①過年度の決算訂正
②東京証券取引所による公表措置及び改善報告書の徴求
③取締役に対する社内処分

まず、2010年9月期から2018年9月期に至る9期分の通期の決算を訂正することを余儀なくされました。

また、有価証券報告書等で虚偽の情報を開示していたことから、東京証券取引所から「公表措置及び改善報告書の徴求」というニュースリリースが2019年9月に出されています。これを受けて、梅の花は2019年10月10日に東京証券取引所に対して改善報告書を提出しました。

さらに、梅の花は2019年10月4日に再発防止策を公表しており、そのなかでA氏の役員報酬の30％減額（6ヶ月間）、D氏の辞任、E氏の役員報酬の10％減額（3ヶ月間）という処分を行なうことが発表されました。

それに加え、創業者である代表取締役会長の役員報酬の50％以上の自主返上、創業メンバーの取締役1名の辞任、全取締役の月額報酬10％相当額の自主返上も発表されています。

粉飾決算の原因は何だったのか？

このような粉飾決算が行なわれた要因として、調査報告書では次の6点が挙げられています。

① 取締役会の監督機能の低下によるガバナンス不全
② 各店舗の業績低迷
③ 事業の急拡大に伴う部門間・会社間牽制機能の喪失
④ 運営実態における業務分担および業務手順が不明瞭であること
⑤ 業務チェック体制の欠如
⑥ 自浄作用の不全、コンプライアンス意識の欠如

①は、A氏の影響力に起因する問題として調査報告書では認識されています。創業者を引き継いだA氏が発揮した強いリーダーシップは社内改革を進める原動力となっていた反面、A氏以外の役職員はA氏の意向や問題意識に応えようとする傾向が強かったため、取締役会における監督機能が低下し、ガバナンス不全に陥ったと指摘されています。

その結果、B氏やC氏が継続的に行なっていた減損処理に関する粉飾決算についても、

一時の業績不振から脱した後はA氏が減損処理に対して関心を寄せることがなかったことから、それに対する取締役会の監視が機能しなかったということです。

②は、すでに述べたとおりです。2009年9月期において、リーマン・ショックによる景気後退の影響もあって既存店の売上が停滞し、M&A後の子会社の業績改善も想定どおり進まず、業績が低迷していました。そのような状況下において、A氏から2期連続の大幅な赤字を回避したいという意向を示されたB氏は、粉飾決算という選択肢を選ばざるを得なかったのではないかと推察されます。

③としては、M&Aや子会社の増加に伴って業務量が増大するなか、本社の**人材育成**が追いついていなかったことと、取締役が複数の役職を兼務するなかで、**本社業務に対する監督**が十分に行なわれず、また**部門間や会社間の牽制機能**が失われていたことが指摘されています。

④としては、経営計画室と経理課の業務分担の問題が挙げられています。今回の粉飾決算の対象となった店舗の減損処理は本来、経理課が担当するべき業務でしたが、経営計画室が作成した利益計画を確認できる責任者が経理課に存在しませんでした。そのため、経理課は店舗減損処理を経営計画室の業務とみなす一方、後任の経営計画室長であるE氏は当該業務が自部門で行なわれている状況を認識していませんでした。このように**責任の所在が曖昧になっていたことも、粉飾決算に対するチェックが甘くなった原因**と言えます。

責任の所在が曖昧になっていることに起因して、不正を組織的に防止するためのチェック機能が働かず（⑤）、減損処理を含めた業務処理に対する**コンプライアンス意識の低下、さらには組織のセクショナリズムによる自浄作用の不全**（⑥）も相まって、こうした粉飾決算が長期間放置されるに至ったと調査報告書は指摘しています。

従業員による不正な流用

続いて、従業員が不正な流用を行なったケースを取り上げます。この不正な流用は、厳密には粉飾決算ではないのですが、会社の費用が私的に流用されるため、その会社の利益は過小に計上されます。その結果、その会社は課税所得を過小に申告することになるので、こうした不正な流用は税務当局から指摘されて明るみに出ることが多いのです。

経営者の意向を忖度して従業員が粉飾を行なうケースでは、従業員が私的な利益を得ることは通常ありませんが、こうした不正な流用の場合、従業員が得たおカネは、業務上の使途に使用されたり、私的に利用されたりします。したがって不正な流用は、いわゆる横領や着服に近い形態とも言えます。

東テクのケース

従業員による不正な流用のケースとして、１９５５年設立の空調機器販売などを手掛ける**東テク**（ジャスダック上場）を取り上げましょう。東テクの２０１３年３月期の連結売上高は６６５億６２００万円、経常利益は22億３７００万円、従業員数は１０２８人という規模の会社です。

東テクで行なわれていた不正な流用は、**水増し仕入発注**、**架空仕入発注**、ルームエアコンの無断転売等による取引を通じて従業員が**不正なキックバック**を受けるという行為でした。２０１４年２月上旬、東テクに対する税務調査を行なっていた東京国税局から、従業員の一部が不適切な外注費の処理を行なっていた可能性があるという指摘を受け、それをきっかけに社内調査を実施したところ、こうした不正な流用が明るみに出ることになったのです。

不正な流用はどのように行なわれていたのか？

調査報告書によると、東テクの社員によって行なわれていた不正は、次の４点に集約されます。

①水増し仕入発注や架空仕入発注
②取引事実のない販売手数料等の支払い
③ルームエアコンの無断転売、贈与および自己使用
④社員が関係する会社への資金還流を目的とした水増し発注

これらの水増し仕入発注や架空の販売手数料の支払いの目的は、それらによって従業員が不正なキックバックを得ることにありました。その資金の使途は、当初は業務上必要とされる交際費への支出に充てられていましたが、それだけではなく社員同士の飲食や就業後の現場の打ち合わせに伴う飲食費、夜間工事後の慰労等の費用、さらには個人の飲食等の遊興費に充てられるなど、徐々にエスカレートしていったようです。

衝撃的なのは、こうした不正流用に関与した社員数（次ページの図表5－8を参照）です。一部重複してカウントされているケースがあるとはいえ、延べ100人以上の社員が関わっていたことがわかります。東テク社内では、こうした不正行為が普通に行なわれていた実態が垣間見えます。

また、水増し仕入発注等で社員がキックバックを受けるためには、キックバックを行なう外部協力者の存在が不可欠です。実際、東テクのケースでも50名以上の外部協力者が存在していたことが調査報告書により指摘されています。

◉図表5-8　東テクの不正への関与社員数、不正処理金額、外部協力者数

	関与社員数（名）	不正処理金額（百万円）	外部協力者数（名）
水増し仕入発注等	66	826	47
取引事実のない販売手数料等の支払い	4	36	5
ルームエアコンの無断転売等	56	35	0
社員が関係する会社への発注	1	11	1
合計	127	908	53

注：上記の人数は人事異動等の関係で一部重複している

東テクでは様々な手段を用いて不正流用が行なわれていましたが、ここでは最も関与した社員数が多く、不正に処理された金額も大きい水増し仕入発注等について解説します。

まず、このような不正流用は、基本的に利益が出ると見込まれる現場によって行なわれていました。その現場における発注費用を水増しするわけですから、最終的にその現場に利益が残らないと困るからです。

そのような現場の下請業者である外部協力者に対して、過大な金額の作業等を発注します。こうして発注された作業は、実際に行なわれたものと架空のものの双方があったようです。その代金は外部協力者から東テクに対して請求され、東テクから支払われることになります。

そうした代金を受け取った外部協力者は、その一部を東テクの営業担当者に手渡ししたり、営業担当者の銀行口座に振り込んだりしていました。私費で接待費用を支払った後に、それを埋め合わせる目的でキックバックを実行したケースが大半を占めていますが、その他にも忘年会や新年会や現場の打ち上げに備えてキッ

クバックを実行したケースや、キックバックによって得た資金をプールしたケースもあったようです。

東テクが支払わなければならなかった不正な流用の代償

繰り返しになりますが、東テクにおける不正流用が明るみに出るきっかけとなったのは、東京国税局からの指摘でした。仕入発注費用を水増しし、架空の販売手数料を支払うことなどによって課税所得が過小になっていたため、それが所得隠しであると指摘されたのです。

その結果、東テクは、次のような代償を支払うことになりました。

① 重加算税を含む追徴税額約3億円の支払い
② 過年度決算（5期分）の訂正
③ 取締役等報酬の自主返上

まず、東テクは東京国税局から指摘された所得隠しに伴う追徴税額約３億円を支払うことになりました(２０１４年５月３日付日本経済新聞朝刊)。さらに、２００９年３月期から2013年3月期までの5期分の過年度の有価証券報告書等の訂正が必要になりました。

また、この不正な流用の発覚後、2014年4月24日付のニュースリリース「取締役等報酬の自主返上及び再発防止策のお知らせ」において、現経営陣の責任を明確にするため、代表取締役2名は報酬月額の30％、取締役常務執行役員2名および取締役2名は報酬月額の20％、常勤監査役1名は報酬月額の10％をそれぞれ3ヶ月間自主返上すると発表しています。

不正な流用の原因は何だったのか？

この不正な流用の原因として、調査報告書では次の6点が指摘されています。

①予算（交際費）管理の潜脱
②取引業者との癒着
③購買プロセス上の問題
④管理部門の牽制不足
⑤監査役監査および内部監査の不十分性
⑥コンプライアンス意識の欠如

①の「**予算（交際費）管理の潜脱**」という言葉は少々わかりにくいのですが、「正式な交際費の申請を行なわずに交際費を捻出する**動機**が存在していた」という意味です。こうした不正流用の発端は、社員が営業上接待費用の必要性を感じていても、社内の正式な手続きで申請することが難しく、私費により接待を行なうこともやむを得ないと判断した点にあります。

もちろん、東テクでも一定の枠内で接待交際費は認められていました。しかし、商品や技術面での差別化により受注を受けることを営業の基本方針としていたことから、交際費の決裁を行なう管理者が交際費の支出に対して慎重な態度をとっていたため、一部の従業員が交際費を申請することに対して消極的になっていた、と調査報告書は指摘しています。こうした条件が重なった結果、交際費を捻出する手段としてキックバックを受ける不正行為が日常的に行なわれるようになったのです。

不正な流用が可能となった背景として、②の**取引業者（下請業者）との癒着**も挙げられています。繰り返しになりますが、キックバックを受ける不正行為は外部協力者の存在が不可欠です。ただし、水増し仕入発注は東テクに対する詐欺罪になり得る違法行為ですから、従業員と外部協力者の間にはかなり親密な関係があったと推測されます。

こうした状況に加え、さらに③の**購買プロセスにおいて上司の監視の目が実質的に行き届かなかったこと**、④の**管理部門からのモニタリングが機能していなかったこと**、そして

⑤の監査役監査による書類上の監査では不正行為を見抜くことが困難であったこと、内部監査室による実地の抜き打ち監査が5、6年の間実施されていなかったことなどが重なり、不正な流用が長期間看過されることになったのです。

このような不正行為を繰り返すなかで、社員のコンプライアンス意識は低下（⑥）し、不正行為が徐々にエスカレートしていったものと推測されます。

経営者による粉飾決算

会社のため？　従業員のため？　保身のため？

最後のケースとして、経営陣による粉飾決算の事例を取り上げます。経営陣による不正行為も、従業員による不正同様、「会社を守るため」「上場廃止を回避するため」といった会社の存続を目的とするものと、経営者が自らの私的な利益を得るために横領を行なうケースの双方があります。

粉飾決算の動機は、従業員による不正と大きく異なるわけではありませんが、**経営者による不正の場合、その職務管掌の範囲が広くなるため、粉飾決算の規模が大きくなる傾向があります。**

経営者が会社を守ろうとするために粉飾決算を行なう場合には、自ら育てた会社や自社の従業員を守りたいという気持ちが強く働きます。そうした会社や従業員に対する心情が強いばかりに、粉飾決算に手を染めてしまうケースもあるのです。また、経営者自身の保身のために粉飾決算を行なう場合もあります。以下、会社や従業員、経営者自身を守るために行なわれた粉飾決算の事例を見ていきます。

郷鉄工所のケース

ここでは、経営者自らが粉飾決算を主導した事例として、**郷《ごう》鉄工所**（東証二部、名証二部上場）のケースを取り上げます。

郷鉄工所は、1931年創業、1947年設立の破砕・粉砕機などの産業機械や橋梁鉄構などを製造販売していた企業です。

郷鉄工所では本業である破砕・粉砕機事業やインフラ事業である橋梁鉄構事業の伸び悩みに伴い、2015年3月期以降は太陽光事業などの新規事業に積極的に取り組んでいるものとされていました。2016年3月期時点での連結従業員数は138人となっています。

図表5－9は、郷鉄工所の業績の推移をまとめたものです（粉飾決算の修正はしていません）。この図表を見ると、2010年3月から2014年3月期まで40億円前後で推移していた売上高は、2015年3月期に大きく上昇しています。これは、新規事業の影響によるものと考えられます。

◉図表5-9　郷鉄工所の業績の推移

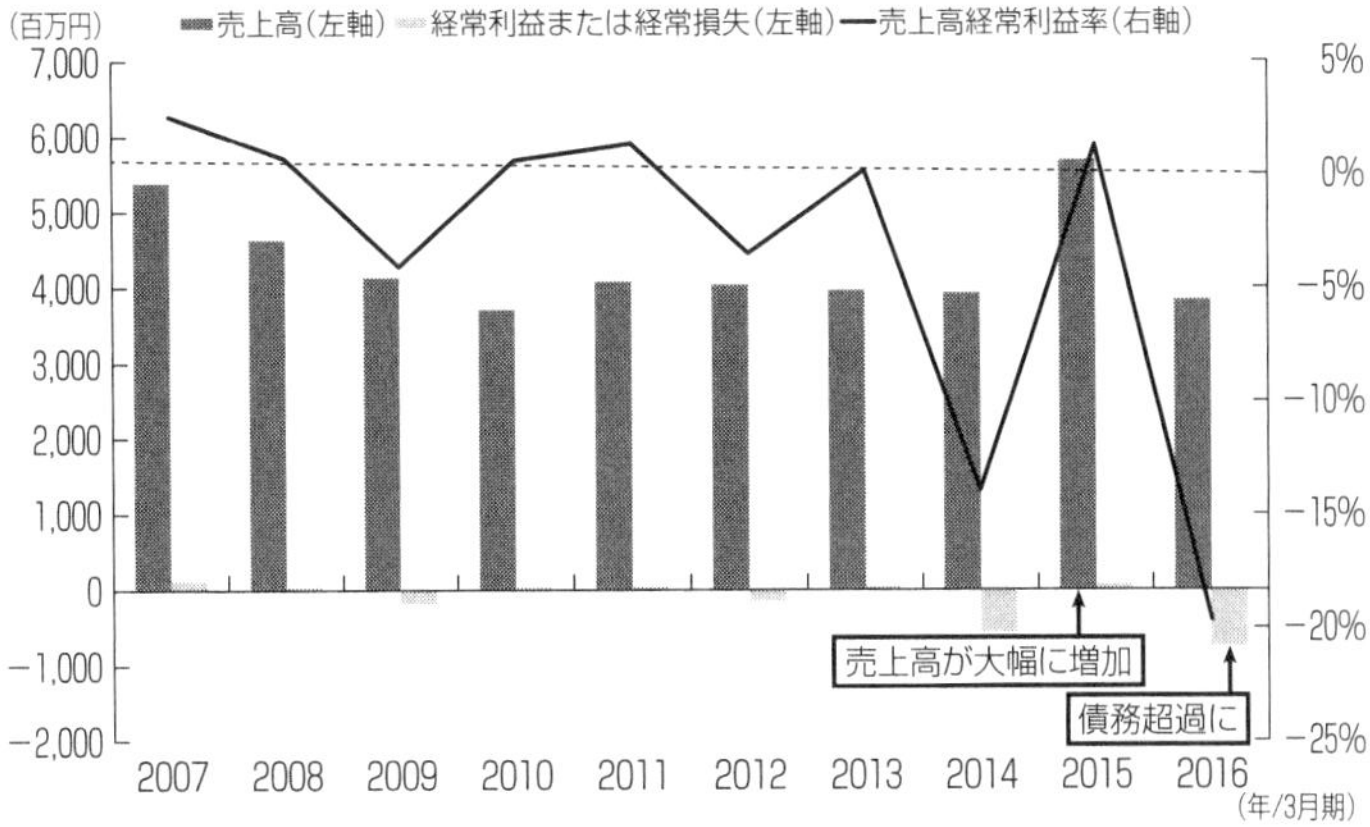

注：2014年3月期までは単体決算、2015年3月期以降は連結決算

しかし、２０１６年３月期には大きな赤字を計上し、それに伴って郷鉄工所は**債務超過**の状態に転落しています。

なお、郷鉄工所に関する調査報告書は、２０１７年６月23日に開示された、第三者委員会による「調査報告書」と、２０１７年８月８日に公表された、追加調査に対する第三者委員会の「中間報告書」がありますが、後者は中間報告書を郷鉄工所が受領した後、追加調査が中止されているため、ここでは前者の調査報告書を中心に取り上げます。

また、この調査報告書では郷鉄工所の経営陣が実名で記載されていますが、他のケースにならって匿名で表記します。

太陽光事業に関わる架空売上と架空仕入れによる不正な資金調達

郷鉄工所では、従来からの本業の不振に伴い、２０１４年3月期は赤字決算となっていました。したがって、郷鉄工所としては２０１５年3月期には黒字転換しなければならないと考えていました。そこで、当時の社長のA氏は、新規事業として太陽光事業に参入することを決定し、同事業に明るいと思われていたB氏を招聘しました。そして、郷鉄工所は太陽光発電施設工事の新規受注に奔走することになったのです。

この太陽光事業における基本的な商流は、**［発注者（太陽光発電事業者）］→［郷鉄工所］→［下請業者・仕入先］**というものでした。当初は、発注者からの前受金により仕入先や下請業者に対する支払いを行なうことができるため、手元資金は必要ないという触れ込みでしたが、実際には前受金以上の支払いが必要になることもあり、**手元資金がなければ事業を展開することが難しいという状況に直面**しました。

そこで、A氏とB氏は郷鉄工所と下請業者の間にX社をかませることによって、資金繰りを改善しようとします。通常、仕入先や下請業者に対する支払いは現金で行なわなければならないところを、X社に対しては手形による支払いとして、X社が仕入先や下請業者に現金で支払うことで手元資金の不足を補おうとしたわけです。

その結果、郷鉄工所は２０１４年7月から２０１５年2月の間に2件の太陽光発電設備設置工事を受注することができましたが、この時点では赤字の状況でした。

　ところが、２０１５年3月31日、郷鉄工所は太陽光発電設備設置工事を４件受注し、かつ同日付で仕入れ、売上を計上したことにより、黒字転換を果たします。調査報告書では、この４件の工事による売上はすべてX社の経営者によって設立された会社からの発注であったことから、いずれも架空売上に類するものであったと記述されています。

　さらに、こうした工事案件とは無関係に、郷鉄工所はX社やその他の会社に対して架空の仕入れを立てて支払手形を発行していました。X社などはその手形を金融機関で割り引いて現金化し、その現金から手数料を差し引いたうえで、郷鉄工所に還流させたり、郷鉄工所等の名義で郷鉄工所の取引先に対する支払いを行なったりしていました。郷鉄工所は、こうして「生み出した」現金を、自社の資金繰りに充当していたのです。

　また、郷鉄工所は、X社から**還流させた資金を架空売上案件の売掛金の入金に見せかけることで、その案件が架空取引であることが発覚しないよう体裁を繕っていた**こともわかっています。

　なお、調査報告書におけるシミュレーションの結果によれば、こうした形での資金調達にあたってX社が差し引いていた手数料を金利換算すると、郷鉄工所は年利にしておよそ50〜１５０％に相当する高額な手数料をX社に支払っていた可能性があります。

会計監査人の指摘から発覚、そして自己破産

その後、2016年8月に郷鉄工所が会計監査人から粉飾決算の疑いをかけられたことをきっかけに、こうした事態が明るみに出ることになります。当初は内部調査委員会が調査を開始しましたが、内部調査委員会では十分な事実解明に至らなかったことから、第三者委員会を設置して調査が行なわれました。

この第三者委員会により、前述のX社の案件や、2016年3月に郷鉄工所が売上高や利益の粉飾を目的として行なおうとしていたと推測される不動産の架空取引に対する調査が進められたのです（なお、この不動産に対しては、すでに差し押さえがなされていたことから、取引が実現することはありませんでした）。

ところが、郷鉄工所における粉飾決算は、これだけではとどまらなかったようです。会計監査人から「追加の案件について調査が完了しない限り、監査意見を表明できない」という指摘を受け、郷鉄工所は追加調査を行なう（新たな）第三者委員会を設置します。そして、2017年8月8日に提出された第三者委員会による追加調査に対する中間報告書では、滞留債権が発生した13案件や特別利益の計上に関する疑義についての調査の進捗が報告されています。

しかしながら、2017年8月25日、郷鉄工所は自社の資金事情を理由に、この追加調

査の中止を決定します。そして、同年9月1日に2回目の不渡り手形を出し、9月6日には銀行からの取引が停止されてしまいます（2017年9月7日付日本経済新聞朝刊）。

最終的には、2017年10月23日、郷鉄工所は岐阜地裁に自己破産を申請し、倒産しました。最終的な負債総額は、約24億円だったと報道されています（2017年10月24日付日本経済新聞地方経済面中部）。

粉飾決算を行なう会社の経営者の心理

ところで、最初の第三者委員会における調査報告書では、当時の社長であったA氏から役員や関係者に送信されたメールの内容が開示されています（次ページの図表5-10を参照）。

同図表の①のメールの「**役員全員がズタズタになっても……**」という記述から、なんとかして会社を存続させなければならないというA氏の心情が読み取れます。

また、同図表の②のメールでは、「**会社法より会社優先をお願いします**」という記載があり、A氏が会社や従業員を守ろうとするばかりに、コンプライアンスを軽視した行動をとっている様子が伺えます。

さらに、第三者委員会の設置が決定される前後のメール（同図表の③、④）では、A氏

◉図表5-10　A氏から役員や関係者に送信されたメール

①	**送信日時**：2016年11月24日 **内容**：今は**役員全員がズタズタになっても会社を支える時ではないでしょうか**、緊急事態なんです。理屈や道理で会社は救えません。わかって下さい。
②	**送信日時**：2016年12月19日 **内容**：各位にお願い、現在の状況下でのC専務の資金繰り努力は厳しいものを感じます、私はC専務の提案に賛成します。**会社法より会社優先をお願いします**
③	**送信日時**：2017年4月21日 **内容**：今日の役員会で第三者委員会が決定する、私は欠席、そろそろ潮時と思っている**会社に未練はない**、一生懸命支えてきたが・・・・・
④	**送信日時**：2017年4月22日 **内容**：昨日の役員会で第三者委員会が決定した、私にも潮時が来た遅かった、**会社に未練はない**、一生懸命支え40年貢献したつもり、**ウルトラCはないのか？**

注：下線は筆者が追加

自身は「**会社に未練はない**」と言いつつも、「**ウルトラCはないのか？**」とも記述しており、ここまで懸命に会社に対して貢献してきた自分自身に対する保身の感情が表れているようにも見えます。

会社、従業員を守りたいという気持ちに自己保身の感情が入り混じった、粉飾決算に手を染めてしまった経営者の心理が垣間見えるメールだと言えるのではないでしょうか。

粉飾決算の原因は何だったのか？

調査報告書では、こうした粉飾決算に至った原因を列挙する形ではまとめられていないものの、「再発防止策の提案」のところで、原因についても言及されています。その原因としては、大きく分けると次の3つが挙げられています。

①社内の風土やルールの不備に起因する問題
②組織体制上の問題
③コンプライアンス教育上の問題

③の社内の風土やルールの不備に起因する問題としては、売上重視の風潮、新規事業の審査の甘さ、社内規程の不備と不遵守、取引先への取引限度額の未設置、与信調査の未実施が挙げられています。

さらに、こうした直接的な原因以外に、②の属人的な組織体制上の問題も多く、現行役員の資質の問題や、内部監査室や内部通報制度などがなかったことが指摘されています。また、社外取締役が太陽光事業の収支状況などについて指摘や情報提供の要請を再三行なったにもかかわらず、意図的に情報共有を行なわなかったという問題もありました。

加えて、③の役員および従業員のコンプライアンス教育がなされていなかった点も指摘されています。郷鉄工所の役員の間では、十分に自身の職責を理解せず、様々な案件に対して不適切な取引だと認識されていたにもかかわらず、それを指摘しなかっただけでなく、「反対すべきではない」と考えられていた例もあったようです。

粉飾決算のきっかけとその代償

粉飾決算のきっかけ

ここまでの事例からわかるように、粉飾決算に手を染めるきっかけは多くの場合、業績の不振です。業績が不振に陥ったときに「業績を回復させなければ」と思うのは当然ですが、そのプレッシャーから粉飾決算に走ってしまった、というのが本章で取り上げた梅の花、郷鉄工所に共通したポイントだったと言えます。また、架空循環取引に巻き込まれた東邦金属のケースも、不正な取引だと認識していなかったとはいえ、それに関与するきっかけの1つが赤字決算であったことは、その後の経営者も認めるところです。

初めて粉飾決算を行なったときには、後々業績が回復すれば粉飾決算を挽回できると経営者は考えていたのかもしれません。しかし実際には、一度でも粉飾決算を行なうと、それを隠すために、さらなる粉飾決算を重ねて行なわなければならなくなり、いつか必ず行き詰まってしまうというのが、本章で取り上げた事例から読み取れる重要な教訓の1つと言えます。

また、厳密には粉飾決算ではありませんが、従業員による不正な流用が行なわれた東テクのケースでは、各従業員は自身の営業成績を上げなければならないというプレッシャーのなかで、社内における交際費の使用が制限されていたために、不正な流用が常態化してしまいました。

粉飾決算の代償

粉飾決算を行なった企業は、少なからぬ代償を支払わなければならなかった、ということも本章の事例を通して理解できたと思います。過年度決算の訂正、公表措置と改善報告書の徴求、課徴金の納付、売掛金の焦げつき、社内処分といった、粉飾決算によって支払わなければならなかった直接的な代償はもちろん大きいのですが、それ以上に重くのしかかるのは、その企業が長年積み上げてきた信用を失墜させてしまうことです。

粉飾決算企業にとって最大にして最悪の代償は、自社が倒産してしまうことです。こうした事態に陥らないためにも、粉飾決算には決して手を出してはならないのです。

粉飾決算の防止と早期発見のために必要なこと

不正のトライアングル

組織における不正が起こる理由について構造化した最も有名なモデルは、米国の犯罪研究者であるドナルド・クレッシーや会計研究者のスティーブ・アルブレヒトらが提唱した「**不正のトライアングル**」です。

このモデルは、図表5－11に示すように、不正が起こる原因には、不正を行なう「**動機**」（プレッシャーなど）と、不正を行なうことを可能とする「**機会**」と、不正を「**正当化**」する理由の3つがあるというものです。

これまで見てきた事例でも、動機（例えば、業績不振を立て直さなければならないというプレッシャー）、機会（意思決定プロセスの不備やモニタリングの不足）、正当化（会

◉図表5-11　不正のトライアングル

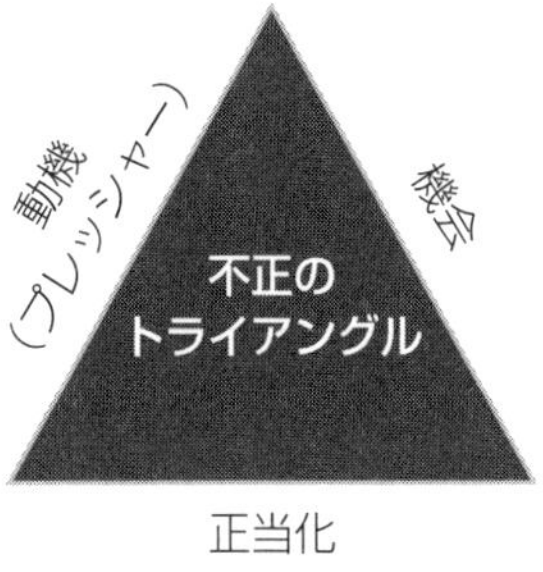

出所：Arbrecht[2014]より筆者作成

社、社員を守るためには仕方がないという意識）が粉飾決算につながっていました。

したがって、粉飾決算を防止するためには、これらの動機、機会、正当化が発生しないようにすることが重要です。とはいえ、動機や正当化をコントロールすることは一般的には難しいため、**粉飾決算などの不正を防止する対策としては、機会を抑制する**ことが中心となります。

会計不正の再発防止策

これまで取り上げた事例の粉飾決算などの会計不正に関する調査報告書の最後には、再発防止策の提言が盛り込まれていました。もちろん、各事例の企業が置かれた細かな状況は異なるのですが、再発防止策は次の４つに集約できます。

①　社内におけるモニタリング機能の強化
②　業務や意思決定プロセスの改善
③　内部通報制度の活用
④　コンプライアンス意識の向上

こうした再発防止策は、事例ごとに粉飾決算などの会計不正の発生原因を踏まえて提言されているものですから、これらを押さえておくことで会計不正の防止につながることが期待できます。以下では、これらの4つの再発防止策について順に解説します。

社内におけるモニタリング機能の強化

粉飾決算などの会計不正を防止するためには、社内におけるモニタリング（監視）機能の強化が重要となります。モニタリング機能の強化を検討するときのポイントは、大きく分けて2つあります。

1つ目は、「モニタリングおよびチェックすべき項目をどのように設定すべきか？」という点です。架空循環取引に巻き込まれた東邦金属の事例で言えば、**取引先、契約内容、そして取引のための現物を含めた商流をチェック**しておく必要があったでしょう。取引を開始する前に、これらを明確に確認できていれば、架空循環取引に巻き込まれることはなかったはずですし、取引先に対して適切な与信を設定することもできたはずです。

また、新規事業への参入にあたっては、特定個人の説明を鵜呑みにすることなく、市場調査や事業計画に関して、**外部の専門家を交えた検証**が必要です。不正を防止するうえでも、**現地、現物に基づいたモニタリングおよびチェック**を行なうことが重要です。

2つ目のポイントは、「モニタリングを行なう主体をどのように設定するか？」です。モニタリングの主体で分けると、**取締役会**によるモニタリング、**監査**によるモニタリング、そして**管理部門**によるモニタリングの3つが必要です。

取締役会の重要な役割の1つは、その会社の取締役や使用人による執行状況のチェックを行なうことです。したがって、社外取締役を含めた取締役は、お互いの執行状況をチェックし、**取締役会の実効性を高める**必要があります。しかし、粉飾決算が行なわれた会社では自分自身の職務管掌以外には口を出さず、活発な議論が行なわれていないケースが散見されます。また、社外取締役に対する情報提供を適切に行ない、社外取締役からのモニタリングが機能するようにすることも重要です。

次に、社内における監査を十分に機能させなければなりません。上場企業の多くでは、**監査役や監査等委員会による監査**、**内部監査**、そして**会計監査人による監査**が実施されていますが、粉飾決算が行なわれた事例では、それらが適切に機能していないケースが散見されました。内部監査に関しては、そもそも内部監査室等を設置していないケース、設置はしているものの人員が不足し、内部監査が機能していないケースが見られます。こうした部門の人員体制を充実させ、会計監査人とも適切に連携させることによって、モニタリング機能を強化する必要があります。

加えて、**管理部門からの牽制機能が必要十分なレベルで働くようにする**必要があります。

事業部門が強すぎて、管理部門が脆弱な状況では、管理部門からの牽制機能が働かず、事業部門の暴走につながりかねません。このようなケースでは、適切な牽制機能が働くよう、管理部門の人員体制、機能を強化することが求められます。

業務、意思決定プロセスの改善

２つ目の防止策としては、業務や意思決定プロセスを改善することが挙げられます。まず、特定の個人や部署に**権限が集中しないように職務分掌を設計する**必要があります。これは、相互のチェック機能を働かせるうえでも重要です。営業部門に発注権限を集中させず、購買部門を設置して権限を分散させたり、属人的な業務に対しては恣意的な判断を排除するような指揮命令系統や決裁プロセスなどを適切に設定したりすることも求められます。また、重要な業務については、複数の担当者により**クロスチェック**を行なう体制を整備することも有効でしょう。

また、基本的なことではありますが、取締役会で決議すべき事項に関する基準を設けて、適切な審議が行なわれるような決裁プロセスを設計、運用することも重要です。

併せて、特定の業者との癒着を防止したり、粉飾決算などの不正が長期にわたって行なわれたりすることを防止するためにも、**短期間での人事ローテーション**が有効です。この人事ローテーションは、属人的な業務を不必要に生み出さないことにもつながります。

いずれの場合も、不正を行なおうとする立場の人間の視点に立って、なるべく不正を行ないにくくするような業務や意思決定のプロセスを設計することがポイントです。

内部通報制度の活用

3つ目のポイントは、内部通報制度の活用です。KPMGによって2019年に公表された「日本企業の不正に関する実態調査」によると、**不正が発生したと回答した企業の約40%が「内部からの通報」によって不正が発見された**と答えています。

内部通報制度を充実させることにより、粉飾決算などの不正行為が早い段階で明るみに出るような仕組みを整えておく必要があります。そうした仕組みが整えられていれば、粉飾決算の早期発見につながるのはもちろんですが、従業員同士の牽制機能が働くため、粉飾決算の発生そのものの防止にもつながります。

いくつかの調査報告書においては、不正を行なった場合でも、自ら申告することで処分を軽減する「**社内リーニエンシー制度**」の導入が提言されています。こうした制度が日本企業で定着するかどうかは未知数ですが、内部通報を活性化するという観点からすれば、一考に値すると言えるでしょう。

■コンプライアンス意識の向上

最後に取り上げるのは、コンプライアンス意識の向上です。多くの調査報告書において、粉飾決算の再発を防止するにはコンプライアンス意識の強化が必要であると述べられています。しかし、これは単に「役員や従業員に対してコンプライアンス研修を行ないましょう」という心構えだけを指すわけではありません。

ここまでに取り上げた多くのケースでは、粉飾決算が悪いことだと認識していても、コンプライアンス意識が業績向上のプレッシャーに負けてしまい、粉飾決算に手を染めてしまったものと推測されます。

したがって、業績達成のプレッシャーが強すぎる組織の場合には、組織風土や経営者の意識を変革する必要があります。「業績の向上以上に、コンプライアンスが重要」という意識が定着して初めて、コンプライアンス意識が向上したと言えるのです。

会計思考
Note
5

粉飾決算は企業の寿命を縮めてしまう

ここまで解説してきたように、粉飾決算は企業の信用を失墜させ、株式市場からの信頼も失う行為であることは間違いありません。多くの企業では、金融機関や株式市場からの資金調達が可能になることを期待して粉飾決算を行なうのですが、それが一旦露見すれば、企業としての信頼を一気に失い、資金調達に行き詰まって破綻してしまいます。

しかし、失われるものはそれだけではありません。次ページの図表5-12は、本書で取り上げた粉飾決算を行なった企業のうち、経営破綻に追い込まれた企業のキャッシュ・フロー計算書から、**法人税等の支払額と配当金の支払額**を抜粋したものです。

これらのデータから、経営破綻に至った企業の多くが法人税を支払っていたことがわかります。抜粋した2年の間に、FOIは12億8500万円、IXIは13億円、シニアコミュニケーションは3億4900万円、OHTは7900万円、郷鉄工所は1800万円の法人税を支払っています。これらの法人税は、もし粉飾決算を行なわず、赤字であれば基本的に支払う必要のないものです。**粉飾決算により利益を計上したがために、法人税を支払わなければならなかった**わけです。そもそも、粉飾決算を行なわなければならなかった

◉図表5-12　粉飾決算企業の法人税、配当金および自己株式取得による支出

（単位：百万円）

FOI	2008年3月期	2009年3月期
法人税等の支払額	−828	−457

IXI	2005年3月期	2006年3月期
法人税等の支払額	−485	−815
配当金の支払額	−71	−53
自己株式の取得による支出	−32	−

シニアコミュニケーション	2008年3月期	2009年3月期
法人税等の支払額	−396	47
配当金の支払額	−	−26
自己株式の取得による支出	−	−97

OHT	2005年4月期	2006年4月期
法人税等の支払額	−35	−44
配当金の支払額	−11	−15

郷鉄工所	2015年3月期	2016年3月期
法人税等の支払額	−3	−15

注：法人税の支払額については還付額と相殺して表示している。支払額がプラスとなっているのは支払額よりも還付額が大きいことを示している

ほど状況が逼迫していたのですから、手持ちのキャッシュが豊富だったはずがありません。

法人税の支払いという形でキャッシュを流出させるという行為は、これらの企業にとって首を絞める行為と同然だったのです。なお、ここでは紙幅の関係で2期分のデータしか掲載していませんが、シニアコミュニケーションのように長期間にわたって粉飾決算を行なってきた企業の法人税の支払いは、より多額になっています。

また、配当金を支払っていたケースもあります。IXIでは1億2400万円、OHTでも2600万円の配当金が支払われています。IXIおよびシニアコミュニケーションでは、自己株式の取得も行なっており、それぞれ3200万円、9700万円を支出しています。

これらの配当金や自己株式取得による支出は、通常は株主に対する利益還元の一環として行なわれるもの

ですが、粉飾決算を行なっている企業にとって、そのような資金の流出は法人税と同じように企業としての寿命を縮めるものに他なりません。

粉飾決算を続けていると、経営者自身も自社の業績の状況がわからなくなってしまうこともあります。以前、筆者が経営コンサルティング会社に勤務していた際、ある上場企業において、どの部門が儲かっていてどの部門が儲かっていないのかも把握できていないので、管理会計の仕組みを整えてほしいという相談があった、という話を聞いたことがあります。こうしたことは中小企業ではよくある話なのですが、長い歴史を持つ上場企業でもそういう会社があるのかと少なからず驚いた記憶があります。

その上場企業からの相談は結局、コンサルティング案件にならなかったのですが、それから数年後、その企業は粉飾決算が発覚して倒産してしまいました。今となっては内情を確認することはできませんが、粉飾決算を行なっているうちに、社内でも自社の本当の業績がどうなっているのか、わからなくなっていたのかもしれません。

もし、この推測が正しいならば、その企業では各事業部門の損益の実態すらわからず、粉飾決算によりいたずらに売上高や利益が水増しされる一方で、抜本的な経営改革は先送りされ、企業としての寿命を縮めてしまった可能性があります。**粉飾決算の恐ろしいところは、業績に対する社内の認識を歪ませ、経営陣や従業員の危機感をスポイルしてしまうところにもあるのです。**

第5章のまとめ

☑ 不祥事を起こした企業で作成された調査報告書には、内部情報が客観的にまとめられており、不祥事の経緯を知る資料としてとても有用である

☑ 架空循環取引の恐ろしいところは、知らないうちに取引に巻き込まれてしまう点にもある

☑ 従業員は、経営者の意向を「忖度」して粉飾決算を実行してしまうことがある

☑ おカネの不正流用は、利益（課税所得）の過小計上につながるため、税務当局からの指摘で発覚することが多い

☑ 経営者が粉飾決算を行なうのは、会社や従業員、そして自分自身を守るためである

☑ 不正を防止するためには、不正の「機会」を抑制することが重要

第6章

経営改革を読み解く

――業績を回復・成長させるための勘所

粉飾に頼らずに業績を回復させるための経営改革

どんな企業にも経営危機は訪れる

基本的に、常に順風満帆で業績に問題がない会社というのは存在しません。いかに長寿の企業といえども、業績が順調な時期があったかと思えば、経営が危うくなる時期も経験しているものです。これは、企業経営の歴史をひも解けばわかることです。

つまり、どんな会社にも経営危機は訪れるのです。これを避けることは、いかに優れた会社であっても難しいのです。

なぜなら、会社はコンピュータや機械が動かすものではなく、人が動かしているものだからです。会社は人が動かすものである以上、そこには経営上のミスが入り込む余地があり、会社を構成しているのが人間である以上、そこには慢心が生まれる余地があるのです。また、大きな経営環境の変化により、突然企業が苦境に立たされることも大いにあり得ることです。

したがって、どんな企業であっても経営危機を完全に回避することは難しいと言えます。

重要なのは、危機に陥った際に、その危機をどのようにして乗り越えていくかを考えることなのです。

粉飾に走らないために必要なこと

ここまで本書で取り上げたケースでは、経営危機に陥った際に粉飾へ走ってしまったために、少なくない代償を支払わなければなりませんでした。「粉飾決算では何も解決しない」ということが、これらの事例から得られた教訓だったと言えます。

では、粉飾に走らないようにするためには、どうすべきだったのでしょうか。例えば、本章で取り上げる**日立製作所**は、経営危機を乗り越えて経営を立て直すことに成功した代表的な企業だと言っていいでしょう。一方で**東芝**は、粉飾決算を契機として、存亡の危機に直面しました。両社の違いは一体、何だったのでしょうか。

まず、第5章でも取り上げたように、粉飾決算を未然に防ぎ、万が一発生した場合にはなるべく早い段階でその芽を摘むような仕組みを用意し、きちんと運用していく必要があります。経営危機を回避することが難しいのと同じように、企業内における不正をまったく起こさないようにするのは難しいでしょう。これはやはり、会社を動かしているのが人であるからです。不正の動機や機会、正当化の意識がある限り、不正を完全に防止することはできません。ですから、不正を早期に発見し、その芽をつぶしていくことで会社が傾くような大きな事態に発展するのを防止することが大切です。

また、粉飾に頼ることなく業績を立て直すために、経営トップをはじめとして全社一丸となって経営を改革していくことも重要です。ひどく当たり前のことのように聞こえますが、経営改革の努力を継続していく以外に、本質的に企業を立て直すことはできないのです。

業績を回復させ、再成長させるための経営改革の勘所

本章では、**日本マクドナルドホールディングス**（以下、日本マクドナルドＨＤ）、**日立製作所**、**スシローグローバルホールディングス**（以下、スシローＧＨＤ）の事例を通じて、粉飾に頼らずに経営を改革し、業績を立て直すには何が重要なのかを説明します。

これらの会社が置かれていた個々の状況は異なりますが、経営が危機的な状況に陥り、そこから業績を回復させて成長軌道に乗せるために様々な形で経営改革を実施したという点は共通しています。粉飾決算に頼らず、自社の経営を立て直すために、どのような改革が必要になるのでしょうか。

自社の原点へと回帰する

日本マクドナルドHDのケース

経営改革の最初のケースとして取り上げるのは、ファーストフード事業を手掛ける**日本マクドナルドHD**（ジャスダック上場）です。日本のマクドナルド1号店がオープンしたのは1971年のことです。その後50年弱が経過し、2020年4月末現在では直営店、FC（フランチャイズ）店を合わせた店舗数は2906店舗となっています。

日本マクドナルドHDが近年苦しんだのは、品質問題をきっかけとして顧客がマクドナルドから離れてしまったことでした。2014年7月にはチキンマックナゲットを製造していた中国工場で使用期限が切れた鶏肉を使用していたことが発覚します。また、その翌年の2015年1月には異物混入事件もあって、日本マクドナルドHDの経営は苦境に陥ってしまったのです。

その後、日本マクドナルドHDは、そうした苦境を抜け出し、過去最高の最終利益を更新することになります。このとき、どのような経営改革が行なわれたのでしょうか。ここ

◉図表6-1　日本マクドナルドHDの連結業績の推移

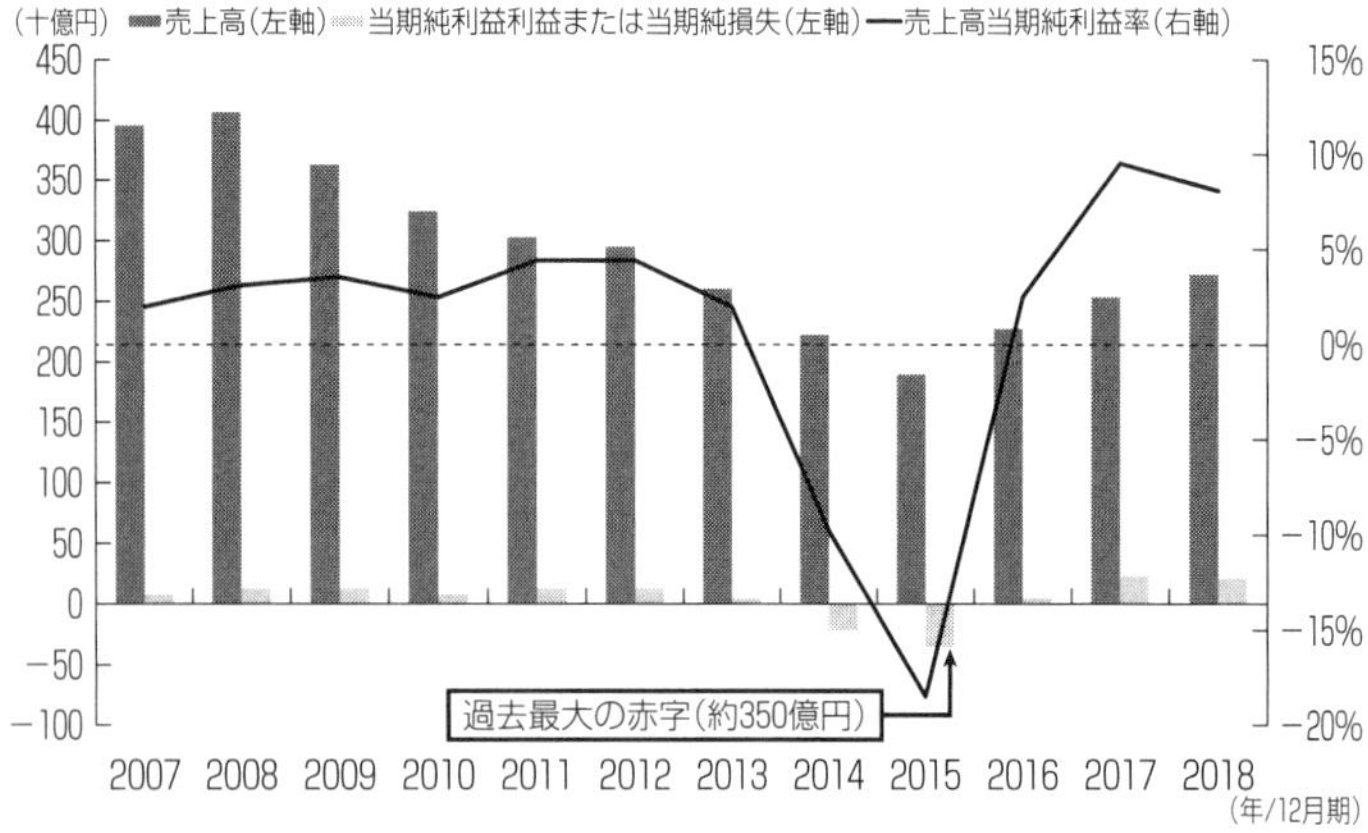

では、財務などのデータと日本マクドナルドＨＤで行なわれたことを対比しながら、経営改革の歩みを振り返っていきます。

過去最大の赤字を招いた品質問題

図表６－１は、日本マクドナルドＨＤの売上高、親会社株主に帰属する当期純利益（当期純損失）および売上高当期純利益率の推移をグラフにまとめたものです。

同図表を見ると、２０１５年12月期の決算では、売上高は１８９４億７３００万円と２０００億円の大台を割り込み、当期純損失は３４９億５１００万円と、過去最大の赤字を計上しています。

ここまで大きな落ち込みとなった最も大きな原因は、先ほど述べた**品質問題の発覚による顧客離れ**だったことは間違いありません。

◉図表6-2　日本マクドナルドHDの既存店売上高前年比の推移

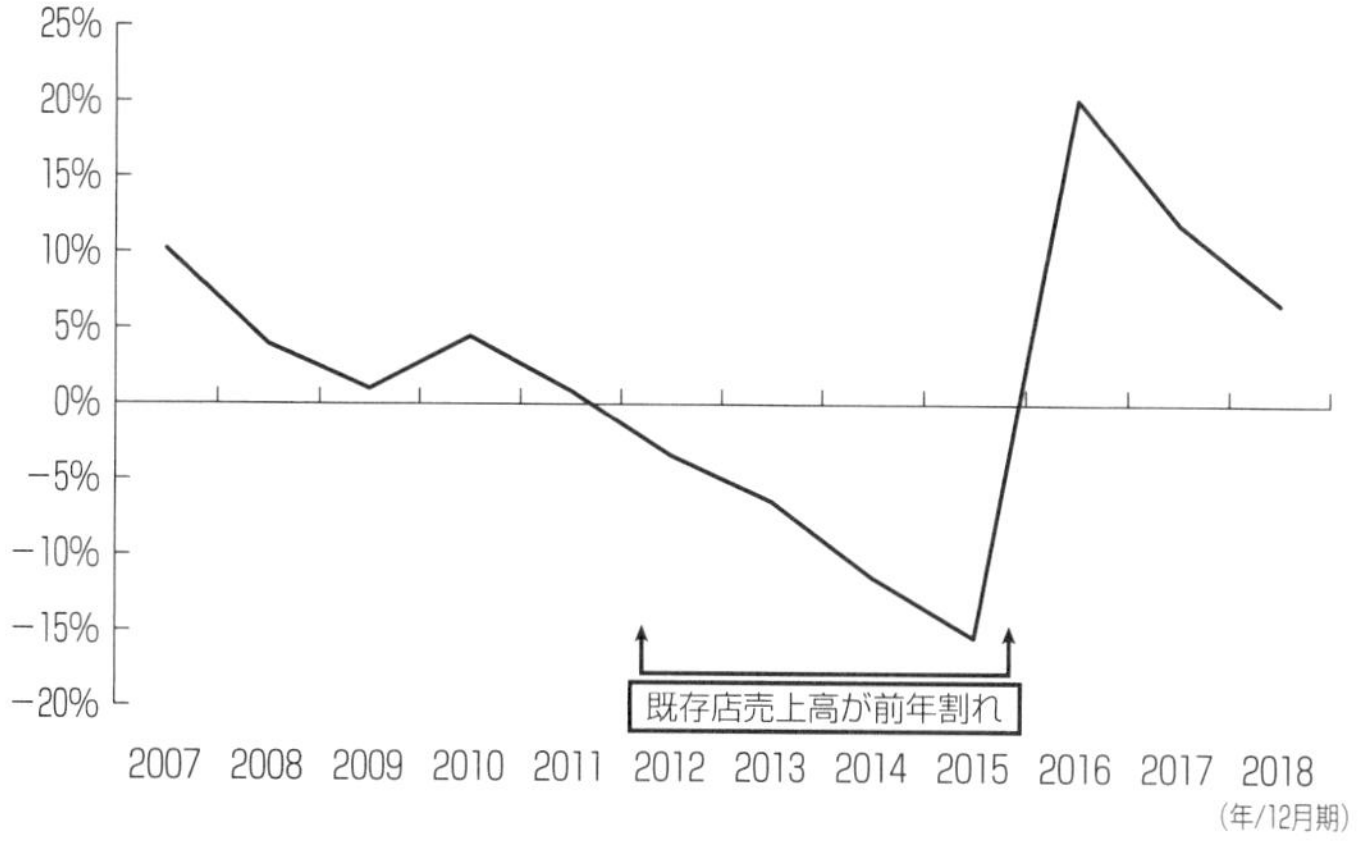

業績低下の別の理由

しかし、業績が低下した原因はそれだけではありません。図表6－2は、日本マクドナルドHDの既存店（開店から13ヶ月以上経過している店舗）の売上高前年比の推移を示したものです。

この図表からわかるように、日本マクドナルドHDの既存店売上高は、2012年12月期より前年割れとなっていました。**店舗の老朽化**や、**サービス品質の低下**などの要因で、マクドナルドの既存店から顧客が少しずつ離れていってしまったのです。

日本マクドナルドHDの副社長である下平《しもだいら》篤《あつ》雄《お》氏も、「お客様とのつながりが少し薄くなっていた」と当時を振り返っています（週刊東洋経済2017年11月25日号）。品質問題は、こうした顧客離れに拍車をかけ、2015年12月期の大幅な赤字となって表れたわけです。

カサノバ体制での経営改革

品質問題が発覚した時期よりも少し前の2014年3月に日本マクドナルドHDの社長兼CEOに就任したのが、**サラ・L・カサノバ氏**です。カサノバ氏の舵取りの下、日本マクドナルドHDが行なった経営改革は、次の3点に集約できます。

1. **店舗の再構築と改革**
2. **人材の質とサービス品質の向上**
3. **革新的なマーケティング**

以下、この3点の経営改革について詳しく説明していきます。

店舗の再構築と改革

この時期の日本マクドナルドHDでは、いくつかの店舗に関する経営改革が行なわれました。その1つが、**店舗の改装**を進めたことです。

図表6－3は、日本マクドナルドHDのキャッシュ・フローの推移を示しています。こ

◉図表6-3　日本マクドナルドHDの連結キャッシュ・フローの推移

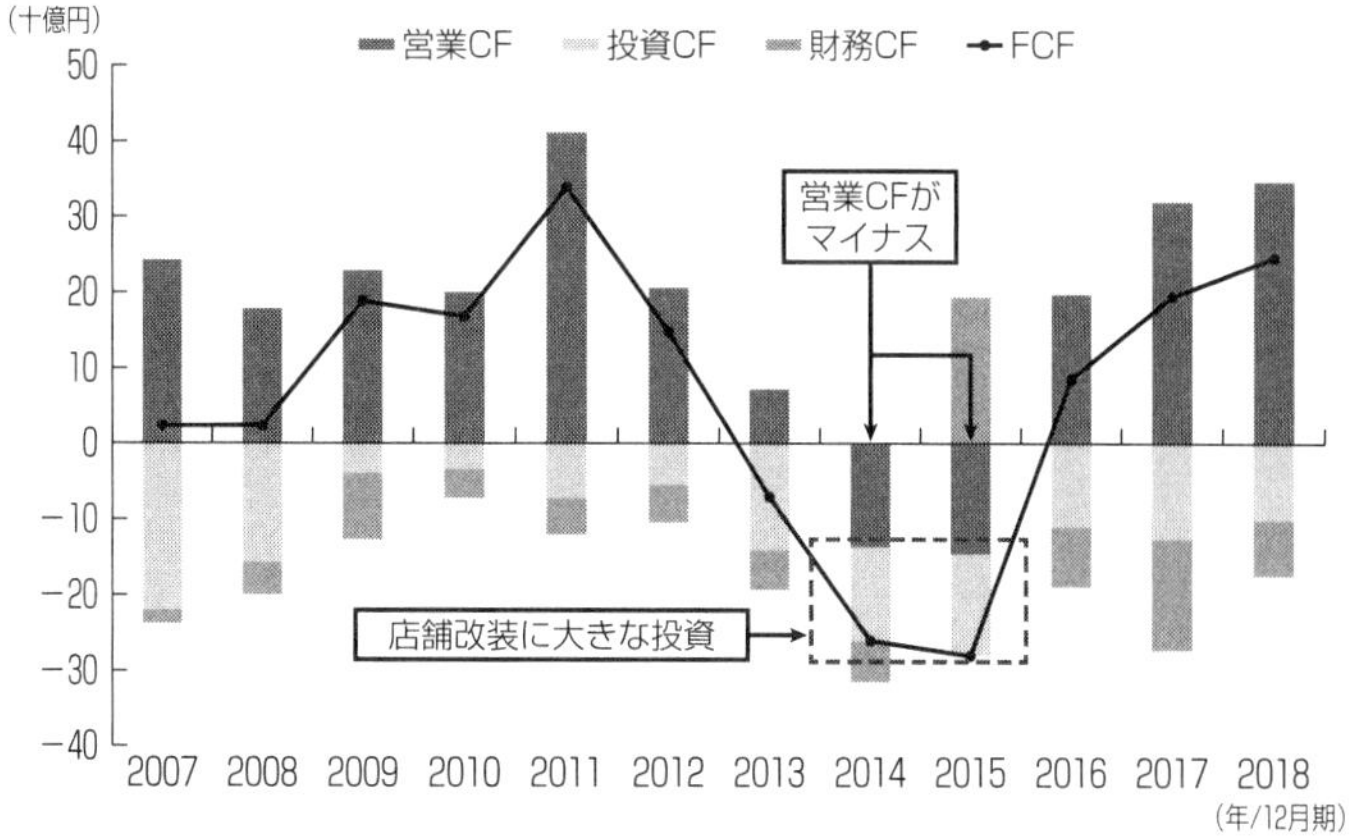

の図表を見ると、営業ＣＦがマイナスに沈んだ２０１４年12月期、２０１５年12月期とも、投資ＣＦに大きな金額をかけていることがわかります。

この時期の設備投資の内訳を見ると、既存店の改修に対して２０１４年12月期には１４３億８０００万円を、２０１５年12月期には１７０億円もの金額を投じています。

当時を振り返って、カサノバ氏は「老朽化し、くたびれた雰囲気の店舗も多かった。財務的な負担は非常に大きかったのですが、大規模な店舗改装を実施しました。国内約２９００店のうち92％が新しいモダンなデザインの店舗に生まれ変わっています」と述べています（日経ビジネス２０１９年５月13日号）。訪れて楽しい店舗を復活させるために、既存店舗の活性化に力を入れた様子がよくわかります。

「営業ＣＦがマイナスだから投資を絞ろう」と萎縮してしまうのではなく、「なぜ営業ＣＦが落ち込んだのか。その原因となる問題（店舗の老朽化）を解決するために店舗改装に積極的に投資しよう」と考えたからこそ、日本マクドナルドHDは復活することができたのです。

もちろん、そこには2013年12月期時点で80・6％という高い**自己資本比率（総資産に占める純資産の比率）に裏打ちされた強固な財務体質が支えになっていた**ことも事実です。とはいえ、ここで**積極的な店舗改装に踏み切るという意思決定がなければ、現在の日本マクドナルドHDの復活はあり得なかったでしょう。**

加えて、**不採算店舗の閉鎖**も進め、2012年12月期にはFC店も含めて約3300店だった店舗数を、2018年12月期には約2900店にまで絞り込みました。こうした不採算店舗の閉鎖も、255ページの図表6－2に示した2016年12月期以降の既存店売上前年比の回復に貢献したと推測されます。

さらに、**FC店を管理する地区本部を設置し、全国を東日本、中日本、西日本の3つに分け、オーナーからの要望や相談に迅速に対応できる体制を構築しました。**これにより、地域ごとの特性に合わせた店舗運営が可能となりました。下平氏は、「トップダウンでなく、各店舗が地域の環境に合わせて運営する仕組みの構築が急務だった」と語っています（日経ビジネス2017年8月28日号）。

人材の質とサービス品質の向上

店舗のサービスを支える**スタッフの教育**にも力を注ぎました。クオリティー（Q）、サービス（S）、クレンリネス（C）を向上させることでバリュー（V）を生み出すというのが、創業者レイ・A・クロック氏が提唱したマクドナルドの理念ですが、このQSCを磨き上げるために「当時約12万人いたすべての従業員のトレーニングをやり直し」（カサノバ氏、日経ビジネス2019年5月13日号）たのです。

その結果、**顧客満足度**は上昇しています。2016年12月期の決算説明会では、顧客が店舗評価を行なうアプリ（KODO）での顧客満足度スコアが、2015年12月期第3四半期から2016年12月期第4四半期にかけて、総合、おもてなし、清潔いずれについても一貫して上昇傾向にあると報告されています。

マクドナルドの店舗を訪れた顧客に気持ちよく食事を楽しんでもらうためには、従業員のサービスが大事なのは言うまでもありません。日本マクドナルドHDにおける人材の質の強化は、まさにこの原点に立ち返るために行なわれたのです。

◉図表6-4　日本マクドナルドHDの月次既存店売上高前年比と主なキャンペーン

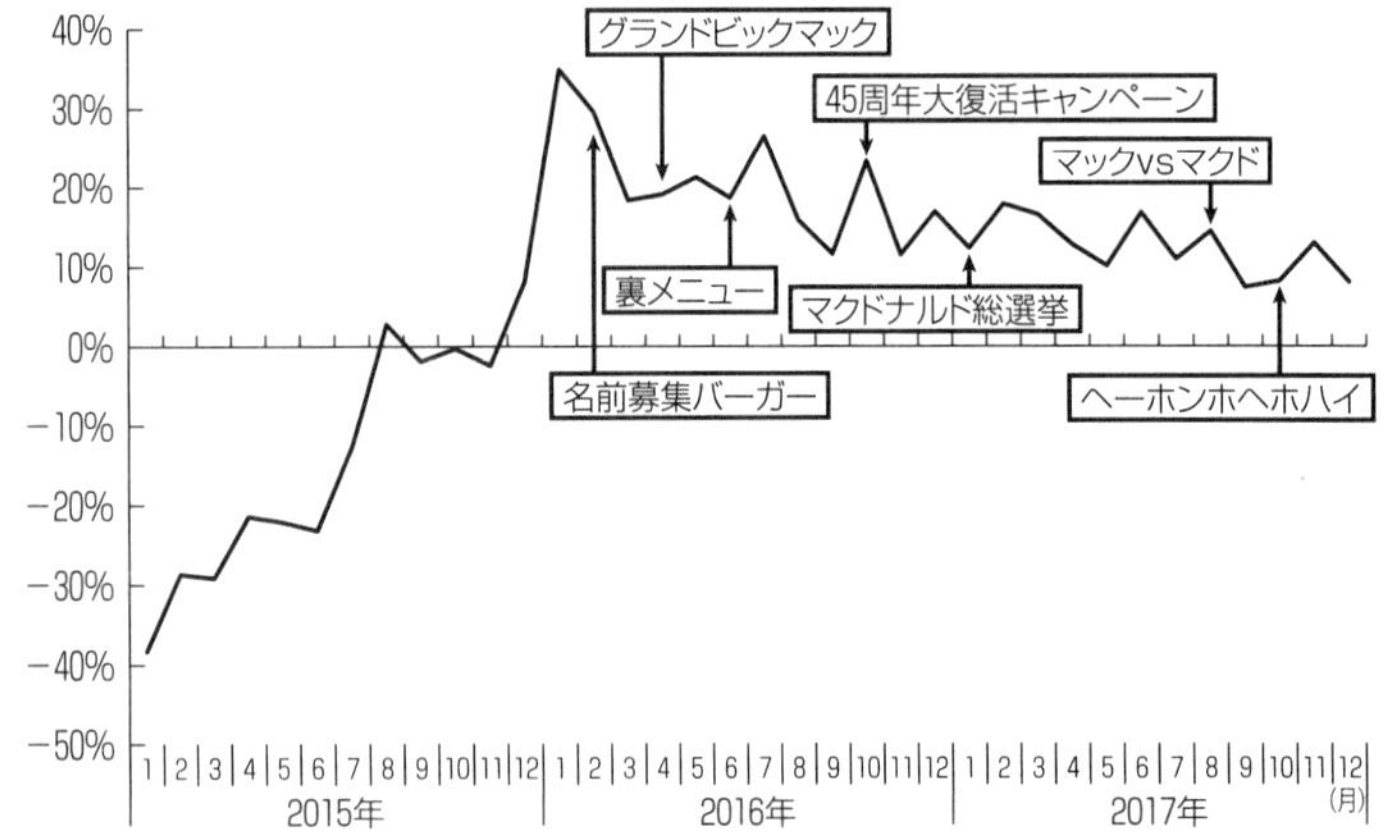

革新的なマーケティング

日本マクドナルドHDの経営改革の3つ目の柱となったのは、革新的なマーケティングです。

日本マクドナルドHDのマーケティングに変革をもたらしたのは、マーケティング本部長（当時）の**足立光**《あだちひかる》氏でした。足立氏は、P&Gから経営コンサルティング会社勤務などを経て2015年10月に日本マクドナルドHDに入社した人物です。

日本マクドナルドHDが行なった主なキャンペーンと、月次の既存店売上高前年比をまとめたのが図表6－4です。この図表を見ると、店舗やサービスの改革によって、2015年の下期には徐々に戻りつつあった既存店の売上は、2016年に入って急速に回復していることがわかります。

その背景には、2015年の既存店売上高がかなり落ち込んでいたこともあるのですが、**矢継ぎ早に**

打ち出されたキャンペーンも功を奏していたと推測されます。

「名前募集バーガー」「裏メニュー」「マクドナルド総選挙」「マックｖｓマクド」「ヘーホンホヘホハイ（熱々のベーコンポテトパイを食べながら商品名を読んでいるイメージでの改名）」など、今でも印象に残るようなキャンペーンが数多く実施された結果、それが来店につながったのです。その結果、すでに述べた店舗改装や従業員によるサービス向上を顧客が認識し、再来店を促進するという好循環が生まれました。

経営改革によってマクドナルドはどう変わったのか？

こうした経営改革の結果、マクドナルドの業績が急回復したのは、254ページの図表6－1などに示したとおりです。マクドナルドHDが営業最高益（281億8200万円）を記録した2011年12月期の売上高営業利益率は9・3％でしたが、2018年12月期における営業利益は250億4500万円、売上高営業利益率は9・2％と、営業利益の金額こそ及びませんが、利益率では最高益を出した当時に迫る水準になっています。

その背景には、1店舗ごとの稼ぐ力が高まっていることが挙げられます。FC店も含めた2011年12月期の1店舗当たり売上高は約1・6億円でしたが、2018年12月期には約1・8億円に増加しました。ここまでに述べてきた店舗の再構築と改革、人材とサービス品質の向上、そして革新的なマーケティングが効果を発揮した結果と言えます。

日本マクドナルドＨＤが行なってきたことを一言で表すと、「**原点回帰**」だと言えるでしょう。カサノバ氏も、「元のマクドナルドに戻ってほしい」という顧客の声に応えるために、様々な改革を行なったと述べています（日経ビジネス２０１９年5月13日号）。

もちろん、これは単に前のやり方に戻したということではありません。現在の経営環境や顧客のニーズを見つめ直し、どうすればマクドナルドが**顧客にとって「楽しい場所」に戻ることができるのかを考え抜いて立案した施策を実行**したことで、原点に回帰することができたのです。

今後の日本マクドナルドＨＤの課題は何でしょうか。原点回帰により、マクドナルドは以前のような競争力を取り戻しました。絞り込んできた店舗数も、２０１８年12月期からは純増に転じています。

しかし、急回復してきた既存店売上高の伸びは徐々に鈍化しつつあります。マクドナルドが原点を超えていくためには、様々な要素を磨き上げていくことで、既存店の競争力を高め続けなければなりません。２０１８年12月期の日本マクドナルドＨＤの決算説明会資料の最後には、「a better McDonald's」と書かれています。

これを実現できるかどうかが、日本マクドナルドＨＤが今後も成長を続けるための鍵だと言えるのではないでしょうか。

自社の戦う領域を再設定してから「選択と集中」を実施する

日立製作所のケース

続いて取り上げるのは、**日立製作所**（東証一部、名証一部上場）のケースです。同社は1910年創業、1920年設立の日本を代表する世界有数の電機メーカーです。「技術の日立」というキャッチフレーズからもわかるように、代々の経営者は技術畑出身であり、技術を大事にすることで知られています。また、その社風は「野武士」と称され、在野の精神を持って財界などとは距離を置きつつ、海外企業や財閥企業に対抗して成長を遂げてきたとも言われています。

そんな日立製作所は、2008年のリーマン・ショックを契機として経営危機に陥り、「沈む巨艦」とも呼ばれるようになってしまいます。日立製作所は危機的状況からどのように立ち直ってきたのでしょうか。財務データ等を用いて、日立製作所の経営改革の歩みをたどってみることにしましょう。

◉図表6-5　日立製作所の連結業績の推移

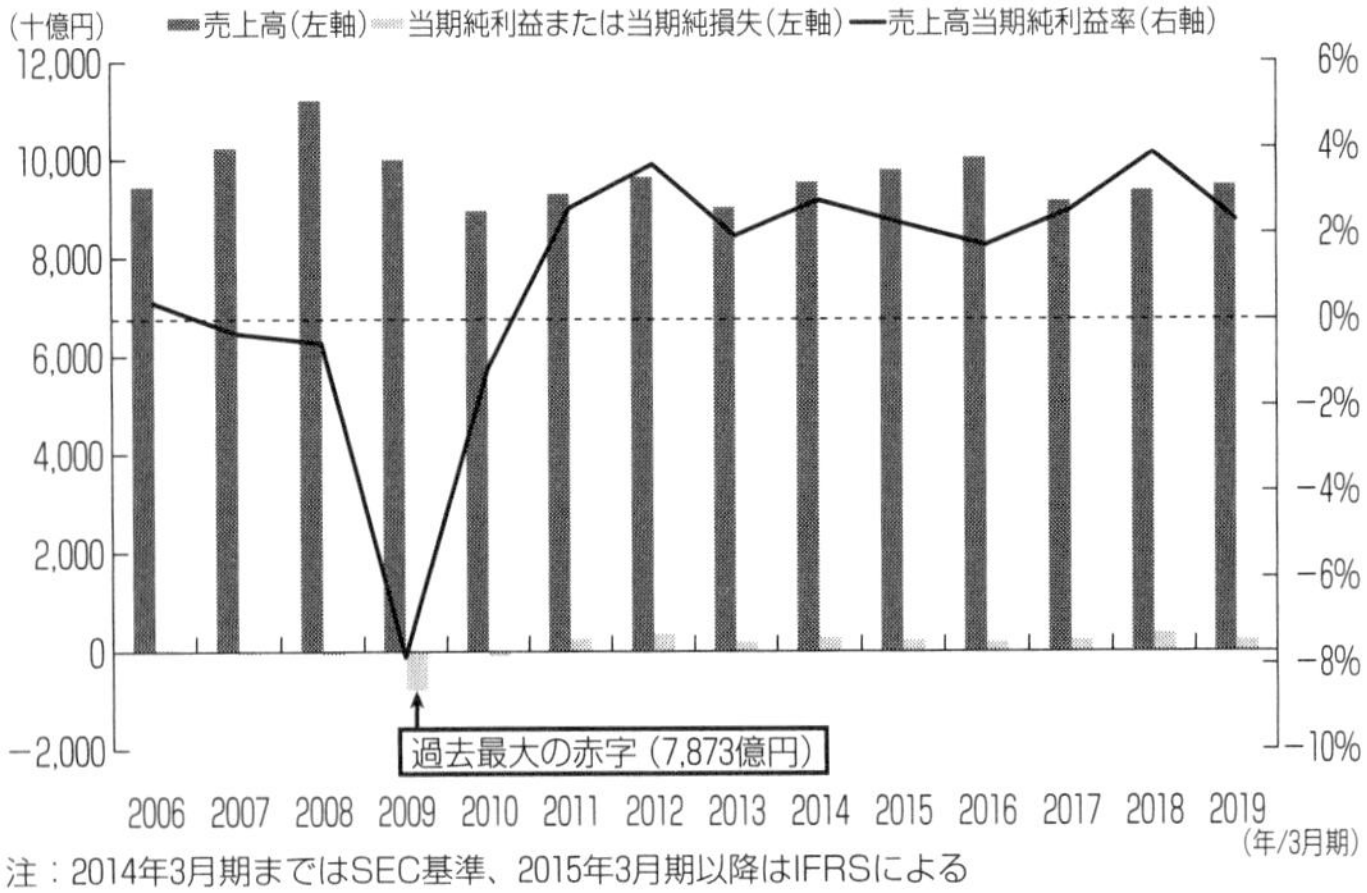

注：2014年3月期まではSEC基準、2015年3月期以降はIFRSによる

日本の製造業史上最大級の赤字

図表6－5は、日立製作所の連結売上高、親会社株主に帰属する当期純利益（当期純損失）、売上高当期純利益率の推移をまとめたものです。

この図表を見てまず目につくのは、２００９年３月期に計上された巨額の最終赤字です。当時の日本の製造業では、７８７３億円の最終赤字というのは過去最大でした（その後、東芝が２０１７年３月期に９６５６億円の最終赤字を計上して、その記録は塗り替えられました）。

巨額の赤字によって、日立製作所は経営危機に陥ったのです。このとき、株主資本比率（総資産に占める株主資本の比率）は11・2％にまで低下していました。まさに、経営は崖っぷちの状況だったと言えます。

日立製作所の経営危機の予兆

２００９年３月期の巨額赤字がどうしても目につくのですが、じつは２００７年３月期、２００８年３月期にも日立製作所は最終赤字を計上していました。

この時期は、まだリーマン・ショックが起こる前で、アメリカを中心とした好景気に沸いていた時期に該当します。実際、パナソニック、ソニー、シャープなどは、２００８年３月期に過去最高益を記録しています。

それにもかかわらず、日立製作所の業績が振るわなかった理由は何でしょうか。その原因を解き明かすためのヒントは、日立製作所の「**P／L**」にありました。

次ページの図表６－６は、２００８年３月期の連結Ｐ／Ｌを比例縮尺図に落とし込んだものです。ここで注目したいのは、**少数株主利益と当期純損失**です。

まず、少数株主利益（２０１６年３月期以降の「非支配株主に帰属する当期純利益」に相当します）から説明しましょう。少数株主利益とは、グループの子会社の利益のうち、親会社以外の株主に帰属する利益のことです。親会社株主に帰属する当期純利益（当期純損失）を計算する際には、この少数株主利益が差し引かれます。日立製作所では、この少数株主利益が約１１１０億円も計上されています。

当時の日立製作所は、日立グループの「御三家」とも称される、日立化成工業（後の日

◉図表6-6　日立製作所の連結P／Lの比例縮尺図（2008年3月期）

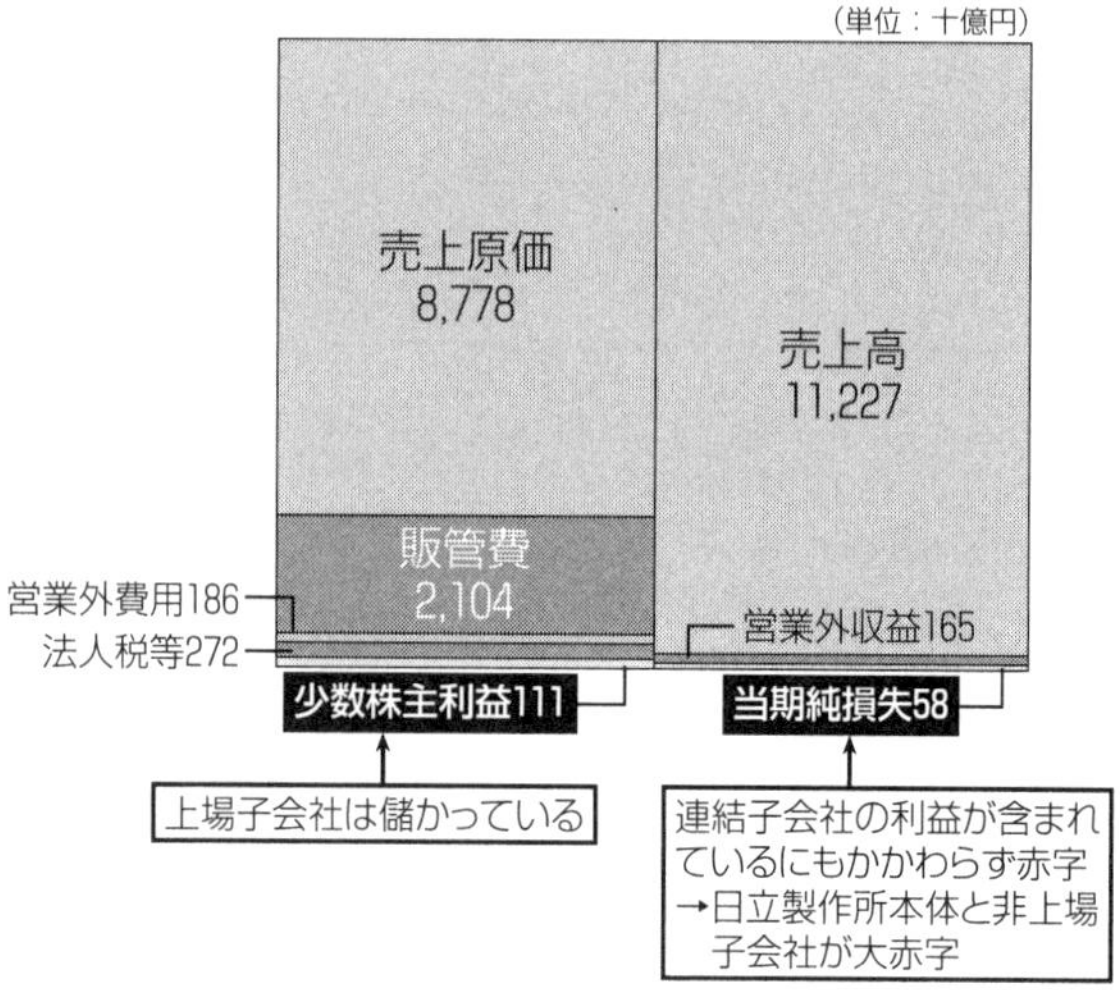

立化成）、日立金属、日立電線をはじめとした優良な上場子会社を多数抱えていることで有名でした。大きな少数株主利益が計上されていたことから、これら上場子会社が大きな利益を上げていたことがわかります。

少数株主利益として上場子会社の利益の一部が差し引かれているとはいえ、日立の連結当期純損益にも、上場子会社に対する日立製作所の持株比率に応じて、それらの会社の利益が加算されています。当時の有価証券報告書で確認する限り、多くの上場子会社に対する日立製作所の持株比率は50％を超えていたので、少なくとも少数株主利益を超える金額の上場子会社からの利益が、日立製作所の連結当期純損益には計上されていたはずです。

また、関連会社が上げた利益のうち、日立製作所に帰属する利益を示す「持分法利益」

も、226億円のプラスとなっていました。それにもかかわらず、**日立製作所が連結で最終赤字を出してしまっているのは、日立製作所本体と非上場子会社が大赤字を出していたからなのです。**

後に会長兼社長となる**川村隆**《かわむらたかし》氏は、当時の日立製作所について「業績の悪い事業を良い事業がカバーしてしまう」状態だったと述べています（日経ビジネス2013年8月5日号）。日立製作所本体などの業績の悪さを上場子会社の好業績が覆い隠してしまい、結果として業績の悪い事業に対する打ち手が遅れてしまっていたわけです。

こうした日立製作所本体や非上場子会社の赤字が解消されない状態のまま、リーマン・ショックに突入し、上場子会社の業績が悪化したことによって、2009年3月期の日立製作所の連結決算は巨額の赤字を計上するに至ったのです。

川村隆氏の復帰とその後の改革

こうした業績悪化の責任を取る形で、当時の会長の庄山悦彦《しょうやまえつひこ》氏と社長の古川一夫《ふるかわかずお》氏は2009年4月に揃って辞任します。代わって会長兼社長に就任したのが、日立製作所の取締役を2007年6月に一旦退任し、連結子会社である日立マクセルの会長などの職にあった川村氏です。

川村氏が日立製作所に復帰して会長兼社長に就任した1年後の2010年4月には、日立の米国におけるハードディスクドライブ子会社の立て直しに尽力した**中西宏明**《なかにしひろあき》氏を社長とし、川村氏自身は会長職に専念することになります。その後、中西氏が2014年4月から会長となり、日立パワーヨーロッパのプレジデントや日立プラントテクノロジーの社長などを歴任した**東原敏昭**《ひがしはらとしあき》氏に社長のバトンが渡されました。

この間に日立製作所で行なわれた経営改革は、次の4点に集約されます。

①事業ドメインの再設定
②グループ事業の再構築
③コスト構造改革（スマトラプロジェクト）
④経営幹部・取締役と事業のグローバル化

以下、それぞれの経営改革について詳しく解説していきます。

事業ドメインの再設定

川村氏が日立製作所の会長兼社長に就任した後、最初に行なったのは、社内カンパニーや子会社の独立採算による運営を徹底したうえで、**グループ事業の再構築**に着手することでした（グループ事業の再構築については後述します）。また、２００９年12月には**公募増資と転換社債の発行**を行ない、約３５００億円を調達して危機的だった**財務体質の強化**も図っています。

しかし、川村氏は後に「本当に大事だったのは、我々はこの後どうやって生きていくのか、**会社の方向性を全社員に示す**、ということでした」と当時を振り返っています（日経ビジネス２０１３年８月５日号）。川村氏が日立製作所グループのドメイン（競争する領域）として打ち出したキーワードは、「**社会イノベーション事業**」でした。これには、ＩＴと社会インフラをつなぐ事業をグループとして手掛けていくという意思が込められていました。このキーワードは、日立製作所が「**総合電機メーカーの看板を下ろす**」ということを意味してもいました。

「スマイルカーブ」という言葉があります。これは電機産業において、上流である研究開発や製品の基幹となる部品製造事業と、下流に位置するメンテナンス、ソリューション事業などは付加価値が高く、収益性が高くなる傾向がある一方で、中流に当たる組立事業の付加価値は低く、収益性も低くなるという産業構造の特徴を表したものです。

川村氏が掲げた「社会イノベーション事業」というキーワードは、高い収益性が見込める上流（社会インフラ事業）と下流（ＩＴを核としたソリューション事業）を自社のコア事業として位置づけ、中流領域の事業はグループから切り離していくということを意味していたのです。このキーワードのもと、日立製作所は次に述べるグループ事業の再構築に乗り出していきました。

■グループ事業の再構築

川村氏が日立製作所に復帰し、その後中西氏、東原氏へ社長のバトンは受け継がれていきますが、その間に日立製作所は大胆なグループ事業の再構築（**リストラクチャリング＝リストラ**）を行ないました。リストラという言葉には「人切り」というイメージがありますが、もともとは事業の再構築を意味します。日立製作所が行なったのは、この本来の意味でのグループ事業のリストラでした。

図表6－7は、川村氏の就任以降に日立製作所が行なった主なグループ事業の再構築の歩みをまとめたものです。

この図表を見ると、日立製作所が**自社グループのコア事業を手掛ける会社を完全子会社化、あるいは吸収合併することでグループに取り込む一方、コアとならない事業に関してはグループ外に切り離している**様子がよくわかります。

しかも、特筆すべきなのは、**再編に「聖域」を設けていない**ことです。赤字だったハー

◉図表6-7　日立製作所の主なグループ事業再構築

事業の取り込み		
2009年	7月	日立コミュニケーションテクノロジーを吸収合併
2010年	2月	日立情報システムズ、日立ソフトウェアエンジニアリング、日立システムアンドサービスを完全子会社化
	4月	日立プラントテクノロジー、日立マクセルを完全子会社化（日立マクセルは2017年3月に連結から切り離し）
2013年	4月	日立プラントテクノロジーを吸収合併
2014年	3月	日立メディコを完全子会社化
2020年	5月	日立ハイテクを完全子会社化
事業の切り離し・再編		
2012年	3月	HDD事業をWestern Digitalに売却 中小型ディスプレイ事業を売却
2013年	7月	日立金属が日立電線を吸収合併
2015年	10月	日立アプライアンスの空調システム事業をJohnson Controlsとの合弁会社に承継
2016年	5月	日立物流の株式を一部売却し、持分法適用会社化
	10月	日立キャピタルの株式を一部売却し、持分法適用会社化
2017年	3月	日立工機（電動工具事業）を売却
2018年	6月	日立国際電気の半導体製造装置事業を売却し、同社を持分法適用会社化
2019年	3月	クラリオン（車載情報システム事業）を売却
	12月	画像診断機器事業を富士フイルムに売却すると発表
2020年	4月	日立化成を昭和電工に売却

ドディスク（ＨＤＤ）事業、中小型ディスプレイ事業だけではなく、御三家と呼ばれた日立化成、日立金属、日立電線も揃って再編対象となりました。

川村氏が在籍した日立マクセルも現在では連結外です。こうした事業再編の結果、日立製作所の上場子会社は、日立建機、日立金属の２社だけとなりました。

このようなグループ事業の再構築によって、日立製作所の利益構造も大きく変わりました。２６５～２６７ページでも述べたように、かつての日立製作所の連結Ｐ／Ｌの特徴は、上場子

◉図表6-8　日立製作所の少数株主利益と少数株主利益差引前利益に占める割合の推移

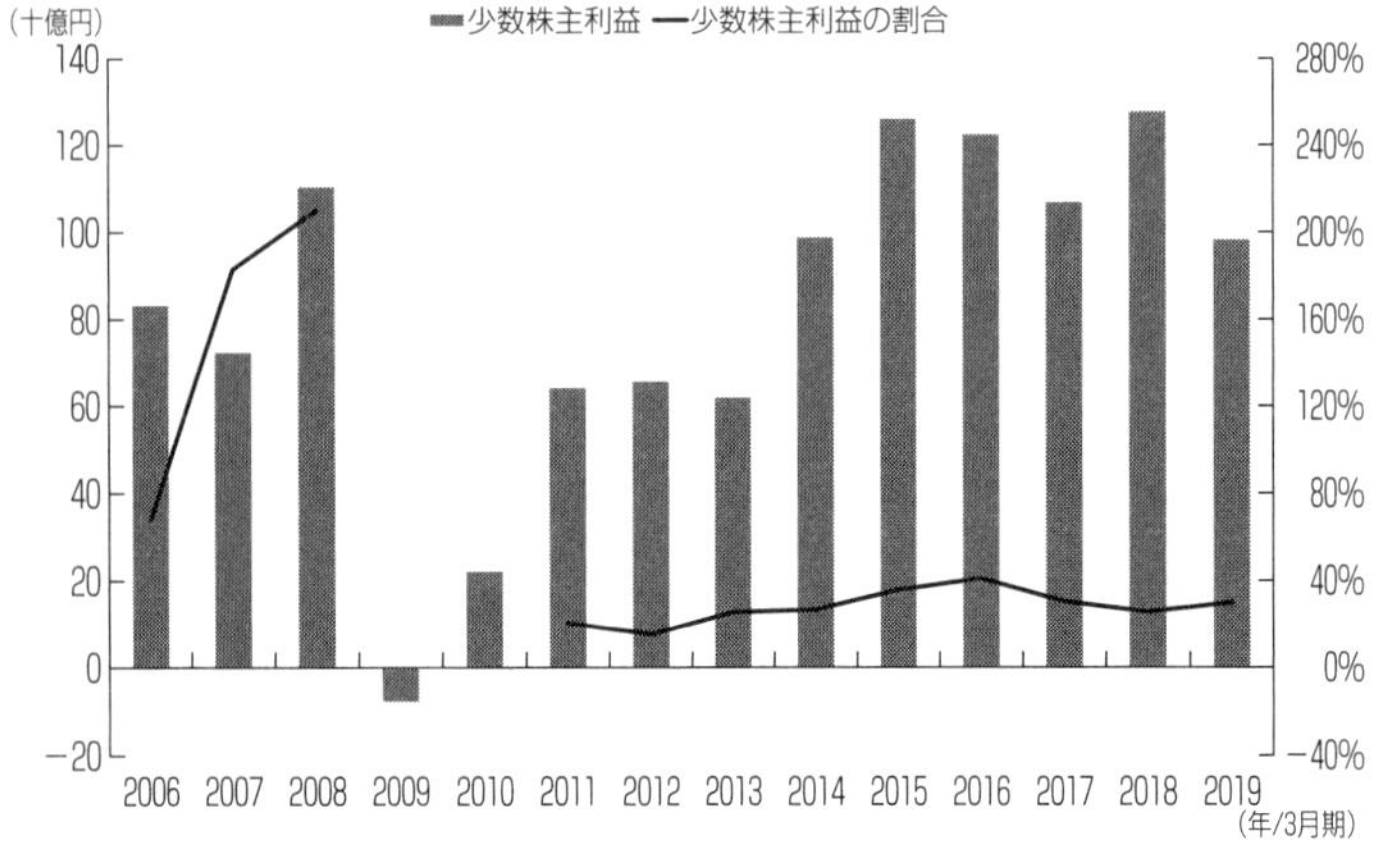

注１：2014年3月期まではSEC基準、2015年3月期以降はIFRSによる
注２：2009年3月期、2010年3月期については少数株主利益差引前利益がマイナスのため、少数株主利益の割合を算出していない

会社の上げる利益の割合が大きい一方、日立製作所本体および１００％子会社の上げる利益の割合が小さい点にありました。

図表６－８は、少数株主利益（＝非支配株主に帰属する当期純利益）と、少数株主利益を差し引く前の利益に対する少数株主利益の割合の推移を示したものです。

この図表を見ると、２００８年３月期には２００％を超えていた少数株主利益の割合が、近年では30％前後で推移していることがわかります。

少数株主利益の金額自体はむしろ増加しているにもかかわらず、その占める割合が安定しているということは、日立製作所本体および完全子会社の利益を稼ぐ力が大きく増えていることを示しています。きちんと本業で利益を稼げる、本来の姿に日立製作所は戻ったと言えるでしょう。川村氏も、この事業再構築に対して「悪かったのを普通に戻しているだけ」とコメントしています（週刊東洋経済２０１３年２月２日号）。

とはいえ、こうした事業の再構築は、各事業部門やグループ会社にとっては痛みを伴うものです。痛みを伴う改革を断行できた理由としては、日立製作所の経営に対する**危機感がグループ内で共有されたこと**に加え、年長者である川村氏の**リーダーシップ**の存在が挙げられます。当時の日立製作所のグループ会社社長には日立ＯＢが就いていることが多く、それより年下の社長が改革を迫るのは難しい状況だったようです。

川村氏自身も、「私はほとんどのグループ会社のトップより年長でしたから、そういう役割を果たしやすかった」と述べています（日経ビジネス２０１３年８月５日号）。

■コスト構造改革（スマトラプロジェクト）

日立製作所の収益性を高めた要因の１つとして、グループ全体のコスト削減の進展も挙げられます。特に効果が大きかったと言われているのは、２０１１年4月に中西氏がスタートさせた「**スマート・トランスフォーメーション・プロジェクト**」（以下、スマトラプロジェクト）です。このプロジェクトは、生産拠点の最適配置や集約、集中購買やグループ調達の拡大、間接業務の効率化などを通じてグローバルで勝つためのコスト競争力を強

◉図表6-9　スマトラプロジェクトの成果

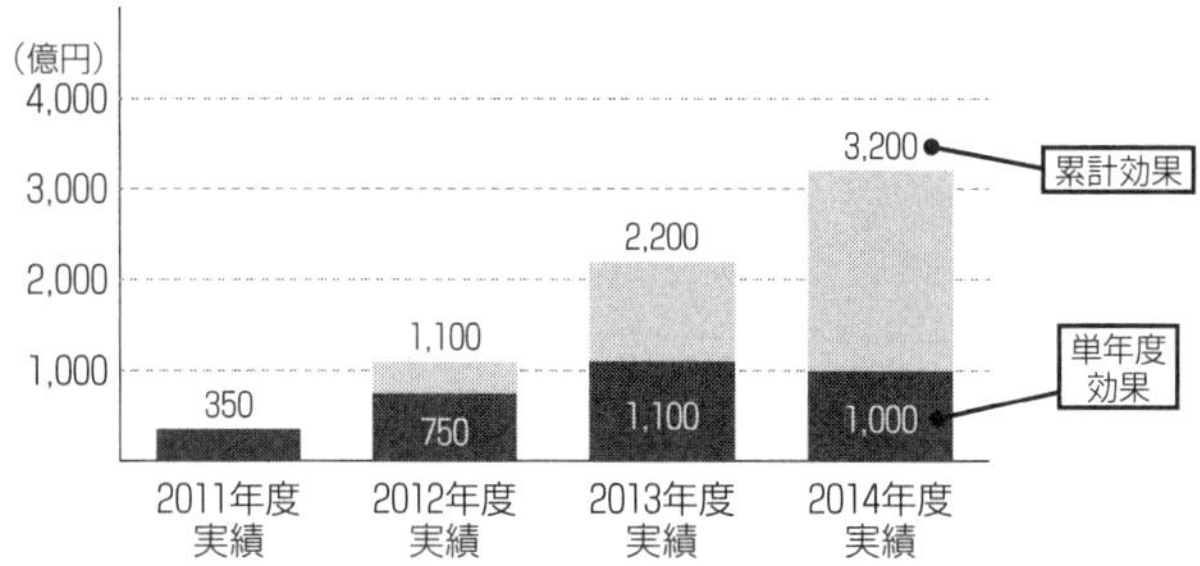

出所：Hitachi IR Day 2015プレゼンテーション資料より筆者加筆修正

化することを目的としていました。

スマトラプロジェクトの成果は、図表6－9のように表れました。2015年3月期には累計で3200億円のコスト削減の実績を上げたのです。

取締役・執行役のグローバル化

経営改革を経て、経営幹部である取締役や執行役の顔ぶれも大きく変わりました（図表6－10を参照）。

2019年3月期の取締役11名のうち、社外取締役は8名を占めており、社外取締役の半数は外国人で、いずれもスリーエムやダウ・ケミカルなどの海外企業の経営経験者です。

こうした人材を単に社外取締役会に招き入れただけでは意味がありませんが、取締役会ではこうした社外取締役からかなり厳しい指摘がなされているようです。

先ほど述べたスマトラプロジェクトの成果を報告した際

◉図表6-10　日立製作所の取締役および執行役の構成

		2006年3月期	2019年3月期
取締役	取締役合計	14	11
	うち社外取締役	4	8
	うち外国人	0	4
執行役	執行役合計	24	39
	うち海外での経営経験あり	0	6

にも、「これで営業利益率はどこまで上げられるのか」という厳しい意見が社外取締役から出されたとも報道されています（週刊ダイヤモンド２０１４年７月12日号）。

こうした報道を見る限り、日立製作所は社外の知見を積極的に受け入れようとしていると推察できます。

また、業務の執行を担う執行役のなかで海外での会社経営の経験を持つ人材も、２００６年３月期には存在しなかったのが、２０１９年３月期には６名になっています。こうした経営幹部は、日立製作所とグローバルな競合企業との力量の差を知る貴重な人材と言えます。

日立製作所の海外売上高の比率は２００６年３月期の38・５％から２０１９年３月期には50・８％と増加していますが、事業のグローバル化を進めていくうえで、取締役や執行役としてグローバル人材を活用することも功を奏したはずです。

日立製作所の今後

ここまでに説明してきた取り組みの結果、日立製作所の経営は大きな変革を遂げました。2018年3月期、2019年3月期と2期連続で営業最高益を更新したことからも、完全復活を遂げたと言っていいでしょう。

それでは、日立製作所の今後の課題は何でしょうか。グローバルでの成長戦略をこれからも実行していけるかどうかもポイントになりますが、もう1つのポイントは「内向きの論理」に決して陥らないようにすることです。

経営が順調な時期が続くと、どうしても社内の危機感が薄れ、慢心が生じるものです。また、会社のトップが財界でも重要なポジションを占めるようになると、会社自身に「特権意識」のようなものが生まれ、これも社内の慢心に拍車をかける危険性があります。このようなメカニズムで徐々に業績が悪化したときに、「内向きの論理」によって経営トップを忖度する雰囲気が生まれると、粉飾決算によって業績を取り繕おうという動きが起こりやすくなるのです。

実際、東芝が粉飾決算に走った理由として、業績が悪化しているのに、実力以上に業績をよく見せなければならないという意識や、過去に「財界総理」とも称される経団連会長や副会長を輩出してきた東芝の経営トップを守ろうとする意識が社内にあったことが挙げられています。

日立製作所は、これまで財界活動とは距離を置いてきましたが、２０１８年5月に中西氏が経団連の会長となりました。業績が順調な時期が続き、経営トップが財界で重要なポジションに就いてもなお、東芝が陥ったような内向きの論理に囚われず、経営改革を続けていくことが日立製作所にとって重要なことなのではないでしょうか。

自社の足腰を鍛えて再成長の軌道へ

スシローGHDのケース

本章の最後に取り上げるのは、回転寿司事業などを手掛けているスシローGHD（東証一部上場）のケースです。スシローGHDは、清水義雄《しみずよしお》氏が1984年に創業した「株式会社すし太郎」をルーツとし、義雄氏の実弟である清水豊《しみずゆたか》氏が立ち上げた同名の会社である「株式会社すし太郎」を吸収合併してできた、「株式会社あきんどスシロー」を前身とする会社です。あきんどスシローは順調に成長し、2003年9月には東証二部に上場しています。

あきんどスシローおよびスシローGHDの業績の推移をまとめたのが、次ページの図表6－11です。この図表からわかるように、あきんどスシロー時代には売上高当期純利益率は低下傾向にあるものの売上高は順調に成長しており、（親会社株主に帰属する）当期純利益の金額も増加しています。その後、ファンドと組んだMBO（マネジメント・バイアウト、詳しくは後述します）による非上場化を経て、スシローGHDとして2017年3

◉図表6-11　あきんどスシローおよびスシローGHDの業績の推移

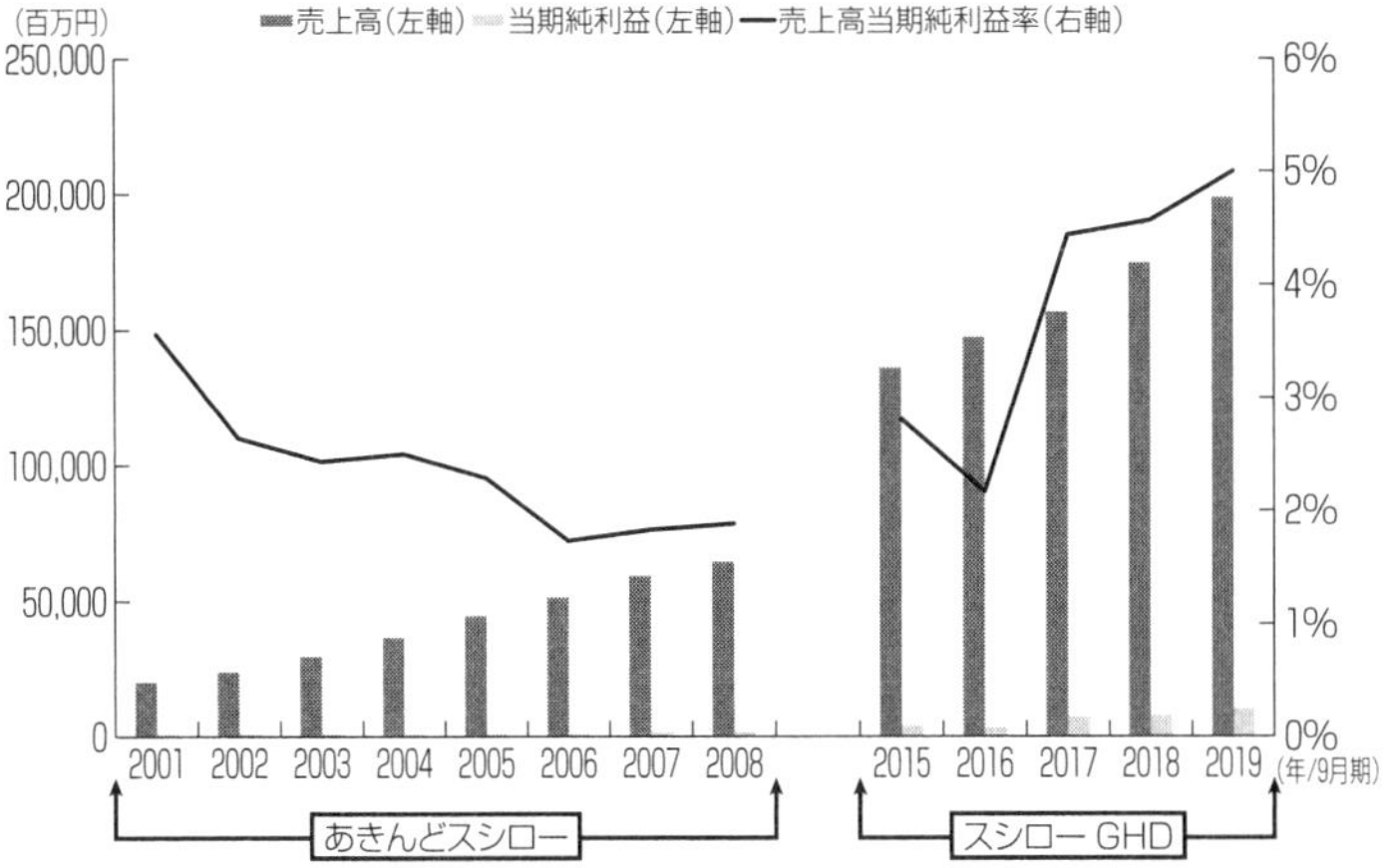

注：2008年9月期までは日本基準（単体）、2015年9月期以降はIFRS（連結）

月に東証一部への再上場を果たします。

再上場に先立つ2016年9月期の売上高は1477億2000万円、東証二部上場廃止直前の2008年9月期の売上高は638億6200万円ですから、非上場化していた約8年の間に売上高は2倍以上に増加しています。

そして、再上場後も順調に成長を続け、2019年9月期の売上高は1990億8800万円と、2000億円に迫る勢いを見せています。これらのデータを見る限り、スシローGHDの業績は順調に成長を続けており、大きな問題はなさそうです。

じつは、あきんどスシローおよびスシローGHDが大きな転機を迎えたのは、事業面での問題からではなかったのです。

◉図表6-12　あきんどスシローおよびスシローGHDの主な大株主と持株比率

2005年9月期	2007年9月期	2017年2月	2017年9月期	2018年9月期
清水義雄 27.69%	株式会社ゼンショー 22.30%	CEIL 94.73%	CEIL 28.91%	株式会社神明 32.72%
清水豊 16.02%	清水義雄 18.61%			

注：CEILは、Consumer Equity Investments Limited（ペルミラ・ファンドの子会社）の略称

スシローGHDの転機となった大株主の代替わり

図表6－12は、あきんどスシローおよびスシローGHDの大株主と持株比率の変遷をまとめたものです。

あきんどスシロー時代の2005年9月期の主な大株主は創業者の清水義雄氏と実弟の豊氏ですが、その後の大株主は代替わりを繰り返しています。

これこそ、スシローGHDの経営の転機を読み解く鍵なのです。スシローGHDが迎えた転機は大きく分けて、次の4点にまとめられます。

① ゼンショーによる株式の取得
② ユニゾン・キャピタルと共同でのMBO（マネジメント・バイアウト）とペルミラ・ファンドによる買収
③ スシローGHDとしての再上場
④ 元気寿司との経営統合の浮上と消滅

ここからは、大株主の代替わりとともに、スシローＧＨＤの経営はどのように揺れ動いていったのか、その流れを説明します。

■ゼンショーによる株式の取得

２００７年９月期の株主構成からは清水豊氏が姿を消し、牛丼チェーンのすき家などを運営するゼンショーが筆頭株主となっています。回転寿司は外食産業のなかでも数少ない成長市場と言われており、そうした市場を押さえるために、２００７年３月にゼンショーは同氏らから株式を取得し、スシローの経営権を握ろうとしたのです。

当時のゼンショーは、あきんどスシローのライバルである「かっぱ寿司」を運営するカッパ・クリエイトの大株主であり、自社でも「はま寿司」を展開していました。

こうしたゼンショーの攻勢に対して、あきんどスシローの経営陣は危機感を抱きます。当時の社長の矢三圭史《やそけいじ》氏は、「かっぱ寿司さんと、手を組むことはあり得ない。ゼンショーさんから頂いた提案は、我々にとっては具体性がないとしか言いようがない」と反発しています（日経ビジネス２００７年９月24日号）。

■ユニゾン・キャピタルと共同でのMBOとペルミラ・ファンドによる買収

そんななかで、あきんどスシローが戦略的なパートナーとして見つけ出したのが、投資ファンドの**ユニゾン・キャピタル**です。２００７年8月、あきんどスシローはユニゾン・キャピタルと戦略的提携を行なうことを発表しました。さらに、２００８年9月にはユニゾン・キャピタルの傘下企業であるエーエスホールディングスがあきんどスシローに対して**ＴＯＢ（株式公開買付）**を行なうことを発表し、２００８年11月にはあきんどスシローはユニゾン・キャピタルの傘下に入り、上場を廃止しました。

この後、あきんどスシローはエーエスホールディングスと合併します。この合併した新会社には創業者が20％を出資、経営陣も残留する形となります（２００８年9月25日付日本経済新聞朝刊）。経営陣が自社を買収することをＭＢＯ（マネジメント・バイアウト）と呼びますが、このあきんどスシローのケースも、投資ファンドと組んだ形での事実上のＭＢＯだったのです。なお、このＴＯＢに関して、矢三氏は「あくまで業容拡大のためのものであり、買収防衛のためではない」（２００８年11月3日付日経流通新聞）と述べていますが、ＭＢＯによってゼンショーが筆頭株主から外れたのは事実です。

ユニゾン・キャピタルの傘下となった当初の業績は芳しいものではなかったようです。２００８年9月期に約29億円だった営業利益は、ＭＢＯ後の２００９年9月期には20億円を割り込んでしまいました（週刊東洋経済２０１１年10月15日号）。しかし、その後業績は再成長の軌道に乗り、２０１２年９月期には売上高約１１１３億円、営業利益約65億円に到達しています。

そして、２０１２年９月にユニゾン・キャピタルがあきんどスシローの全株式をイギリスの投資ファンドである**ペルミラ・ファンド**に売却します。このときから２０１７年３月に再上場を果たすまでの間、スシローＧＨＤは非上場企業としてその力を蓄えたのです。

スシローGHDとしての再上場

スシローＧＨＤの前身、あきんどスシローがペルミラ・ファンド傘下にあった２０１５年２月に社長に就任したのが、**水留浩一**《みずとめこういち》氏です。水留氏は経営コンサルティング会社勤務などを経て、企業再生支援機構で日本航空の再建に貢献した人物として知られています。

水留氏が社長に就任した後のインタビューで、同氏は「他社との違いを打ち出し、この会社を新たなステージに進めていく。それが私の役割です」と語っています（日経ビジネス２０１５年９月14日号）。その言葉どおり、水留氏はスシローＧＨＤを２０１７年３月の東証一部への再上場へと導きます。

再上場時の株式時価総額は、初日終値ベースで約９３６億円でした。上場廃止直前の株式時価総額が約209億円だったので、非上場であった期間のうちに、スシローGHDは企業価値を大きく上げたことになります。

元気寿司との経営統合の浮上と消滅

しかしながら、スシローGHDをめぐる大株主の代替わりは、再上場で終わりではありませんでした。再上場時の株式の放出により、ペルミラ・ファンド（正確には、その子会社であるCentury Equity Investments Limitedですが、ここではペルミラ・ファンドとします）の持株比率は90％超から30％弱にまで低下していましたが、その株式を2017年秋に米穀卸売業の**神明**（後の神明ホールディングス）に売却したのです。

神明は同じ回転寿司業界の元気寿司の株式の40・5％を保有する親会社であったため、**元気寿司**との経営統合が浮上することとなりました。

当時、水留氏は「スシローGHDは西日本を中心に、元気寿司は関東を中心に店舗網を広げてきた。今後は国内をしっかりと両社で展開していき、店舗数を伸ばしていく……（中略）……経営統合することによって食材調達の交渉力が上がったり、技術的な強みを融合できたり、メリットはある」と経営統合に向けて前向きにコメントしています（2017年9月29日付日本経済新聞電子版）。

ところが、スシローＧＨＤと元気寿司の経営統合は、結局のところ実現せずに終わります。２０１９年6月、スシローＧＨＤと元気寿司は経営統合協議を白紙に戻し、神明ホールディングスはスシローＧＨＤ株の大半を売却すると発表します。その理由としては、国内におけるブランド戦略の違いや海外への店舗展開のやり方の違いが挙げられています。また、スシローＧＨＤの業績、そして株価が好調だったことも経営統合が白紙に戻った理由のようです。

２７９ページの図表6－11に示したように、２０１８年9月期、２０１９年9月期ともにスシローＧＨＤは増収増益で、業績が右肩上がりを続けていました。それを反映して、同時期のＴＯＰＩＸはほぼ横ばいであったのに対し、スシローの株価は上昇を続け、２０１９年5月末には７５５０円の値をつけていました（次ページの図表6－13を参照）。その結果、スシローＧＨＤの約33％の株式を保有する神明ホールディングスが、スシローＧＨＤを子会社化するために株式を買い増すのが、財務的に厳しくなっていたとも指摘されています（日経ビジネス２０１９年7月1日号）。

再上場直後のインタビューで、水留氏は「時価総額が１０００億円近くの規模になりましたので、他社がそう簡単に買える企業ではなくなりました」（日経ビジネス２０１７年4月17日号）と語っていましたが、その当時よりもさらに株価が上がったことで、結果として、スシローＧＨＤは独自路線を守ることになったのです。

◉図表6-13　スシローGHDの株価とTOPIXの推移（月末終値）

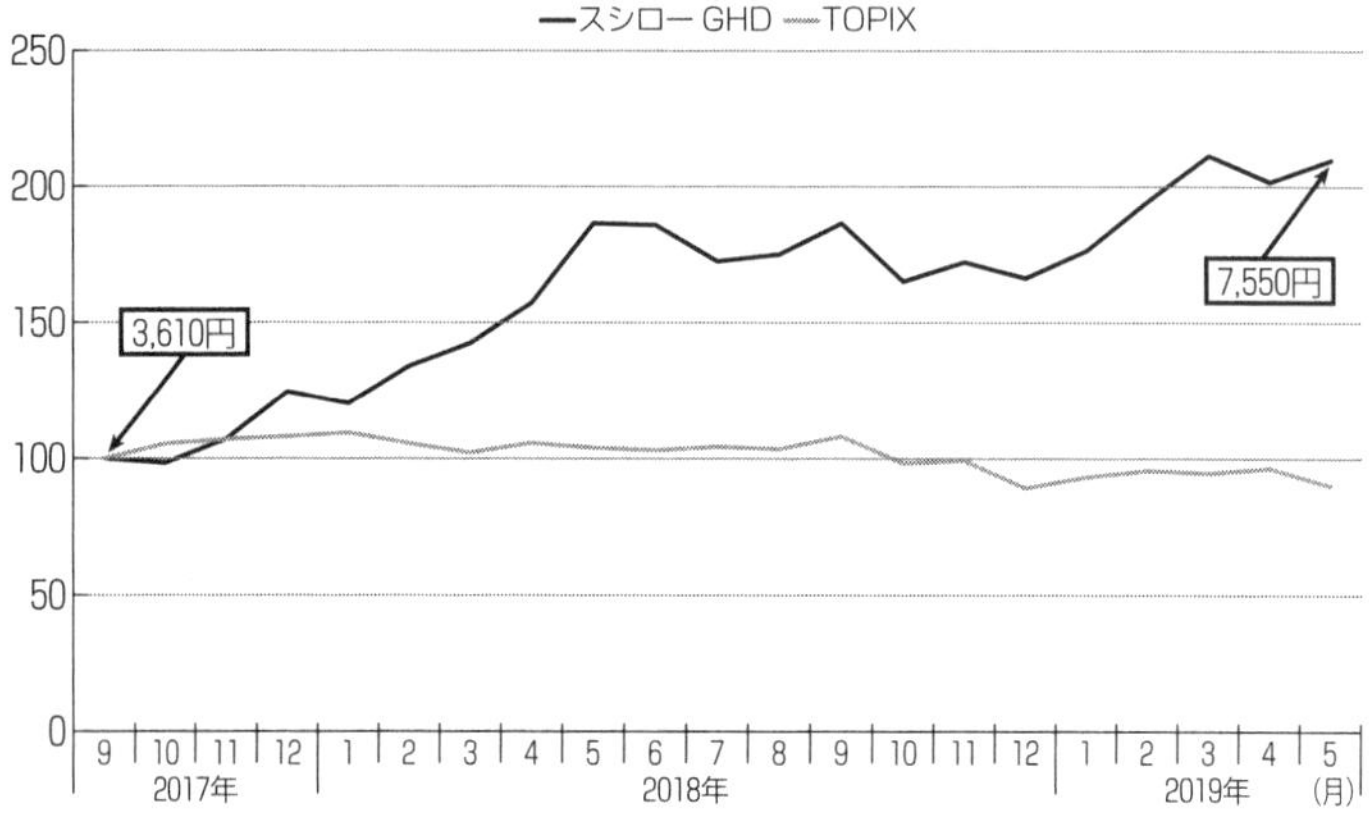

注：2017年9月の最終営業日の終値を100としている

非上場期間中も磨き続けた「3つの強み」

何度も代わった大株主の意向に揺り動かされながらも、スシローGHDが独自路線で生き残ることができたのは、事業上の強みを磨き続け、業績を伸ばすことができたからです。

1店舗当たり売上高で見ても、上場廃止直前の決算期である2008年9月期に約2・6億円だったものが、再上場前の2016年9月期には約3・3億円（それぞれ有価証券報告書からの試算）にまで伸びており、**店舗自体の競争力が上がっている**ことがわかります。

回転寿司では、人件費や地代家賃に代表される固定費を吸収して利益を出すために、**売上高**と**売上原価**が非常に重要な指標となります。品質が高く美味しい商品を提供することで数多くの顧客に来店してもらって売上高を引き上げ、仕入れにおける価格交渉力を発揮したり、廃棄ロスを抑えたりすることで原価をコントロールすることが重要です。

とはいえ、回転寿司の原価率は高く、スシローGHDの原価率も約50%という高い水準です。したがって、1店舗当たり売上高を引き上げることが収益性の鍵になるのです。

スシローGHDは、そうしたことを実現するための強みとして、「**仕入れ**」と「**店内調理**」と「**ITシステム**」の3点を挙げています。それぞれの強みについて、もう少し詳しく説明しましょう。

まず、高品質な寿司を提供するためには、美味しい食材を仕入れることが大変重要です。スシローGHDでは、魚の目利きを増やし（日経ビジネス2017年4月17日号）、企業規模の力も活かして品質の高い食材を仕入れています。そして、「世界の海からいいネタ100円プロジェクト」といった、顧客に食材のレベルの高さを認識してもらうためのキャンペーンも実施しています。

2つ目に、店内調理へのこだわりが挙げられます。食品加工工場で集中して調理を行なうセントラルキッチン方式には、調理コストを削減できるメリットがありますが、店内調理と比べると魚の解凍回数が増えるため、うま味が落ちるデメリットもあります（週刊東洋経済2011年10月15日号）。そこで、スシローGHDでは品質の高い寿司が提供できるよう、店内調理に取り組んでいます。もちろん、店内調理を行なう場合には従業員の調理技術が必要となるため、技術を持った従業員を育て、ノウハウを蓄積する取り組みも行なっています。

そして最後は、ITシステムの活用です。スシローGHDでは、皿にICチップを内蔵することで得られるビッグデータを分析し、顧客が食べたいと思う寿司をタイミングよく流すことで、**顧客満足度を高めるとともに、廃棄ロスを減らす**ことに成功しています。また、スマホアプリの活用やセルフレジの導入により**顧客の利便性を高めるとともに、店舗運営の効率化も実現**しているのです。

スシローGHDの今後の課題

こうした取り組みの結果、再上場後もスシローGHDの業績は着実に成長しています。特に、スシローの既存店売上高前年比が2018年9月期は104・4%、2019年9月期は107・4%と、2期連続でプラスを維持しているのは特筆に値します。

では、スシローGHDの今後の課題は何でしょうか。

1つ気がかりなポイントが、スシローGHDの連結B/Sにあります（図表6－14を参照）。スシローGHDの資産には、純資産（資本）を大きく上回る多額の**のれん**と**無形資産**が計上されています。これらは、ペルミラ・ファンドが当時のあきんどスシローの時価

◉図表6-14　スシローGHDの連結B/Sの比例縮尺図（2019年9月期）

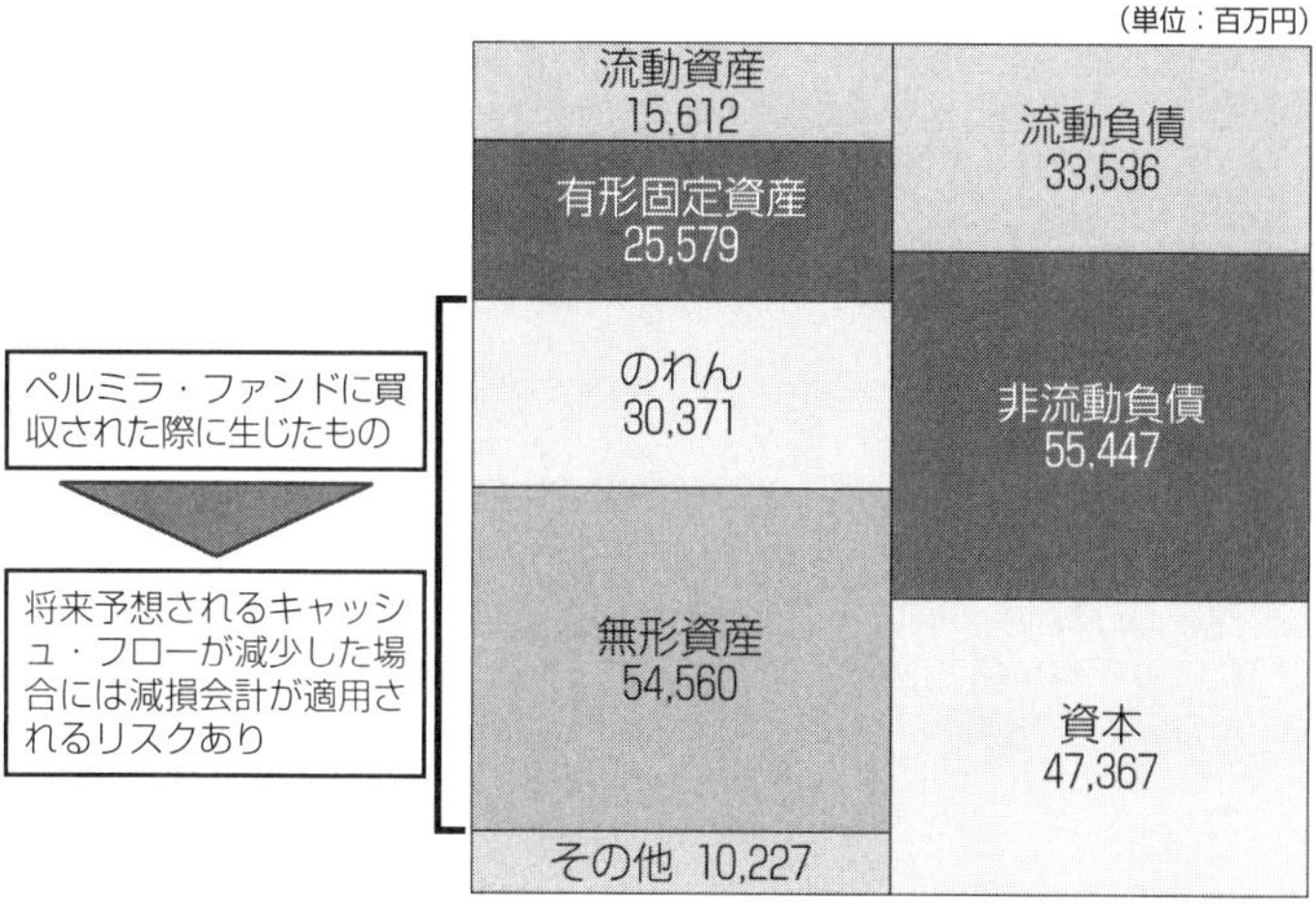

ベースの純資産（資本）以上の金額で買収を行なったときに生じたものです。

スシローGHDの将来予想されるキャッシュ・フローが大きく減少した場合、のれんと無形資産を減損しなければいけなくなります（減損処理については、第5章の209～211ページも参照）。仮にすべてののれんと無形資産を減損しなければいけなくなったとすると、スシローGHDは債務超過に陥ってしまいます。

したがって、スシローGHDとしては、業績を維持拡大することで減損リスクを顕在化させないようにするとともに、自己資本を充実させることで、減損リスクに耐え得る財務体質を構築することが重要だと言えます。

会計思考 Note ⑥

経営改革に臨む経営者の視点とは？

マクドナルドや日立製作所の事例での1つのキーワードは、悪かったものを元に戻すことによる「原点回帰」でした。顧客に提供しようとしている価値が色あせていなかったので、正常に価値を提供できる状態に持っていくことで、業績を立て直すことができたのです。

では、その先はどうすべきでしょうか。非上場化されていた時期にスシローGHDの経営のバトンを引き継ぎ、その後再成長の軌道に乗せた水留氏の取り組みから、経営改革に臨む経営者の視点を探ってみましょう（以下の記述は、筆者が水留氏に対して独自に行なったインタビューの内容に基づき再構成したものです）。

水留氏が就任した当時、スシローGHDは長くファンドの管理下にあったために、店舗のオペレーションについては自由度が低く統制が効きすぎている一方で、店舗の数字に関する統制が行き届いていない状況であったようです。そこで、水留氏はその状況を変え、数字に関しては**「なぜ、その数字なのか？」ということを徹底的に問いかけて突き詰める**一方で、オペレーションに関してはQSC（クオリティ・サービス・クレンリネス）といった**基本を守っていれば、プラスアルファの部分は自由にやってよい**という方針に切り替えました。オペレーションの自由度を高めるという点については、もともと自由度の高さがスシローＧＨＤの強みでもあったので、原点回帰に当たる部分だと言えるでしょう。

一方の数字の面では、店長や店舗を束ねる営業課長に対して、「**数字にオーナーシップを持つ**」ことを要求しました。数字にオーナーシップを持つということは、数字そのものに加え、「なぜ、この数字なのか？」という理由に対して責任を持つ、ということです。

この点については、水留氏が初めて経営者として企業再生に携わった**日本航空**（ＪＡＬ）における**稲盛和夫**《いなもりかずお》氏のマネジメントが影響しています。ＪＡＬは、２０１０年１月に会社更生法を申請した後、企業再生支援機構の支援の下で再生を図ることになりましたが、そこで問題となったことの１つは、社内にはびこる「予算主義」でした。行動原理を「予算消化」から「利益創出」に切り替えるために重要な役割を果たしたのが、稲盛氏らによる「業績報告会」です。この業績報告会は月３日、１回当たり８時間以上という時間をかけて行なわれていました。この会議の場で、管理者が稲盛氏から「なぜ、この数字なのか？」という点を徹底的に問い詰められ、追及されたことで、ＪＡＬにおけるコスト、利益の意識は大きく変わったのです。

水留氏も、こうしたやり方をスシローＧＨＤの事業運営会社である、あきんどスシローに導入しました。具体的には、月１回の営業本部会議で、営業課長に「なぜ、この数字なのか？」ということに対する考えを（社長である水留氏へ）報告させるようにしたのです。

そのなかで、**業績の達成度により営業課長の順位づけをするなどして、営業課長が数字に対してオーナーシップを持ち、その達成に向けて「やらざるを得ない」状況に追い込み、競争を促進しています。**

ただし、この「やらざるを得ない」プレッシャーは、第5章で取り上げた不正の動機になる可能性があります。そこで、スシローGHDでは、**内部通報制度の活用や社内での数値チェックを適切に行なう**ことで不正の機会を発生させないようにするとともに、「人として正しくあれ」という**社員教育を徹底して不正の正当化を防止**しています。

水留氏のマネジメントのもう1つの特徴は、ビジネスで勝つための「**ゲームのルールをなるべくシンプルにする**」ということです。スシローGHDにおけるルールを具体的に説明すると、「P／L上の数値と顧客からの評価の両方を上げること」です。

例えば、寿司ネタの厚みを薄くすれば、原価は下がって短期的には利益が上がります。しかし、その結果として顧客満足度が下がってしまってはNGということです。したがって、店長はそうした短絡的な施策で利益を上げようとするのではなく、仕込みの方法を工夫するとともに、レーンに流す商品を最適化することで廃棄ロスを減らす、といった取り組みによって、原価の低減と顧客満足度の向上を両立させなければならないのです。

もちろん、水留氏が行なった経営改革はそれ以外にも数多くあります。スマホアプリの導入によって稼働のピークタイムを分散させて客数を増加させたり、商社経由が主体であった仕入れを現場で買いつけるスタイルに変更することで食材の品質を向上させたりするなどの取り組みです。

しかしながら、「ゲームのルールをなるべくシンプルに」して、そのルールのもとで営業課長や店長が「やらざるを得ない状況に追い込み、競争させる」ことこそが、水留氏の経営改革を実現し続ける両輪だと言えるのではないでしょうか。

第6章のまとめ

☑ 経営危機に陥ったときには、粉飾決算に貴重な経営リソースを費やすのではなく、全社一丸となって経営改革に取り組むことが重要

☑ 日本マクドナルドHDでは、「原点回帰」により顧客に対して提供する価値を取り戻したことによって、競争力が回復した

☑ 日立製作所では、危機感をテコに自社の事業ドメインを再設定し、聖域なき事業構造改革を断行することで経営改革を成功させた

☑ スシローGHDでは、自社の強みを磨き続けることによって収益性を高め、独自路線で業績を伸ばすことに成功している

おわりに

本書の狙いは、公開された財務情報などから粉飾決算と黒字倒産を見抜く力を身につけるとともに、「なぜ、粉飾決算あるいは黒字倒産に至ってしまったのか？」、そして「粉飾決算あるいは黒字倒産の防止にどう取り組むべきか？」ということを解説することにありました。

粉飾決算を行なっている企業や、黒字倒産の危機に瀕している企業の財務諸表には、「何かがおかしい」というポイントがありました。そうしたポイントを見逃さないようにするために、キャッシュ・フロー計算書や回転期間指標を分析する手法について解説しました。こうした手法を駆使することで、外部に開示された情報から多くの粉飾決算や黒字倒産を見抜くことができるようになります。

さらに、粉飾決算などの会計不正を行なった企業の調査報告書を読み解き、企業が粉飾決算に走ってしまう際のメカニズムや、不正を防止するために必要な仕組みをどう構築するか、という点についても解説しました。

併せて、本書では経営改革の事例をひも解くことで、業績を回復させるために必要なことについても紹介してきました。経営不振・経営危機に陥った際に、粉飾決算に走って様々な小細工を行なうために貴重な経営リソースを浪費するのではなく、本質的に企業経営を立て直すためにこそ全力を傾けてほしい――。そんな思いで、本書には、こうした経営改革の事例も盛り込みました。

本書が、粉飾決算や倒産を1つでも減らし、本質的な企業価値向上に取り組む企業を増やすことに貢献することができたら、それに勝る喜びはありません。

本書は、これまでに刊行された拙著と同様に、筆者の経営コンサルタント時代の経験、そして大学教員に転身して以降に行なった様々な企業の方とのディスカッションを通じて得た知見を踏まえて執筆されています。数多くの知見を与えてくださったすべての企業の方々に対して、心より感謝いたします。

また、第6章のコラム「会計思考ノート6」を執筆するにあたり、株式会社スシローグローバルホールディングスの代表取締役社長CEOである水留浩一氏に貴重なインタビューの機会をいただきました。水留氏は、筆者が経営コンサルティング・ファームのローランド・ベルガーに勤務していたときの上司であり、様々な仕事でご一緒させていただいた間柄でもあります。今回は突然のインタビュー依頼にもかかわらず、快くお引き受けくださったことに対し、深く感謝いたします。

本書の内容については、青木康晴氏（一橋大学大学院経営管理研究科）、吉田康英氏（中京大学経営学部）、永石信氏（中京大学国際学部）から貴重なコメントをいただきました。そして、社会人大学院（ビジネススクール）および学部での講義やゼミにおける受講生とのやり取りが、本書を執筆するための助けとなりました。大変感謝しております。

日本実業出版社、とりわけ同社第一編集部の皆様からは、本書の企画から執筆に至るまで、親身なサポートをいただきました。深く感謝の意を表します。

紙幅の関係もあり、本書を執筆するにあたってお世話になった方々のお名前をすべて記すことは叶いませんが、様々な形でご協力をいただいた皆様に対し、心からの感謝を申し上げます。

最後に、私の執筆を常に支え、励みを与えてくれる家族へ。いつも本当にありがとう。

２０２０年７月

矢部　謙介

※本書では、各社のニュースリリース、有価証券報告書、アニュアルレポート、調査報告書などの公表資料に加えて、以下の文献も参考にして記述しています。

・「IXI粉飾決算事件、別の上場VBも関与、売り上げ水増し不正取引」（2007年3月1日付日本経済新聞地方経済面）
・「力ずくの再編に『ノー』」（日経ビジネス2007年9月24日号）
・「クリムゾン、在庫評価額を過大計上」（2007年10月2日付日本経済新聞朝刊）
・「大詰めのIXI事件浮かぶ業界の『無法』」（週刊東洋経済2008年5月31日号）
・「監視委、OHT強制調査、06年4月期粉飾決算の疑い」（2008年6月6日付日本経済新聞地方経済面）
・「アリサカ、粉飾決算03年から、多重リースで5億円調達」（2008年8月13日付宮崎日日新聞朝刊）
・「スシローが『MBO』、ゼンショーと関係解消へ」（2008年9月25日付日本経済新聞朝刊）
・「スシロー、ユニゾン傘下へ、『業容拡大へ資本政策評価』」（2008年11月3日付日経流通新聞）
・「モリモトが民事再生」（2008年11月29日付日本経済新聞朝刊）
・「モリモト、上場9ヶ月で破綻」（2008年11月30日付日経ヴェリタス）
・「インドIT大手サティヤム、粉飾決算で会長が辞意、利益水増し数年間」（2009年1月8日付日経産業新聞）
・「日本綜合地所の破綻、『商品勝負』でも行き詰まり」（2009年2月10日付日経産業新聞）

・日本公認会計士協会「継続企業の前提に関する開示について」（監査・保証実務委員会報告第74号、２００９年４月21日）
・「エフオーアイ粉飾疑惑、売上高ほぼ全額虚偽、２期続け１００億円水増しか」（２０１０年６月10日付日本経済新聞朝刊）
・「『お家騒動』乗り越えたスシローに学ぶ再生術」（週刊東洋経済２０１１年10月15日号）
・「セイクレスト増資、山林評価額実勢の５倍、債務超過回避目的か」（２０１２年４月19日付日本経済新聞西部朝刊）
・「日立　巨額赤字からの脱却」（週刊東洋経済２０１３年２月２日号）
・証券取引等監視委員会「不公正ファイナンスの実態分析と証券取引等監視委員会の対応」（２０１３年６月）
・「日立製作所　川村隆の経営教室　第１回　経営危機の克服」（日経ビジネス２０１３年８月５日号）
・「工事発注水増し、８億円所得隠し、『東テク』に国税庁指摘」（２０１４年５月３日付日本経済新聞朝刊）
・「改革者か破壊者か　中西〝中央集権体制〟の真価」（週刊ダイヤモンド２０１４年７月12日号）
・「スカイマーク苦境、大型機解約エアバス通告」（２０１４年７月30日付日本経済新聞朝刊）
・Albrecht, W.S., “Iconic Fraud Triangle Endures Metaphor Diagram Helps Everybody Understand Fraud”, Fraud Magazine July/August 2014.
・「隠れたままの債務　スカイマーク破綻（３）」（２０１５年２月12日付日本経済新聞朝刊）
・「折れた『叛逆の翼』スカイマーク経営破綻」（週刊東洋経済２０１５年２月14日号）

・「乱気流に散った『航空革命』の夢」（週刊東洋経済２０１５年2月28日号）
・「中国事業が致命傷に、江守グループ8社譲渡完了」（２０１５年5月30日付日本経済新聞地方経済面北陸）
・「新社長の独白　あきんどスシロー社長ＣＥＯ（最高経営責任者）水留浩一」（日経ビジネス２０１５年9月14日号）
・「スシローグローバルホールディングス　雌伏10年、悲願の上場」（日経ビジネス２０１７年４月17日号）
・「日本マクドナルドＨＤ　強さの原点を再構築」（日経ビジネス２０１７年8月28日号）
・「郷鉄工所が銀行取引停止」（２０１７年9月7日付日本経済新聞朝刊）
・「スシローＧＨ社長『3社でシナジーを作っていく』、元気寿司と統合協議」（２０１７年9月29日付日本経済新聞電子版）
・「郷鉄工所が自己破産申請、負債総額24億円」（２０１７年10月24日付日本経済新聞地方経済面中部）
・「どん底からの回復劇　マクドナルドの組織改革」（週刊東洋経済２０１７年11月25日号）
・「米ＰｗＣの監査禁じる」（２０１８年1月13日付日本経済新聞朝刊）
・「スカイマーク元社長が初めて語る経営破綻の真相」（２０１８年7月13日付ＪＢｐｒｅｓｓ、https://jbpress.ismedia.jp/articles/-/53551）
・帝国データバンク「『Fintech導入による地域企業の収益力向上度測定指標の在り方に関する調査検討事業』調査報告書」、２０１８年3月
・日本政策投資銀行『産業別財務データハンドブック２０１８』日本経済研究所、２０１８年12月

・東京商工リサーチ「2018年『倒産企業の財務データ分析』調査」、2019年2月15日
・「監視委、バイオ燃料会社を告発、キャッシュ・フロー粉飾疑い」（2019年3月21日付日本経済新聞朝刊）
・「敗軍の将、兵を語る　架空取引、赤字で感度鈍化　小樋誠二氏［東邦金属社長］」（日経ビジネス2019年3月25日号）
・「日本は成長余地が大きい［日本マクドナルドホールディングス社長兼CEO］サラ・L・カサノバ氏」（日経ビジネス2019年5月13日号）
・東京商工リサーチ「2019年3月期決算　上場企業『継続企業の前提に関する注記』調査」、2019年6月11日
・「スシローと元気寿司、提携解消　経営統合『握れなかった』理由」（日経ビジネス2019年7月1日号）
・KPMG「日本企業の不正に関する実態調査」、2019年7月
・「東芝子会社の架空取引、別の上場2社も関与」（2020年1月22日付日本経済新聞夕刊）
・東京商工リサーチ「2019年全上場企業『不適切な会計・経理の開示企業』調査」、2020年1月24日
・「架空取引15年から400億円、東芝系など売上高水増し」（2020年1月25日付日本経済新聞朝刊）

矢部謙介（やべ　けんすけ）
中京大学国際学部・同大学大学院経営学研究科教授。専門は経営分析・経営財務。1972年生まれ。慶應義塾大学理工学部卒、同大学大学院経営管理研究科でMBAを、一橋大学大学院商学研究科で博士（商学）を取得。
三和総合研究所（現三菱UFJリサーチ＆コンサルティング）および外資系経営コンサルティングファームのローランド・ベルガーにおいて、大手企業や中小企業を対象に、経営戦略構築、リストラクチャリング、事業部業績評価システムの導入や新規事業の立ち上げ支援といった経営コンサルティング活動に従事する。その後、現職の傍らマックスバリュ東海株式会社社外取締役や中央大学大学院戦略経営研究科兼任講師なども務める。
著書に『武器としての会計思考力』『武器としての会計ファイナンス』（以上、日本実業出版社）、『日本における企業再編の価値向上効果』『成功しているファミリービジネスは何をどう変えているのか？（共著）』（以上、同文舘出版）などがある。

「あぶない決算書《けっさんしょ》」を見抜《みぬ》く技術《ぎじゅつ》
粉飾《ふんしょく》＆黒字倒産《くろじとうさん》を読《よ》む

2020年９月１日　初版発行

著　者　矢部謙介 ©K.Yabe 2020
発行者　杉本淳一

発行所　株式会社日本実業出版社　東京都新宿区市谷本村町３−29 〒162-0845
大阪市北区西天満６−８−１ 〒530-0047
編集部　☎03-3268-5651
営業部　☎03-3268-5161　振　替　00170−1−25349
https://www.njg.co.jp/

印刷／理想社　　製本／共栄社

この本の内容についてのお問合せは、書面かFAX（03−3268−0832）にてお願い致します。
落丁・乱丁本は、送料小社負担にて、お取り替え致します。

ISBN 978-4-534-05796-9 Printed in JAPAN